Jochen Köhler · Arturo Benedetti Michelangeli

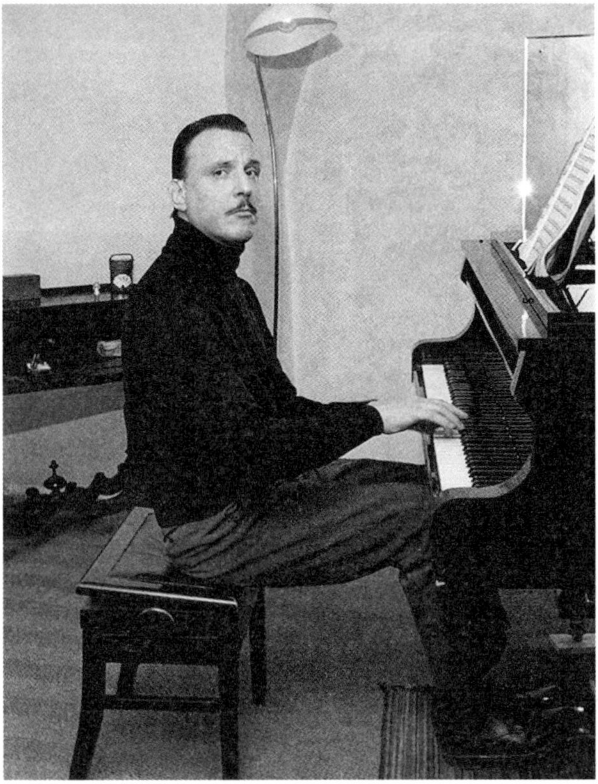

Arturo Benedetti Michelangeli, Bozen 1960

Jochen Köhler

# Arturo Benedetti Michelangeli

## Auf der Suche nach dem Vollkommenen

Unter Mitwirkung von Bernd Goetzke,
Cord Garben und Edmund W. Böckenholt

Mit einem Essay von Tihomir Popović

wolke

3. Auflage September 2024

Wolke Verlag, Hofheim
Printed in Germany
Gesetzt in Simoncini Garamond
Umschlaggestaltung: Friedwalt Donner, Alonissos
unter Verwendung eines Fotos von Michelangeli, ca. 1950
ISBN 978-3-95593-045-5

www.wolke-verlag.de

## Inhalt

Meinen Eltern

## Vorwort

Am 5. Januar 2020 jährt sich zum hundertsten Male der Geburtstag Arturo Benedetti Michelangelis. Dieses Datum bildet den äußeren Anlass für die vorliegende Publikation, bei der es sich jedoch nicht um eine Biographie handelt. Das Ziel des Autors ist vielmehr, die Charakeristika der Kunst Michelangelis zu untersuchen, sein Wirken als Lehrer darzustellen, ihn bei der Arbeit an seinen Aufnahmen zu zeigen und Wissenswertes über seine Auseinandersetzung mit Problemen der Klaviermechanik zu vermitteln.

Wer als Pianist über einen der größten Vertreter des Fachs zu schreiben ansetzt, muss zunächst das Gefühl einer gewissen Beklommenheit überwinden. Und doch gibt es gute Gründe, das zu tun. Benedetti Michelangeli wurde nicht zu Unrecht „ein Pianist für Pianisten" genannt. So sehr er auch von einem breiten Publikum verehrt und gefeiert worden ist: Vieles von dem, was an seinem Spiel einzigartig war, erschließt sich in vollem Umfang nur der Analyse durch den Fachmann. So erscheint es sinnvoll, dass sich für diese Publikation mehrere Pianisten zusammengefunden haben, um in Form von Fachgesprächen ein Bild von der Kunst des großen Italieners zu zeichnen und die Besonderheiten seines Spiels auch einem breiteren Interessentenkreis verständlich zu machen.

Dabei ist eine leitende Fragestellung gewesen, was sich von Benedetti Michelangeli lernen lässt. So war es ein Glücksfall, dass mit Bernd Goetzke ein langjähriger Schüler des Künstlers, der darüber so kompetent wie kein anderer Auskunft geben kann, für ausführliche Gespräche zur Verfügung stand. Aus einer ganz anderen Perspektive blickt Cord Garben auf den Musiker. Er hat ihn als Produzent der Deutschen Grammophon Gesellschaft fast zwei Jahrzehnte lang begleitet und viele seiner Aufnahmen betreut. Damit ist er prädestiniert, über eine Seite von Michelangelis Wirken zu berichten, die vielen Musikliebhabern bislang verschlossen war. Edmund W. Böckenholt gibt als langjähriger Fabrikleiter bei Steinway & Sons in Hamburg Einblicke in die Zusammenarbeit dieses Unternehmens mit dem Künstler und erläutert, welche Innovationen Michelangeli dabei angestoßen hat.

Im einleitenden Kapitel des Verfassers, das den Gesprächen vorangestellt ist, geht es darum, die Kunst Michelangelis auf der Basis einer Klärung von Grundfragen der Interpretation in der Geschichte des Klavierspiels im 20. Jahrhundert zu verorten. Den Abschluss des Bandes bildet ein Essay von Tihomir Popović, der sich als eine Hommage an den italienischen Meisterpianisten versteht.

Das Buch ist aus einer Haltung der Bewunderung heraus entstanden, will aber keine Hagiographie sein. Wo vieles zu rühmen ist, braucht Kritisches nicht unterdrückt zu werden. Deshalb wurde bewusst davon abgesehen, gelegentliche Widersprüche, die sich aus den unterschiedlichen Blickwinkeln der Gesprächspartner ergeben, zu harmonisieren.

Diskriminierung liegt dem Autor fern, doch glaubt er, dass die fortwährende Nennung beider Geschlechter dem Buch stilistisch abträglich gewesen wäre. So bittet er seine Leserinnen herzlich darum, sich immer in gleichem Maße einbezogen zu fühlen.

Wenn diese Veröffentlichung dazu beiträgt, das Spiel Arturo Benedetti Michelangelis neu zu erleben und über die Beschäftigung mit diesem großen Künstler hinaus den eigenen Blick auf die Musik zu weiten, hat sie ihr Ziel erreicht.

## Dank

Ein Band wie dieser entsteht nicht ohne umfangreiche Hilfe und Unterstützung. Sehr herzlich zu danken hat der Autor in erster Linie seinen Gesprächspartnern Bernd Goetzke, Cord Garben und Edmund W. Böckenholt, die nicht nur in langen, anregenden Gesprächen bereitwillig seine Fragen beantwortet haben, sondern sich auch durch die Bereitstellung von Bildmaterial und sorgfältiges Redigieren der Interview-Texte für das Projekt engagierten. In besonderem Maße gilt das für Bernd Goetzke, der sich weit über das Übliche hinaus an dem Zustandekommen des Buches beteiligt hat.

Ein besonderer Dank ergeht ferner an Tihomir Popović für seinen Essay und für den bereichernden Gedankenaustausch während der Vorbereitung der Publikation sowie an Gerrit Glaner für die Bereitstellung von Bildmaterial, die Vermittlung von Kontakten und wichtige fachliche Hinweise. Auch Georg Wübbolt danke ich für die Überlassung von Bildmaterial und sachdienliche Informationen, Elisabeth Haas für ihr kundiges Lektorieren sowie Shan-Chi Hsu und Alfred Chen für die Erstellung von Scans wichtiger Dokumente. Steinway & Sons gilt mein Dank für Fotos zur Illustration von Arbeitsschritten in der Klavierproduktion, Giulio Passadori für das Coverfoto.

Für die Bereitstellung von Konzertkritiken danke ich dem *Weser-Kurier* Bremen sowie dem Staatsarchiv der Freien und Hansestadt Bremen.

Ein ganz besonderer Dank ergeht nicht zuletzt an meinen Verleger Peter Mischung, mit dem die Zusammenarbeit vom ersten Vorgespräch an nicht besser hätte sein können. Seine lebhafte Anteilnahme und unermüdliche, kundige Beratung sowie sein professionelles Knowhow haben die Arbeit an diesem Buch zu einem reinen Vergnügen werden lassen.

Abschließend danke ich meinen Studierenden für viele anregende Diskussionen zum Thema der Veröffentlichung und meiner Frau Marija für zahlreiche inspirierende Gespräche zur Sache und ihre geduldige Unterstützung.

Jochen Köhler

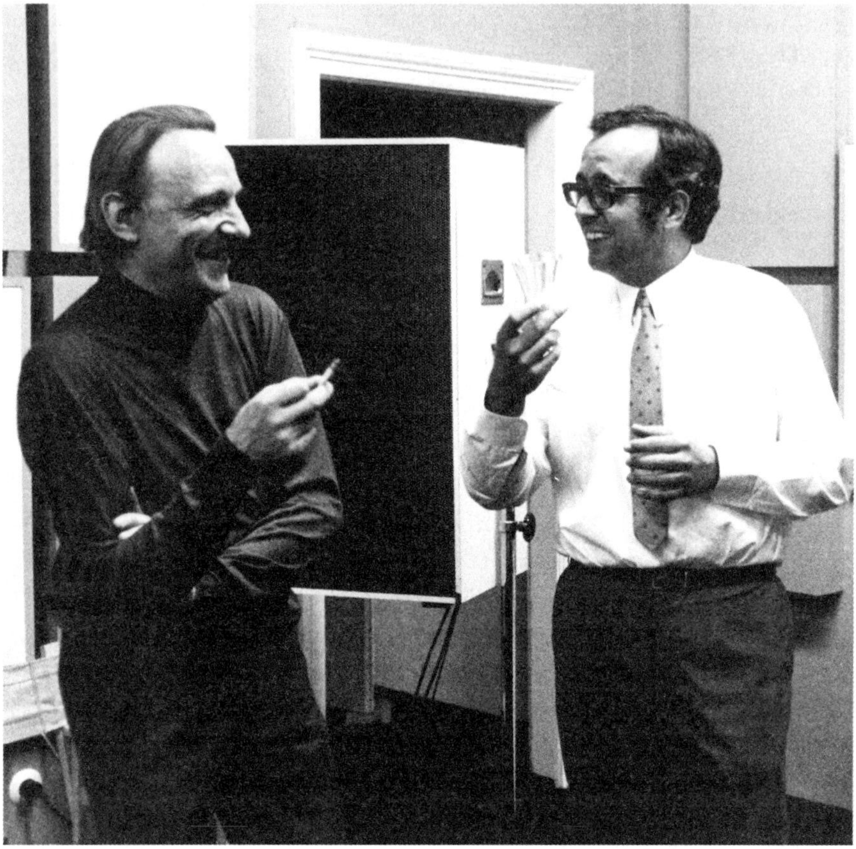

Arturo Benedetti Michelangeli im Gespräch mit dem Tonmeister Heinz Wildhagen (Deutsche Grammophon Gesellschaft), frühe 1970er Jahre

## „Die Hand ist dem Intellekt unterworfen“
## Annäherungen an die Kunst Arturo Benedetti Michelangelis

### Ein persönlicher Zugang

Bremen, 22. März 1974. Im traditionsreichen, wegen seiner guten Akustik geschätzten großen Saal des Konzerthauses *Die Glocke* gibt der italienische Pianist Arturo Benedetti Michelangeli einen Klavierabend – es handelt sich um den Nachholtermin für ein im Jahr zuvor krankheitsbedingt abgesagtes Konzert. Als vierzehnjähriger Klavierschüler habe ich die Möglichkeit, meinen Vater ins Konzert zu begleiten. Die Abonnementsplätze der Eltern befinden sich der Beinfreiheit halber in der ersten Reihe. Das ist akustisch nicht ideal in Orchesterkonzerten, aber bei Klavier- und Kammermusikabenden durchaus passabel, mit bester Sicht auf die Tasten. Das Programm ist vielversprechend: Es enthält die Trauermarschsonaten von Beethoven und Chopin, Schuberts frühe *a-Moll-Sonate* und mit Ravels *Gaspard de la nuit* Schwerstes vom Schweren. Die Werke sind mir geläufig – Beethoven durch das Üben des Vaters und erste, eigene Versuche, die anderen Stücke durch Aufnahmen. Die väterliche Ermahnung, mich absolut ruhig zu verhalten – der Künstler sei dafür bekannt, im Falle einer Störung ohne Weiteres Konzerte abzubrechen –, sorgt für zusätzliche Spannung. Die Erwartung des Publikums scheint an diesem Abend höher zu sein als sonst, und offenkundig ist die Hörerschaft auch ein wenig anders zusammengesetzt als üblich: Neben den Bremer Abonnenten haben sich zahlreiche auswärtige Besucher eingefunden. Sie sollen nicht enttäuscht werden – der Abend zeigt alle Merkmale des Außerordentlichen.

Der Pianist betritt gemessenen Schrittes den Saal, bedankt sich für den aufbrandenden Applaus mit der Andeutung einer leichten Verbeugung, setzt sich, legt sein kleines schwarzes Seidentuch im Flügel ab und erzwingt durch konzentriertes Verharren augenblicklich eine gespannte Aufmerksamkeit und absolute Ruhe. Ein solches Vermögen, das Auditorium vom ersten Moment an in Bann zu schlagen, werde ich später nur noch bei Karajan erleben. Der Auftritt des Künstlers bestätigt, was ihm so oft nachgesagt wird: Sein Gebaren hat etwas Aristokratisches. Michelangeli wirkt würdevoll und in jeder Hinsicht souverän, er vermittelt den Eindruck von überlegener Konzentration und Sammlung, gepaart mit einer sehr noblen Distanziertheit. Arroganz und Verächtlichkeit, die ihm immer wieder unterstellt werden, kann ich in seinem Verhalten nicht erkennen; es suggeriert eher das Gefühl eines schmerzlichen Gequältseins, eines Beladenseins mit Verantwortung.

Das Konzert beginnt mit Beethovens *Sonate in As-Dur op. 26*. Der Variationensatz, mit dem das Werk im ruhigen Andante anhebt, überzeugt durch Tonschönheit und Gesanglichkeit, klassische Strenge und eine gewisse Würde – Charakteristika, die auch in den anderen Sätzen zur Geltung kommen. Vom ersten Ton an beeindruckt die ungeheure Präzision des Spiels. Meine ausgezeichnete Klavierlehrerin hatte im Unterricht gelegentlich geäußert, große Pianisten würden jede einzelne Note bewusst und absichtsvoll gestalten, selbst auf der Bühne jedes noch so kleine Detail unter Kontrolle haben. Bis zu Michelangelis Auftritt schien mir das eine gewaltige Übertreibung aus der Vorratskammer der pädagogischen Motivationstricks zu sein: Jede der vielen tausend Noten während des Spiels zu kontrollieren und bewusst zu verfolgen – das geht doch gar nicht! Hier nun wird deutlich: Es *ist* möglich, nicht eine Nuance bleibt dem Zufall überlassen, der Interpret spielt exakt so, wie er es will, ohne die geringste Unpässlichkeit, ohne irgendeine zufallsbedingte Trübung.

Die *Schubert-Sonate* ist von einer gewissen Herbheit gekennzeichnet, mir scheint darin mehr der Beethoven-Nachfahre als der Liedersänger zum Vorschein zu kommen. Chopin dagegen wird durchaus leidenschaftlich vorgetragen, doch ohne dass dem Pianisten die Zügel aus der Hand gleiten; der etwas abgenutzte Begriff der „kontrollierten Extase“ beschreibt die Wiedergabe der ersten beiden Sätze wohl zutreffend. Der langsame Satz, jener berühmte Trauermarsch, der bei Staatsbegräbnissen regelmäßig durch die unglaublichsten Arrangements und Verballhornungen missbraucht wird, ist allem Pomp und jedweder Verkitschung enthoben: ruhig, bedeutungsvoll, ergreifend, bezwingend im Aufbau der erschütternden Steigerungen und von überirdischer Schönheit im Trio. Das gespenstisch-atemlos dahinstürmende Unisono-Finale schließlich, von dem Schumann sagte, Musik sei das nicht mehr, setzt den schauerlich-rasanten Schlusspunkt; es ist von sogartiger Wirkung, doch auch als hochvirtuoser Akt immer noch durch und durch poetisch im romantischen Sinne. Den Abschluss des Konzertabends bildet Ravels Meisterwerk *Gaspard de la nuit*: ein virtuoser, faszinierender Farbenrausch, schillernd, dämonisch, in den Ecksätzen ein Feuerwerk pianistischer Zaubertricks, im zweiten Satz giftig und morbid – ein Paradestück des Künstlers, vorgetragen mit äußerster Virtuosität und höchstem Raffinement.

Das Publikum reagiert mit lang anhaltenden Ovationen auf diese Darbietung. Nachdem Benedetti Michelangeli die euphorische Zuhörerschaft etwas länger hat warten lassen, erscheint er noch einmal auf der Bühne. Ein leises, leicht gequält wirkendes Lächeln auf den Lippen, umgreift er mit der rechten Hand das Handgelenk der Linken, lässt diese zum Zeichen der Erschöpfung locker herabhängen und deutet auf diese Weise entschuldigend seine Müdigkeit an. Die Hörerschaft applaudiert noch einige Zeit weiter, hat aber verstanden, dass keine Zugabe folgen wird, und entfernt sich nach und nach, halb emporgehoben, halb benommen von einem Konzerteindruck, der alles Alltägliche in weite Ferne gerückt hat.

Die Kritik feiert den Klavierabend Michelangelis denn auch als „eines der glanzvollsten Ereignisse dieser Saison" – so Ludwig Roselius im *Weser-Kurier.* Hervorzuheben ist insbesondere die Besprechung der *Schubert-Sonate.* Nach der Beethoven-Interpretation, der der Rezensent „eine gewisse Reserve" attestiert, „erhitzten sich ungestüm die Gemüter beim Erlebnis der romantischen Musik, die ein Meister seines Instrumentes mit magischer Hand beschwor. Schuberts *a-Moll-Sonate* (deren hohe Opuszahl 164 darüber täuscht, daß es sich um ein Jugendwerk des 20jährigen Genius handelt) wurde dank der empfindsamen Gestaltung zum wahren Sinnbild ‚klingender Poesie'. Wie Arturo Benedetti Michelangeli den balladesken Anlauf nahm, die träumerischen Episoden dagegen abhob (zum Beispiel im ersten Satz das sehnsüchtige 2. Thema in F-Dur), wie er alles nuancierte und ein zartes melodisches Gespinst samt Fermaten und Pausen ‚atmen' ließ: das war einmalig schön." (Ludwig Roselius, *Weser-Kurier,* 25.03.1974) Diese Sätze sind bemerkenswert, gilt Michelangeli doch im Allgemeinen eher als Klassizist, der allem romantischen Überschwang reserviert gegenübersteht, und seine Darstellung des Schubert-Werkes hat durchaus auch Widerspruch hervorgerufen, der sich allerdings eher auf die Schallplatteneinspielung als auf die Konzertwiedergaben bezieht.

Auch Karl-Heinz Roloff, der Musikkritiker der *Bremer Nachrichten,* unterstreicht die besondere Bedeutung des Konzerts. Unter der Überschrift „Pianist von einsamer Größe" erörtert Roloff treffend etliche wesentliche Charakteristika der Kunst des italienischen Meisterpianisten:

> „Was man bisher über Michelangeli gelesen hatte oder aus einzelnen Schallplattenaufnahmen glaubte entnehmen zu dürfen, wurde nun zur Wirklichkeit: Da ist einerseits die wahrhaft phänomenale Anschlagskultur, die aus einem Steinway-Flügel Klänge und Klangmischungen hervorzaubert, wie man sie kaum je auf einem Klavier gehört hat; zum anderen ist es das absolut sichere, weil kritisch reflektierte und von genialem künstlerischen Instinkt getragene interpretatorische Konzept, bei dem schlechterdings alles, auch wo eine Tendenz zur Eigenwilligkeit nicht zu überhören ist, ‚neu' und unbedingt zwingend, dabei aber – angesichts der stets gewahrten Distanz – […] keineswegs im banalen Sinne ‚mitreißend' wirkt. Und seine überragende technische Virtuosität, die selbst große Pianisten bewundern, macht dabei von sich keinerlei Aufhebens.
> In Michelangelis Interpretationsweise steht zunächst alles an seiner Stelle unverrückbar fest. Bewundernswert, wie sich darauf die Architektur eines ganzen Satzes, eines ganzen Werkes aufbaut, wobei sowohl die Sonate von Beethoven als auch die von Chopin zur zwingenden, auf den Trauermarsch hinordnenden Einheit wird und auch in dem Schubert-Werk keine ‚Lücke' entsteht. Der Zuhörer schaut wie gebannt auf das, was vor ihm geschieht, und folgt mit atemloser Spannung dem Ablauf. Werke, die ihm längst bekannt sind, meint er so noch nie gehört zu haben. Jede kleine Nuance – bis hin zum letzten Schlußakkord –, manchmal unscheinbar in den Mittelstimmen vorborgen, wirkt bedeutend in ihrer Selbstverständlichkeit, weil der Pianist ‚Bedeutung' nicht aufträgt, sondern mit Geschmack innere Bezüge aufdeckt, von denen man vorher nichts ahnte."

Im Trio des Chopin'schen Trauermarsches konstatiert Roloff zwar einen Mangel an „Wärme" und „Rührung", fügt jedoch an, es öffneten sich Räume einer „höheren Realität". Im Mittelsatz der *Schubert-Sonate* überrascht den Kritiker „eine gewisse Starre [...], die sich dann aber in der d-Moll-Partie zu einer atemberaubenden, geradezu ‚surrealistisch' wirkenden Eindringlichkeit verdichtete."

Den Höhepunkt des Abends bildet für Roloff der letzte Programmpunkt:

> „Alles, was Michelangeli zu leisten vermag, vereinigte und überbot er fast noch in dem abschließend gespielten Spitzenwerk moderner Klaviervirtuosität, Ravels dreisätzigem ‚Gaspard de la Nuit', zu einer Interpretation von unbeschreiblicher Vollkommenheit, was Technik, Präzision und Anschlagskultur, verbunden mit einer transparenten Klangphantasie, anlangt." (Karl-Heiz Roloff, *Bremer Nachrichten*, Montag, 25. März 1974)

Einige Tage nach diesem Konzert wurde ich in der Konzertagentur Zeuge eines Gespräches, aus dem hervorging, man werde diesen Künstler nicht so bald ein zweites Mal in Bremen hören: Zwar sei der Abend großartig und in jeder Hinsicht außergewöhnlich gewesen, zu kompliziert jedoch die Vorbereitung des Auftritts, zu groß die Unsicherheit, ob und wann das Konzert überhaupt würde stattfinden können. Ganz unbegründet schien Benedetti Michelangeli also nicht im Rufe zu stehen, unberechenbar und schwierig zu sein. Besonders für kleinere Agenturen muss das Risiko einer Absage ein Alptraum gewesen sein. Ich selbst war von Konzert-Stornierungen jedoch nie betroffen und hörte ihn später noch mehrmals in Hamburg mit Werken von Beethoven, Chopin und Debussy – ausnahmslos Konzerte, die zu den stärksten musikalischen Eindrücken meines Lebens zählen. Außerdem erlebte ich Benedetti Michelangeli zweimal in Wien als Solisten in Mozarts *Konzert für Klavier und Orchester C-Dur KV 503* mit den Wiener Symphonikern unter George Prêtre. Im ersten dieser Konzerte, die am 27. und 30. Mai 1987 im Konzerthaus stattfanden und in der gedruckt vorliegenden Chronologie der Konzertauftritte Michelangelis von Harry Chin und Carlo Palese im Katalog der Ausstellung *Il Grembo del Suono* merkwürdigerweise nicht verzeichnet sind, musste ich erschrocken feststellen, dass die reservierten Plätze bereits besetzt waren. Der Konzerthausdirektor löste das Problem durch die Zuweisung eines Platzes in der Proszeniumsloge. Ich hatte die Karte nicht im offiziellen Vorverkauf, sondern aus privater Hand erworben. Ob es sich um einen Fehldruck handelte oder ich einem Fälscher zum Opfer gefallen war, konnte von mir nicht ermittelt werden.

## Blicke der Kritik auf ein Phänomen

Fraglos zählt Arturo Benedetti Michenangeli zu den bedeutendsten Interpreten des 20. Jahrhunderts. Dabei teilt er mit anderen großen Künstlern das Schicksal, nicht immer wegen seines Könnens, sondern oft vor allem aufgrund gewisser Marotten, persönlicher Eigenheiten, privater Vorlieben und eines unangepassten Verhaltens das Interesse der Öffentlichkeit zu finden. Wie Carlos Kleiber (mit dem er wenige Male gemeinsam aufgetreten ist, bis eine geplatzte CD-Aufnahme zum Bruch führte) steht er im Ruf, ein mimosenhafter Sensibilissimus zu sein, der aus geringfügigen, meist unerfindlichen Gründen seine Konzerte häufig und in vielen Fällen sehr kurzfristig absagt. Wie Glenn Gould wird er gerne als Exzentriker und Sonderling beschrieben, der Kontakt zu anderen meidet und in selbstgewählter Isolation und mönchischer Askese seiner Kunst nachgeht. Mit Karajan (mit dem er erstmals als Zwanzigjähriger, danach wieder im Jahre 1953 und schließlich noch einmal 1965 konzertiert hat, dem er aber später distanzierter gegenüberstand) teilt er das Fasziniertsein von technischen Errungenschaften: Beide Maestri konnten ein Flugzeug und einen Rennwagen steuern, und zahlreich sind die Geschichten über Benedetti Michelangelis abenteuerliche Fahrten im Ferrari auf kurvenreichen Alpenstraßen, die selbst hartgesottenen Mitfahrern den Angstschweiß auf die Stirn trieben. „Zweimal war er unter den Teilnehmern der populären ‚Mille Miglia'-Rennen in Italien", berichtet gar Cord Garben. (Garben:25) Genaue Unterlagen darüber scheint es nicht zu geben, und manche bezweifeln, dass er tatsächlich aktiv an Autorennen teilgenommen habe, aber eine Vorliebe für schnelle Autos und riskantes Fahren ist vielfach bezeugt.

Natürlich sagen private Interessen und Leidenschaften viel über eine Persönlichkeit aus. Nur: Kein Pianist wird die Sprünge in *La Campanella* besser treffen, nachdem er sich einen Sportwagen gekauft, kein Dirigent die Karajan'sche Suggestivkraft entwickeln, weil er sich eine Segeljacht zugelegt und durch atlantische Gewässer manövriert hat. Wenn Benedetti Michelangeli Konzertkritiken las, ärgerte er sich regelmäßig nicht etwa darüber, dass sein Spiel bemängelt wurde – das kam selten vor, die meisten Rezensionen waren überschwänglich positiv –, sondern dass Umstände verhandelt wurden, die mit seinen Interpretationen nichts zu tun hatten und von der Auseinandersetzung mit der dargebotenen Musik nur ablenken mussten. Dieses ständige Pointieren seines Verhaltens und seiner Absagen beschränkte sich übrigens keineswegs auf die Tagespresse – selbst *The New Grove Dictionary of Music and Musicians*, die bedeutendste Musikenzyklopädie der englischsprachigen Welt, stellt nach einem kurzen Abriss der Lebensdaten Benedetti Michelangelis als Erstes fest, dass der Künstler in seinem Leben fast ebenso viele Konzerte abgesagt wie gespielt habe, um schließlich aber immerhin doch hinzuzufügen, wer ihn gehört habe, sei selten enttäuscht worden.

Zwei Veröffentlichungen haben wesentlich zu Benedetti Michelangelis Ruhm beigetragen und sein Bild in der Fachwelt und bei den Klavierbegeisterten maßgeblich geprägt. Der einflussreiche Musikkritiker der *New York Times*, Harold C. Schonberg, schreibt in seinem weit verbreiteten, auch in mehreren Übersetzungen vorliegenden Buch *Die großen Pianisten* mit dem Untertitel *Geschichte des Klaviers und der berühmtesten Interpreten von den Anfängen bis zur Gegenwart*:

„Wenn man von einer italienischen Schule reden kann, so wird sie durch den widersprüchlichen und erstaunlichen Arturo Benedetti Michelangeli repräsentiert, den größten italienischen Pianisten seit Busoni (wenn man Busoni als Italiener ansehen darf). Allein als Techniker wird Michelangeli unter seinen Kollegen als Wunder betrachtet und zusammen mit Horowitz zur Klasse der ‚Übervirtuosen' gezählt. Manches an seinem Spiel fasziniert allein durch die reine pianistische Brillanz und Vollkommenheit. So wenig eine abgefeuerte Kugel von ihrer Bahn abweichen kann, vermögen seine Finger einen falschen Ton zu treffen oder eine Passage zu verwischen. Dazu ist er ein Meister des Anschlags, wie etwa bei seiner Wiedergabe von *Gaspard de la nuit*, einem Höhepunkt moderner Pianistik. Verwirrend ist bei Michelangeli, dass er in vielen romantischen Stücken seines Repertoires seine emotionale Sicherheit zu verlieren scheint und dann sein sonst so gerades Spiel mit Ausdrucksdetails überlädt, die den musikalischen Fluß stören. Jedenfalls ist er der einzige italienische Pianist der Jahrhundertmitte, der internationales Ansehen erlangt hat." (Schonberg:414)

Während Schonberg Künstlern wie Artur Schnabel, Wladimir Horowitz und Artur Rubinstein jeweils gleich mehrere Seiten widmet, beschränkt er sich im abschließenden Kapitel seines Bandes, das den „Schulen des 20. Jahrhunderts" gewidmet ist, im Fall Michelangelis auf diesen kurzen, später jedoch viel zitierten Absatz. Bei Erscheinen der amerikanischen Erstausgabe im Jahre 1963 war Michelangelis Rang auch international längst anerkannt; die angesichts dessen sehr knappe Besprechung des Künstlers dürfte wohl vor allem in seiner mangelnden Präsenz in den Vereinigten Staaten begründet sein. Lediglich in den drei Jahren von 1948 bis 1950 ist er mehrmals in New York und außerdem noch in Chicago, San Francisco und Los Angeles aufgetreten. Und es ist wohl auch dem etwas distanzierten Blick aus der neuen Welt geschuldet, dass selbst ausgesprochen originelle und individuell gestaltende Künstlerpersönlichkeiten aus europäischen Ländern gemäß ihrer Zugehörigkeit zu nationalen Schulen rubriziert werden. Benedetti Michelangeli als Vertreter einer Schule anzusehen, erscheint indes außerordentlich problematisch. Sicherlich hat er schon in ganz jungen Jahren eine gediegene Ausbildung in seinem Heimatland erhalten, diese aber auch sehr frühzeitig abgeschlossen. Als er sein Diplom am Konservatorium in Mailand ablegte, war er ganze vierzehn Jahre alt! Danach nahm er noch einige Zeit Privatunterricht bei seinem Lehrer, aber mit neunzehn Jahren – in einem Alter, in dem andere Musiker ihr Studium gerade erst beginnen – arbeitete er bereits vollkommen selbständig, und genau dasjenige, was sein Spiel in besonderer Weise auszeichnet, geht über alles Schulmäßige hinaus. Die einseitige Betonung des Technischen und ein superlativischer Begriff wie der des „Übervirtuosen" setzen den Leser überdies schnell auf eine falsche Fährte. Denn was ist *Technik*? Üblicherweise wird der Begriff unsachgemäß einschränkend auf die rein handwerklich-physiologischen Aspekte des Instrumentalspiels reduziert und vor allem mit der Fähigkeit assoziiert, besonders schnell, kraftvoll, sauber und gleichmäßig spielen zu können. Sicherlich ist all das wichtig: In physischer Hinsicht ist es am schwierigsten, lange Zeit komplizierte Figurationen oder vertrackte Griffkombinationen ohne Unterbrechung extrem laut und extrem schnell zu spielen. Kenner der Materie denken allerdings, wenn es um Geschwindigkeit, Ausdauer und Klangvolumen geht, doch eher an Pianisten vom Zuschnitt eines György Cziffra, der solcherlei Herausforderungen mit einer geradezu niederschmetternden Brillanz und verblüffenden Leichtigkeit meistert, als an Benedetti Michelangeli. Doch selbst – oder muss es besser heißen: gerade? – die in diesem engeren Verständnis größten Techniker wissen seit jeher, dass der Begriff ein viel breiteres Bedeutungsspektrum hat und nicht auf die mechanische Geschicklichkeit reduziert werden kann. Bach hat Instrumentalisten, die ihr Repertoire nur in den Fingern, aber nicht im Kopf und im Herzen hatten, spöttisch als *Tastenritter* bezeichnet. Ein Hexenmeister in der manuellen Beherrschung des Instrumentes wie Leopold Godowsky, der es unternommen hat, die Bibel der Virtuosität im romantischen Zeitalter – Chopins 24 Etüden – in Form instruktiver Bearbeitungen noch zu erschweren, soll im Unterricht fast nur über musikalische Probleme gesprochen und die Zaubertricks aus der hohen Schule der Virtuosität kaum einmal erwähnt haben. Heinrich Neuhaus, der bedeutende Künstler, der heute vor allem als Lehrer von Weltstars wie Swjatoslaw Richter, Emil Gilels und Radu Lupu im Gedächtnis der Musikwelt weiterlebt, wies seine Schüler immer wieder darauf hin, „daß das Wort Technik vom griechischen Wort τέχνη stammt und daß τέχνη ‚Kunst' bedeutet." (Neuhaus:VIII) Er betrachtete es als fatal, „daß viele Klavierspieler unter dem Wort Technik nur [...] einzelne Elemente der Technik und nicht *die Technik als* Ganzes, wie sie die Griechen begriffen haben und wie sie ein wirklicher Künstler begreift", verstehen. (Neuhaus:VIII) Denn die „Technik – τέχνη ist etwas weitaus Vielfältigeres und Schwierigeres. Der Besitz solcher Eigenschaften wie Geläufigkeit, Sauberkeit, ja sogar die Fähigkeit, den Gesetzen der Musik entsprechend zu spielen u. ä., sichert als solcher noch nicht einen künstlerischen Vortrag, der allein durch wirkliche, vertiefte, vergeistigte Arbeit zu erreichen ist. Das ist auch der Grund, weshalb sich bei sehr begabten Menschen zwischen der Arbeit an der Technik und der Arbeit an der Musik so schwer eine scharfe Grenze ziehen läßt (sogar wenn sie ein und dieselbe Stelle hundertmal wiederholen müssen). Hier ist alles eine Einheit." (Neuhaus:VIIIf)

Diese ganzheitliche Betrachtungsweise zielt darauf ab, den Begriff der Technik nicht auf das rein mechanische Funktionieren von Bewegungsabläufen und das physische Training mit seinen zahllosen Wiederholungen zu reduzieren. Technik wird von Neuhaus als breites, auch die geistige Planung einbegreifendes Fundament für den gesamten Prozess der Verwirklichung einer künstlerischen Absicht angesehen. Im vierten Kapitel seines Buches, das der Arbeit an technisch-handwerklichen Problemen im engeren Sinne gewidmet ist, fasst Neuhaus diese Auffassung noch einmal zusammen: „Je deutlicher wird, *was* zu tun ist, desto deutlicher ist auch, *wie* es zu tun ist. Das Ziel selbst weist die Mittel, mit denen es zu erreichen ist. Darin besteht das Rätsel der Technik wirklich großer Pianisten – sie verwirklichen die Worte Michelangelos: ‚La man che ubedisce [ubbidisce] all[']intelletto'. (Die Hand ist dem Intellekt unterworfen.) Aus diesem Grunde bestehe ich darauf, daß die musikalische Entwicklung der technischen vorangeht oder doch wenigstens mit ihr parallel verläuft." (Neuhaus:71)

All das bedeutet freilich keine Geringschätzung des Technisch-Handwerklichen, dessen Beherrschung die notwendige Voraussetzung jedweden professionellen Musizierens ist: kein Meister seines Instrumentes, der diesem Bereich nicht die größte Aufmerksamkeit schenken und sich darin mit seinen Kollegen messen würde. Das führt manchmal zu amüsanten Situationen. Der Pianist und Neuhaus-Schüler Leonid Brumberg erzählte mit großem Vergnügen, dass einige berühmte russische Virtuosen in Moskau einmal den letzten Satz der *b-Moll-Sonate* Chopins nach der Stoppuhr um die Wette gespielt haben – aus Spaß und herzlich darüber lachend im Wissen darum, dass ein solcher Wettstreit natürlich nichts mit der künstlerischen Bewältigung des Werkes zu tun hat. „Gewonnen" hat übrigens Lazar Berman...

Am Spiel Benedetti Michelangelis sind schon früh der außergewöhnliche Perfektionsgrad und die handwerkliche Vollkommenheit gerühmt worden. Manche Hörer erleben diese überragende Meisterschaft als derartig dominant, dass für sie dahinter der musikalisch-künstlerische Eindruck zu verblassen droht. Dem Vorwurf, kalte Techniker zu sein, sind freilich viele Interpreten ausgesetzt, deren Aufführungen und Aufnahmen sich durch ein weit überdurchschnittliches Maß an Exaktheit auszeichnen – man denke an Toscanini oder auch an Karajan, dem immer wieder eine stromlinienförmige Glättung der musikalischen Verläufe kritisch vorgehalten wurde. Auch wenn solche Vorbehalte in manchen Fällen durchaus eine gewisse Berechtigung haben und im Blick auf ein bestimmtes Repertoire oder auf einzelne Lebensphasen der Interpreten zutreffend sein mögen, beschreiben sie doch niemals angemessen das gesamte Schaffen einer bedeutenden Künstlerpersönlichkeit. Es ist immer gefährlich, aus der isolierten Betrachtung einzelner Schaffensphasen ein Urteil über ein Lebenswerk abzuleiten. Allzu häufig werden dabei die Wandlungen übersehen, die in den meisten Fällen ein jahrzehntelanges Wirken begleiten. Dieser Gefahr sind viele Kritiker erlegen, die Michelangelis Spiel nur aus den späteren Aufnahmen kennen und ihn nicht mehr im Konzert erleben konnten. Wie bei jedem Künstler, für den Klangkultur und äußerstes klangfarbliches Differenzierungsvermögen wesentliche Charakteristika darstellen, ist auch bei Michelangeli die Diskrepanz zwischen dem Eindruck einer Konzertaufführung und dem einer Tonaufnahme, selbst wenn sie hervorragend gelungen ist, schmerzlich zu konstatieren. Wenn man all das berücksichtigt: Welchen Sinn hat es, bedeutende Künstler, die der Welt ein Übermaß an Gelungenem geschenkt haben, daran zu messen, dass sie mitunter auch einmal ein Ziel verfehlt haben?

Die zweite Publikation, die den Blick auf Benedetti Michelangeli vor allem in Europa nachhaltig beeinflusst hat, stammt von Joachim Kaiser. *Große Pianisten in unserer Zeit* heißt der Band, der zahlreiche Auflagen erlebt hat, in mehreren Übersetzungen vorliegt und als Standardwerk zur Klavierinterpretation im 20. Jahrhundert gilt. Kaiser widmet Michelangeli anders als Schonberg eine sehr ausführliche Betrachtung. Er ist ein ausgezeichneter Kenner der Klavierliteratur und der Welt der Pianisten, und so verwundert es nicht, dass seine Darstellung eine Fülle subtiler Beobachtungen und treffender Charakterisierungen enthält. Ganz sicher hat er recht, wenn er Michelangelis „Skrupelhaftigkeit, sein Mißtrauen gegenüber der eigenen Leistung" unterstreicht, wenn er das Bestreben, „Allerhöchstes in jahrzehntelanger Mühe zu erarbeiten, nichts vorschnell zu wagen, das Klavier zum Instruments reinen Wohllauts zu machen" hervorhebt und dem Pianisten „ein Klavierspiel von ungeheuerlicher Reflektiertheit, von wahrhaft beispielloser Kultur des Geschmacks" (Kaiser:176) attestiert. Berühmt geworden ist Kaisers Formulierung: „Benedetti Michelangeli verbindet Kempffs Phantasie und Horowitz' Technik." (Kaiser:177) Der Autor erläutert: „Dieser Satz mag ungeheuerlich klingen, ist das größte Lob, das man einem Pianisten spenden kann – und der Italiener hat diesen Satz auch noch keineswegs an den großen Werken der Klavierliteratur verifiziert. Doch die Aufnahmen, die es von ihm gibt, die Konzerterlebnisse, die er vermittelte, legen so hohe Vokabeln nahe." (Kaiser:177) Das ist aus einer großen Begeisterung heraus gesprochen, griffig formuliert, man versteht, was der Autor meint: Und doch führt es ähnlich in die Irre wie Schonbergs Wort vom „Übervirtuosen". Superlative dieser Art – hier ganz bestimmt aus einer Haltung der Bewunderung, oft aber leider einfach nur aus marktstrategischen Überlegungen in die Welt gesetzt – prägen das Bild eines Interpreten, verfälschen es aber nicht selten – sei es nun durch Überzeichnung, durch Akzentuierung weniger Besonderheiten oder durch die Festlegung auf bestimmte Repertoirebereiche oder Interpretationsmuster.

Zwar gibt es weit mehr objektive Kriterien für die Beurteilung musikalisch-künstlerischer Leistungen, als im Allgemeinen angenommen wird, aber ganz entscheidende Seiten sind nicht messbar wie im Sport. Was es ganz sicher nicht gibt, ist *die* Technik oder *die* Musikalität, für die sich eine Art „Champion" ermitteln ließe. Auf einer bestimmten Höhe der Kunstausübung verlieren wertende Vergleiche ihren Sinn. Sowohl die Spielart als auch die musikalische Physiognomie eines Wladimir Horowitz, Wilhelm Kempff oder Arturo Benedetti Michelangeli unterscheiden sich derart tiefgreifend, dass sie nicht gegeneinander ausgespielt werden sollten. Künstlerische Größe hat viele Facetten; zu fragen ist, worin sie sich jeweils äußert. Eine überragende Musikalität und eine souveräne Beherrschung des Instrumentes einmal vorausgesetzt, kann sie sich mitteilen durch die eindrucksvolle Bewältigung eines sehr umfangreichen Repertoires, aber auch durch die Spezialisierung auf bestimmte Epochen oder Komponisten, in deren Musik ein Künstler besonders tief eingedrungen ist; sie kann erscheinen als Ausdruck von lebhafter Phantasie, Freiheit, Individualität und Originalität, aber auch als Verkörperung von Ernsthaftigkeit, Strenge und einer besonderen Verantwortung gegenüber dem jeweiligen Werk; sie kann überzeugen durch den Versuch, Bekanntes in immer vollkommenerer Weise zu gestalten, aber auch dadurch, sich dem Unbekannten, dem nicht Erprobten mit Experimentierfreude und künstlerischem Wagemut zu stellen, wie dies die Wiederentdecker alter Musik oder die Heroen der Neuen Musik tun. Interessanter als die Erstellung eines Rankings ist es, zu untersuchen, was das Spiel eines bedeutenden Interpreten denn jeweils auszeichnet, ob es eine bestimmte Musik angemessen darstellt, ob es neue Zugänge zu ihr erschließt. Damit sind grundsätzliche Fragen der Interpretation berührt, auf die weiter unten eingegangen wird und deren Beantwortung dazu beitragen kann, die Bedeutung eines Künstlers wie Benedetti Michelangeli für das Musikleben seiner Zeit genauer zu erfassen.

Kaisers Satz übrigens, Michelangeli habe sein überschwängliches Lob „keineswegs an den großen Werken der Klavierliteratur verifiziert", kann nur in einem quantitativen Sinne gemeint sein – als was sollen wir Mozarts Meisterkonzerte, das *5. Beethoven-Konzert*, die *Sonate op. 111*, das *Schumann-Konzert* oder Ravels *Gaspard de la nuit*, von denen frühzeitig Einspielungen Michelangelis vorlagen, denn ansehen, wenn nicht als große Literatur? All das weiß Joachim Kaiser natürlich auch, und so stellt sein Michelangeli-Kapitel eine umfassende, kritische Würdigung des Pianisten dar, an dessen Beethoven-Auffassung er manches auszusetzen hat, dessen Interpretation der Brahms'schen *Paganini-Variationen* er dagegen als ein „Beispiel für pianistische Meisterschaft" bezeichnet und dessen Fernsehaufzeichnung Chopin'scher Mazurken er gar als „Jahrhundertaufnahme" heraushebt. Mit Harold C. Schonberg und Joachim Kaiser haben zwei der einflussreichsten Exponenten der Musikkritik im 20. Jahrhundert ein Bild Michelangelis gezeichnet, das einerseits einen großen Künstler zeigt, andererseits aber auch dazu beigetragen hat, die Erwartungshaltung einer sensationslüsternen Öffentlichkeit auf das Höchste anzuspannen.

## Bewunderung, Respekt, Paralyse:<br>Michelangelis Kunst im Visier seiner Kollegen

Die Lobeshymnen der Kritik machen neugierig, das Urteil der Fachkollegen zu erfahren, insbesondere solcher, die aufgrund ihrer Generationszugehörigkeit, ihres geographischen Umfeldes oder ihres Repertoires in keinem unmittelbaren Konkurrenzverhältnis zu Benedetti Michelangeli gestanden haben und dadurch nicht dem Verdacht ausgesetzt sind, ihre Äußerungen seien von Neid und Eifersucht getrübt worden.

Eine solche Persönlichkeit ist Alfons Kontarsky, weltberühmt als Duopartner seines Bruders Aloys und Interpret zeitgenössischer Musik, der besonders in späteren Jahren auch als Solist und geschätzter Kammermusiker hervorgetreten ist. Er schwärmte in einem Interview mit dem Verfasser voller Begeisterung: Michelangeli „ist für mich der Idealpianist schlechthin, immer gewesen, bis zum heutigen Tag. Ich habe nie einen größeren Pianisten gehört als Arturo Benedetti

Michelangeli. Zweimal habe ich ihn live erlebt, und das sind die größten Pianistenereignisse in meinem Leben gewesen. Er saß am Klavier in so tadelloser Haltung! Das ist die richtige Art, Klavier zu spielen."

Vorbehaltlos positiv äußert sich auch der Dirigent Sergiu Celibidache über Michelangeli, den er als junger Mann in Berlin kennen gelernt hatte. „Es traf mich wie ein Blitz. Ich danke Gott, daß er mich nicht zum Pianisten gemacht hatte. Wie sollte man gegen diesen genialen Musiker bestehen?" Celibidache erkannte dirigentische Qualitäten in Michelangelis Spiel und präzisierte später: „Er phrasiert genauso wie ich, er behandelt das Klavier wie ein Orchester, er spielt absolut sinfonisch. Er verwandelt Tasten zu Flöten und Klarinetten." (Piendl:60)

Auch Heinrich Neuhaus ist voller Anerkennung. In seiner *Kunst des Klavierspiels* spricht er über die führenden Pianisten der Gegenwart, bedauernd, eine Reihe ausländischer Künstler nur von Platten zu kennen. „Einen der ersten Plätze nimmt, wie mir scheint, Benedetti Michelangeli ein", heißt es dort. Neuhaus weist Michelangeli gemeinsam mit Richter, Gilels, Sofronitzkij, Sak und Gulda einen Platz neben solchen Größen der älteren Generation wie Gieseking, Horowitz, Artur Rubinstein, Casadesus, Petri und Arrau zu. (Neuhaus:176 und 184)

Seinem großen Schüler Swjatoslaw Richter, der nach Konzertbesuchen und dem Anhören von Schallplatten seine Eindrücke häufig in tagebuchartigen Aufzeichnungen festgehalten hat, ist dagegen ein Hin- und Hergerissensein zwischen Bewunderung und Irritation deutlich anzumerken. Am 1. Januar 1976 hört er im Kreis von Freunden Michelangelis Aufnahme des *Ravel-Konzertes* und schreibt darüber: „Zur Feier des neuen Jahres fiel die Wahl heute auf Ravels Konzert in G-Dur. Michelangeli hat nie etwas Besseres gemacht. Bis heute habe ich noch keine bessere Interpretation dieses Konzertes gehört. Die für diesen Pianisten charakteristische Kälte ist hier völlig angemessen und in keiner Weise in Konflikt mit der Musik. Eine meisterhafte Aufnahme, die wir alle mit Genuss gehört haben." (Monsaingeon:251)

Fast genau zwei Jahre später setzt er sich mit der Aufnahme des ersten Heftes der *Debussy-Préludes* auseinander:

> „Und wieder diese vollkommene Perfektion, aber ohne Atmosphäre und den (meiner Meinung nach) für diese Préludes unverzichtbaren Charme. Dennoch fanatisch texttreue Aufführung. Er ist ein wahrer Perfektionist. Ich finde, dieser Fanatismus und dieser maximale Anspruch im Umgang mit dem Instrument verhindern den Flug der Phantasie und die wahre Liebe zu dem mit solcher Perfektion ausgeführtem Werk. Die ‚Inspiration' fehlt. Wäre das ein Begriff, der aus dem Wörterbuch der Gegenwart verbannt ist? Das wäre schade. Aber … man richtet nicht einen Meister." (Monsaingeon:284)

Immer wieder wird in Richters Notizen deutlich, wie seine außerordentliche Bewunderung der Meisterschaft Michelangelis in Konflikt mit der eigenen musikalischen Vorstellung gerät. Am 26.6.1975 hört er in der Grange de Meslay in Tours ein Konzert Benedetti Michelangelis, das Beethovens *Sonate As-Dur op. 26*,

Schuberts *a-Moll-Sonate* D 357, aus den *Images* von Debussy *Cloches à travers les feuilles*, *Hommage à Rameau* und *Reflets dans l'eau* sowie Chopins *Sonate Nr. 2 b-Moll* enthielt und mit *Le Gibet* von Ravel zu Ende ging. Richter resümiert: „Wie immer untadelig. Exakter Notentext. Technisch vollkommen perfekt. Alles lässt einen kalt." Anschließend notiert er einige etwas detailliertere Beobachtungen: „Beethoven: Das Trio des Trauermarsches ist so formalistisch und trocken, dass man es für eine komische Einlage (statt einer Artilleriesalve) halten könnte ..." Zu Schubert heißt es kurz: „Das hat mir gut gefallen. Eine genaue Wiedergabe der Noten." Chopin beeindruckt Richter offenbar stärker: „Der Trauermarsch und vor allem das Trio sind mit überaus inspirierter Einfühlung gespielt. Vom ganzen Konzert ist das weitaus das Beste." Debussy und Ravel werden ganz knapp abgehandelt: „Debussy: keine Beanstandung. Kein Eindruck ... Ravel: Wie bei Debussy". Richters Schlussbemerkung fasst seine ambivalenten Empfindungen pointiert zusammen: „Ein vortreffliches Konzert. Liebe zur Musik fühlt man hier nicht." (Monsaingeon:239f) Das sind starke Worte – bemerkenswert aber, dass Richter fast immer seine Einwände mit Formulierungen wie dieser relativiert: „Sicher, das sagt sich leicht ... außerdem möchte ich einen großen Künstler nicht kritisieren." (Monsaingeon:307) Richter und Michelangeli begegneten sich mit größtem Respekt, erkannten das herausragende Niveau des Kollegen an, unterschieden sich aber grundlegend in ihrem Temperament, verkörperten abweichende Zugangsweisen zur Musik und vertraten in vieler Hinsicht konträre Positionen. Es verbindet sie jedoch die Überzeugung von der Bedeutung absoluter Treue gegenüber dem Notentext.

Den Gegensatz beider Persönlichkeiten akzentuiert der ungarische Pianist András Schiff in einem Interview für die österreichische Zeitschrift *profil*. Auf die Frage des Journalisten Peter Schneeberger:

> „Muss ein klassischer Musiker zurückgezogen und konzentriert leben, um in seinem Beruf gut sein zu können?" antwortet Schiff: ‚Man muss als Interpret ein volles Leben leben. Mich interessieren Pianisten, die mir etwas von der Welt erzählen können. Arturo Benedetti Michelangeli war ein fantastischer Musiker, aber ein Eremit. Ich habe ihn nie gerne gehört, weil mich sein Spiel paralysierte. Es ist Wahnsinn, dass ein Mensch eine kleine Hand voll Stücke auf die immer gleiche Art spielt. Michelangeli übte den ganzen Tag. Ich glaube nicht, dass er je ein Buch gelesen oder einen Menschen gesehen hat. Ein Gegentyp war Svjatoslav Richter, der mich viel mehr fasziniert hat. Wenn er ein Stück spielte, hat er uns etwas erzählt'." (Schneeberger, 27.01.2007)

Auch bei Schiff findet sich also der Widerspruch zwischen professioneller Anerkennung und innerem Vorbehalt – und sein Statement ist ein Paradebeispiel dafür, wie sich Klischees und Vorurteile verfestigen können. „Eine kleine Hand voll Stücke"? Sicher, Michelangelis öffentlich vorgetragenes Repertoire ist nicht mit demjenigen der Enzyklopädisten des Klaviers zu vergleichen, aber gar so klein wie oft behauptet ist es auch wieder nicht. Richtig ist, dass er in öffentlichen Konzerten eine streng limitierte Werkauswahl gespielt, sich in seinen späteren Jahren auf ein tatsächlich sehr kleines Repertoire konzentriert und auch niemals komplette Werkzyklen aufgeführt hat: weder alle Sonaten oder Konzerte Beethovens noch Werkgruppen wie die vier Balladen oder Scherzi von Chopin. Andererseits sind aber durch Plattenaufnahmen immerhin 17 Klavierkonzerte dokumentiert: zwei von Haydn, fünf von Mozart, drei Konzerte Beethovens, die Konzerte von Schumann und Grieg, das *1. Konzert* und der *Totentanz* von Liszt, die *Symphonischen Variationen* von César Franck, das *G-Dur-Konzert* von Ravel und das *4. Konzert* von Rachmaninow. Wer alle Mozart-Konzerte aufgenommen hat, überbietet diese Zahl natürlich schon mit den Werken eines einzigen Komponisten, aber was von Michelangeli an Klavierkonzert-Aufnahmen vorliegt, ist mehr, als viele andere Berühmtheiten hinterlassen haben – es übertrifft z. B. die Zahl der Klavierkonzert-Einspielungen von Künstlern wie Backhaus oder Haskil und reicht fast an den Umfang von Aufnahmen des entsprechenden Repertoires durch Kempff heran. Einige weitere Konzerte hat Michelangeli in den ersten Jahren seiner Laufbahn gespielt. Dazu gehören das *Konzert für Klavier und Orchester op. 30* von Jean Absil, das *Kinderkonzert* und das *Konzert für Klavier und Orchester cis-Moll op. 30* von Franco Margola, das ihm gewidmete *Konzert für Klavier und Orchester Nr. 1* von Mario Peragallo und auch das *Konzert C-Dur für Klavier, Violine, Violoncello und Orchester op. 56*, das sogenannte *Tripelkonzert*, von Ludwig van Beethoven, das er 1948 in Edinburgh unter Furtwänglers Leitung aufgeführt hat. Cord Garben teilt mit, Michelangeli habe mit Stolz „berichtet, wie er sich in frühen Jahren für das Klavierkonzert Arnold Schönbergs eingesetzt habe". (Garben:141) Ob er es tatsächlich öffentlich gespielt hat, geht aus den gedruckt vorliegenden Zusammenstellungen der Konzertauftritte Michelangelis nicht hervor; belegt ist hingegen die Aufführung einiger Solowerke Schönbergs (*Drei Klavierstücke op. 11, Sechs kleine Klavierstücke op. 19, Suite für Klavier op. 25*). Garben erwähnt, dass Michelangeli auch die Einstudierung von Konzerten Ildebrando Pizzettis und Roman Vlads sowie des *3. Klavierkonzertes d-Moll op. 30* von Rachmaninow in Erwägung gezogen hat; Aufführungen dieser Werke kamen aber nicht zustande. (Garben:141) Neben alledem sollte nicht vergessen werden, dass er darüber hinaus ein riesiges Repertoire gründlich studiert, nur eben nicht vor einem Publikum aufgeführt hat. Er habe auf „immer die gleiche Art" gespielt? Das wird zu untersuchen sein! Wer die frühen Aufnahmen sorgfältig mit den späteren vergleicht, wird dabei manche Überraschung erleben. Und dass er nie ein Buch aufgeschlagen habe, wird durch die wenigen Schüler, die längere Zeit bei ihm lebten, zweifelsfrei widerlegt. Er sprach nicht viel über seine Lektüren, aber es ist mehrfach bezeugt, dass er gerne und mit großem Interesse gelesen hat. Clara Martinengo Villagana, eine der engsten Vertrauten in seinem privaten Umfeld, berichtet davon, dass er, als sie einer bei ihm wohnenden Freundin ein Buchgeschenk überbrachte, nach einem Blick auf den Titel entschied: „Zuerst lese ich es!" Die wenigen Menschen, denen es gelungen ist, ins Allerheiligste seines Hauses, das nach seinem eigenen Zeugnis

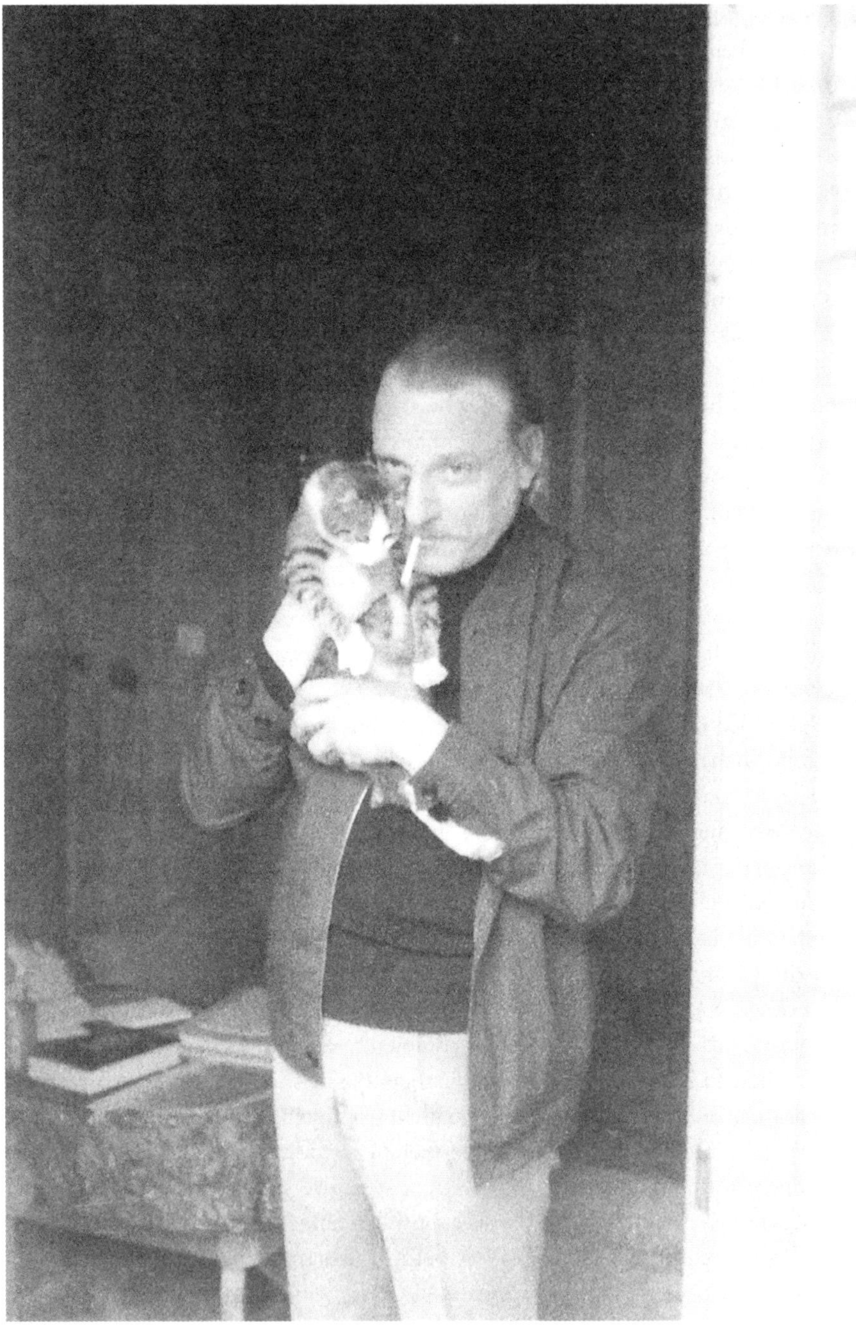

Der Katzenfreund

nicht einmal seine Katze betreten durfte, einen Blick zu werfen, erwähnen Stapel von Büchern, die sich dort auftürmten.

Maurizio Pollini hebt neben dem künstlerischen Verantwortungsgefühl ebenfalls den Perfektionismus des von ihm bewunderten Meisterpianisten hervor. In einem Interview der *Zeit* antwortet er auf die Frage, was ihm der Pianist Arturo Benedetti Michelangeli bedeute: „Michelangeli war ebenfalls ein Mann von immenser musikalischer Gewissenhaftigkeit, bis hin zum Paradoxen. Seine Suche nach Perfektion grenzte ans Absolute." Als die Interviewpartner Giovanni di Lorenzo und Claus Spahn nachhaken, ob ihm Perfektion heilig sei, entgegnet er jedoch: „Ach wissen Sie, der Perfektionismus in der Musik hat seine Grenzen. Es ist viel wichtiger, dem Publikum die Komposition zu vermitteln als technische Details." (*Die Zeit*, 19.02.2009) Dieser Aussage hätte vermutlich auch Michelangeli selbst nicht widersprochen – in seinem Unterricht hat er sich über Perfektion nie ausdrücklich geäußert, sie als Selbstzweck niemals akzeptiert.

Eine hübsche Geschichte ereignete sich mit Glenn Gould. Im Beethovenjahr 1970 sollte Benedetti Michelangeli mit dem Toronto Symphony Orchestra Beethovens *Fünftes Klavierkonzert* spielen, sagte jedoch kurzfristig ab. Glenn Gould, der schon zuvor erfahren hatte, dass die Produktion keineswegs gesichert sei, hatte leichtfertig geäußert, gegebenenfalls einzuspringen. Als er angerufen wurde und erfuhr, er müsse tatsächlich spielen, nahm er das im ersten Moment wohl nicht ganz ernst, sagte aber, als ihm die Lage klar geworden war: „Mein Gott, stellen Sie sich vor: Pianist Nummer Eins springt für Nummer Zwei ein!" (Stegemann:309)

## Wie es geschrieben steht...

Benedetti Michelangeli gehörte zu jener Generation, für die der Begriff der Werktreue eine zentrale Rolle spielte, ein Begriff, der nach wie vor seine Berechtigung hat, mittlerweile aber in einem etwas weiteren Sinne gefasst wird als noch vor einigen Jahrzehnten. Im 18. und 19. Jahrhundert war das Verhältnis zu einer historisch gewordenen Musik ein anderes als heute. Die Werke großer Meister der Vergangenheit wurden zwar aufgeführt, aber ein freier Umgang mit ihnen war durchaus gestattet. Beleg dafür sind nicht allein die zahlreichen Bearbeitungen älterer Musik – auch Eingriffe der Verleger in neue Werke vor der Drucklegung waren keine Seltenheit. Dem Chopin-Spieler verursachen sie bis jetzt einige Kalamitäten, weil sie eine der Ursachen für oftmals mehrere, stark voneinander abweichende Fassungen vieler seiner Werke sind. Von Franz Liszt ist überliefert, dass er, wenn er ein Werk zum wiederholten Male spielte, selten davon absah, die eine oder andere Veränderung oder Ergänzung vorzunehmen. Und berüchtigt sind Ausgaben älterer Musik, in denen es vor Eintragungen der Herausgeber nur so wimmelt: diejenigen des *Wohltemperierten Klaviers* von Czerny und später von Mugellini oder

Busoni sind Beispiele dafür, wie umfassend die Eingriffe in eine im Wesentlichen unbezeichnete Musik oft waren. Die Hinzufügungen von Angaben zur Dynamik und Phrasierung sind in diesen Ausgaben Legion. Ein dermaßen freier, gelegentlich fast willkürlicher Umgang mit der Musik steht in eigenartigem Kontrast zu dem Heroenkult, der im 19. Jahrhundert mit den bedeutendsten Komponisten getrieben wurde. Nun waren die genannten Herausgeber jedoch keine namenlosen musikalischen Amateure, sondern hochgebildete, über ihre Kunst reflektierende, führende Musiker ihrer Zeit, deren Editionen uns Auskunft geben über das Musikverständnis ihrer jeweiligen Epoche. Und es gilt zu bedenken, dass auch nach heutigen Gesichtspunkten nicht jede Hinzufügung musikalisch falsch ist, bloß weil sie nicht vom Komponisten selbst stammt. Trotz alledem: Nach einer langen Phase des allzu subjektiven, mitunter gar willkürlichen Umgangs mit der musikalischen Überlieferung setzte eine Gegenbewegung ein, die das Zurückgehen auf den authentischen Text als Gebot der Stunde betrachtete. Wie alle derartigen Strömungen schoss auch sie immer wieder einmal über das Ziel hinaus: Manche Interpreten gingen so weit, selbst offensichtliche Druckfehler als sakrosanktes Schöpferwort zu betrachten und an ihnen festzuhalten. Doch insgesamt war die Wirkung der Werktreue-Bewegung außerordentlich segensreich. Erst durch sie wurden verlässliche Urtextausgaben möglich, durch sie wurden viele aus heutiger Sicht schwer erträgliche Subjektivismen und Manieriertheiten aus der Wiedergabe von Musik verbannt, durch sie wurden neue Blicke auf das musikalische Kunstwerk möglich. Doch was eigentlich ist unter diesem dergestalt ins Zentrum des Musiklebens gerückten musikalischen Werk zu verstehen, wo finden wir es, wo hat es seinen Ort?

Die intensive Beschäftigung mit einem Interpreten, der Versuch, seine Stellung in der Geschichte der musikalischen Interpretation und seine spezifische Bedeutung zu bestimmen, lässt es geboten erscheinen, sich auch der Voraussetzungen dafür zu vergewissern, wie eine Interpretation eigentlich zustande kommt. Warum muss ein musikalisches Werk überhaupt „interpretiert“ werden, warum wird es nicht einfach nur „gespielt“? Was hat es damit auf sich, dass große Musiker, darunter kein Geringerer als Igor Strawinsky, „Interpretation“ – also die „Übersetzung“, die Deutung und Auslegung einer Komposition durch Sänger oder Instrumentalisten – ausdrücklich ablehnten und sich statt dessen eine nur den musikalischen Text in einem buchstäblichen Sinne wiedergebende „Ausführung“ wünschten? Der Dirigent Sergiu Celibidache – Michelangeli hat ihn besonders geschätzt und oft mit ihm musiziert – hat den Wert von Interpretation gleichfalls angezweifelt: es gäbe Billionen Neins und nur ein Ja in der Probe, so der bedeutende Dirigent. „Wir denken immer, daß es eine Interpretation gibt. Interpretation von was?“ (Piendl:27) Solche Äußerungen suggerieren, es gäbe letztlich nur eine einzige angemessene Darstellungsweise einer Komposition. Aber wie kommt es dann, dass zehn Interpreten, die alle steif und fest behaupten, nur das wiederzugeben, was in den Noten steht, ein Stück vollkommen unterschiedlich spielen?

Es sind ganze Bibliotheken darüber verfasst worden, was es mit dem musikalischen Kunstwerk auf sich habe. Ist es in der Partitur fixiert? Ist es das, was der Komponist sich vorgestellt hat und dessen Idealgestalt später, schon bei der Niederlegung dieser Vorstellung im Notenbild, für immer verloren geht, weil eine solche Vorstellung niemals in ihrem ganzen Umfang notiert werden kann? Dies war wohl die Meinung Celibidaches: „Was ist an dem, was wir hier tun, ‚Interpretation'? Ich mache nichts anderes als herauszufinden, was der Komponist wollte, denn er hatte ein Erlebnis und suchte nach der Kurzschrift, um es ausschreiben zu können. Wir fangen bei der Kurzschrift an, um zu seinem Erlebnis zu gelangen." (Piendl:26f)

Ist das Werk folglich dort zu suchen, wo ein Musiker, der sich vollständig mit dem Komponisten identifiziert, gewissermaßen in seine Haut schlüpft, es klanglich realisiert? Aber wer ist dieser Musiker, wer kann mit vollem Recht als Stellvertreter des Komponisten auftreten, woran erkennen wir ihn? Im verzweifelten Nachsinnen über diese Probleme sind manche Grübler auf den Gedanken verfallen, das Werk in seiner Idealgestalt lasse sich allein im inneren Vergegenwärtigen durch einen sachkundigen Partiturleser aufspüren, da der klanglichen Realität immer etwas Unvollkommenes anhafte. Solche Gedankenspiele haben einen eigentümlichen intellektuellen Reiz: Unvergesslich ist, wie Thomas Mann solchen Überlegungen in seinem *Doktor Faustus* nachgeht.

Das alles sind faszinierende Fragen, über die sich trefflich spekulieren lässt, was von allen nur denkbaren philosophischen Standpunkten aus ja auch geschehen ist. Dabei wird leider allzu oft etwas Grundlegendes, doch eigentlich auf der Hand Liegendes übersehen: Musik ist Klang, sie wendet sich an das Ohr wie die Malerei an das Auge, sie ist für ganz bestimmte Besetzungen geschrieben, die eben diesen vom Komponisten gewollten Klang realisieren können, und sie richtet sich an jeden Hörer, keineswegs nur an Notenkundige und musikalische Fachleute. Das innere Vergegenwärtigen von Musik ist ein Sonderfall, der die Erfahrung einer realen Klanglichkeit übrigens zwingend zur Voraussetzung hat. Wie wäre der Klang einer Klarinette vorstellbar und vom Klang eines Horns zu unterscheiden, hätte man diese Klänge nicht irgendwann wirklich gehört? – Lange Zeit war die Musik etwas Ephemeres, Flüchtiges; sie konnte nur mündlich tradiert werden. Erst durch die Entwicklung der Notenschrift, die übrigens relativ spät ihre heutige Form erhalten hat, ergab sich die Möglichkeit, verschiedene Elemente einer klanglichen Erscheinung festzulegen und dadurch in hinreichender Präzision wiederholbar zu machen. Verschiedene Elemente, aber eben nicht alle. Die Frage lautet also: Was sind die substantiellen, unveränderlichen Bestandteile einer Partitur, was die akzidentiellen, also veränderbaren? Was ist fixierbar, was ist variabel?

Eindeutig fixierbar ist die Tonhöhe; unterschiedliche Stimmhöhen sind im vorliegenden Zusammenhang irrelevant. Wesentliche Strukturelemente und sinnstiftende satztechnische Grundlagen eines Werkes sind dadurch unveränderlich vorgegeben. Mit der eindeutigen Bestimmung des zeitlichen Ablaufs einer Komposition sieht es schon anderes aus. Ein Tempo kann metronomisch exakt angegeben werden; das Verhältnis der Tondauern wird dann, wenn ein Stück von Anfang bis Ende in metronomischem Gleichmaß gespielt wird, ebenfalls korrekt sein. Doch von wenigen, ausdrücklich auf die Motorik ausgerichteten Werken abgesehen, wird eine solche Wiedergabe immer steril und unorganisch wirken. Die subtilen kleineren Veränderungen des Tempos, die unter dem Begriff der Agogik zusammengefasst werden und die einer Wiedergabe erst ihre Natürlichkeit, ihre innere Organik und Flexibilität verleihen, können bereits nur näherungsweise bezeichnet werden. Gleiches gilt für die Angabe der Lautstärke. Und die Gesamterscheinung des realen Klangbildes ist ausschließlich das Resultat der Arbeit des Interpreten. Man mag einwenden, im Zeitalter der Tonaufzeichnung könne ein Komponist doch eine präzise Vorstellung davon vermitteln, wie sein Werk zu klingen habe und wie es gespielt werden solle. Das ist gewiss richtig: Hier ist ein Grenzpunkt erreicht, an dem im Extremfall eine zweite Wiedergabe sinnlos werden kann. Nur hat sich gezeigt, dass auch der Komponist selbst, wenn er sein Werk wiederholt aufführt, zu durchaus voneinander abweichenden Interpretationen kommen kann. Karajan bat Richard Strauss nach einer Aufführung der *Elektra*, die der Komponist besucht und sehr gelobt hatte, um weiterführende Hinweise zur Interpretation. Am Ende des längeren Gespräches sagte Strauss dem Dirigenten sinngemäß, dass alles Besprochene nur eine Augenblicksauffassung sei und sich fünf Jahre später bereits ganz anders darstellen werde.

Ist das musikalische Werk also nur eine Chimäre? Celibidache formuliert sehr drastisch: „Das Werk gibt es gar nicht. Es entsteht vielleicht in dem Moment, wo Sie die richtigen Bedingungen dafür schaffen, als lebendiger Prozeß. Aber es ist kein Ding, das Sie festhalten können. Wie können Sie treu sein zu etwas, das es gar nicht gibt? Oder meinen Sie die Notentreue? Mahler sagte, daß in der Partitur alles steht, nur das Wesentliche nicht. Wenn das sogar Mahler gesagt hat…". (Piendl:51f) Ganz so weit muss man nicht gehen: Jedes Werk hat einen fixierbaren Kern, der es wiedererkennbar macht, es hat eine sinngebende kompositorische Struktur, die analysierbar ist – doch daneben gibt es Variablen, die seine äußere Erscheinungsform wesentlich beeinflussen und verändern können. Es ist nicht zuletzt die dem Werk eingeschriebene, notwendigerweise ihm zugehörige Veränderbarkeit der realen klanglichen Erscheinungsform, die es über lange Zeiträume hinweg am Leben erhält, die ermöglicht, es auf ganz unterschiedliche Weise zu erfahren und wahrzunehmen und die dazu geführt hat, dass die Interpretation von Musik ein so breites Interesse finden konnte.

Vor diesem Hintergrund fällt ein neues Licht auf den Begriff der Werktreue. Unbedingt zu respektieren sind die substantiellen Elemente des Textes. Die Akzidenzien geben dem Interpreten dagegen einen gewissen Spielraum, es ist schwierig, hier von „richtig" oder „falsch" zu sprechen. Die Grenze liegt dort, wo einer

Anweisung direkt widersprochen wird: Wer forte statt piano spielt, stellt sich dem Komponisten entgegen, wer dem Forte aber eine größere oder geringere Intensität verleiht, nutzt einen Freiraum und deutet aus. Sinnvoll ist die Differenzierung zwischen Text- oder Notentreue und Werktreue. Die erstere bezieht sich auf das, was geschrieben steht, die letztere auf das, was mit dem Geschriebenen gemeint ist. Ein bedeutender Kronzeuge – Alfred Brendel – hat diesen Zusammenhang pointiert zusammengefasst: „Dazu kann ich nur sagen: den Text zuerst einmal genau zu lesen ist eine äußerst schwierige Sache – sie ist viel schwieriger, als selbst die meisten Musiker meinen. Die Zeichen zu verstehen und lebendig zu machen, das erfordert sehr viel Phantasie. Man kann es nicht wie ein Computer tun oder wie ein Sklave des Komponisten; vielmehr muss man versuchen, dem Komponisten als freiwilliger Helfer beizustehen." (Brendel:140)

## Ein historisches Zeugnis

Auch wenn der Begriff „Interpretation" auf die Wiedergabe notierter Musik erst relativ spät angewandt wurde – früher sprach man eher von „Aufführungspraxis", „Vortrag" und „Ausdruck"–, ist die Auseinandersetzung mit den Problemen, die die klangliche Realisation einer Komposition dem Ausführenden stellt, natürlich nicht neu. Und längst bevor der Dirigent, Sänger oder Instrumentalist im Laufe des 19. Jahrhundert die Rolle eines oft geradezu hohepriesterlichen Vermittlers zwischen dem komponierenden Genius und einer immer größer werdenden Zuhörerschaft übernahm, war er gezwungen, Entscheidungen darüber zu treffen, wie er ein Werk spielen wollte. Der Schriftsteller, Musiker und Publizist Christian Friedrich Daniel Schubart (1739–1791) hat die damit zusammenhängenden Aspekte untersucht und am Schluss seiner *Ideen zu einer Ästhetik der Tonkunst,* die um 1784/85 entstanden sind, aber erst 1806 in Wien zum ersten Male veröffentlicht wurden, in einer überraschend modern anmutenden Weise dargestellt. Während der Titel seiner Schrift Berühmtheit erlangt hat, ist der Abschnitt, der sich auf die Wiedergabe von Musik bezieht, leider insbesondere ausführenden Musikern in der Regel kaum geläufig. Er fasst als frühes Beispiel für das Nachdenken über die Tätigkeit des Sängers oder Instrumentalisten wesentliche Grundsätze, die zum Großteil bis heute Gültigkeit haben, in lebendiger Weise prägnant zusammen und sei hier deshalb vollständig wiedergegeben und erläutert.

> „*Vom musikalischen Ausdruck*
>
> Der musikalische Ausdruck ist gleichsam die goldene Achse, um welche sich die Aesthetik der Tonkunst dreht. Wir verstehen darunter den, jedem individuellen Stücke, ja jedem einzelnen Gedanken *angemessenen Vortrag.* Ueberhaupt besteht der musikalische

Ausdruck aus drey Stücken: *Richtigkeit, Deutlichkeit* und *Schönheit.* Richtigkeit besteht im genauen Lesen, und in der strengsten Beobachtung des Rhythmus." (Schubart:372)

Die drei grundlegenden Kriterien, die Schubart gleich am Anfang seines Kapitels über den „musikalischen Ausdruck" benennt, kennzeichnen das ästhetische Verständnis seiner Epoche, aber sie haben eine weit darüber hinausgehende immense Bedeutung, auch wenn sie in späteren Zeiten z. T. anders gewichtet und in mancher Hinsicht modifiziert worden sind. Ausdruck als übergeordneter Allgemeinbegriff ist hier nicht im Sinne des modernen „Espressivo" zu verstehen; der Autor meint damit in erster Linie die angemessene Darstellung einer komponierten Musik überhaupt, nicht das ausdrucksvolle Unterstreichen besonderer Details. Allerdings kommt in dieser Wortwahl gleichzeitig die Abwendung von der älteren Nachahmungsästhetik zum Vorschein. Schubart, der selbst als praktizierender Musiker sehr angesehen war und verschiedene Tasteninstrumente hervorragend gespielt haben soll, verkörpert als Vertreter der Epoche des Sturm und Drang einen durchaus subjektiven Zugang zur Kunst. „Das musikalische Genie hat das *Herz* zur Basis", schreibt er an anderer Stelle in seinen *Ideen.* (Schubart:368) Bemerkenswert ist die nachdrückliche Akzentuierung der „Angemessenheit" des künstlerischen Vortrags: Diese setzt voraus, dass der musikalische Text verständnisvoll gelesen und korrekt in eine klangliche Erscheinung übertragen wird, die den Sinn des musikalischen „Gedankens" in charakteristischer Weise wiedergibt. Bedeutsam ist auch die Betonung des Parameters „Rhythmus": Es ist kein Zufall, dass Schubart ihn an so prominenter Stelle hervorhebt, denn unter den Gestaltungsmöglichkeiten, die einem Ausführenden zur Verfügung stehen, ist die Beeinflussung des musikalischen Zeitverlaufes wohl das stärkste Mittel. Dabei darf der *Rhythmus* nicht mit dem starren, mechanischen *Metrum* verwechselt werden. Rhythmus meint in der Musik vor allem die organische Gliederung der zeitlichen Abläufe, Metrum ein der Zeitgestaltung zugrunde liegendes, gleichbleibendes Schema. Die Gefahren eines nachlässigen Umgangs mit der musikalischen Zeit sind jedem Musiker bekannt: Eine falsche Tempowahl kann ein Stück vollkommen entstellen, rhythmische Ungenauigkeiten verzerren den Charakter, ein mechanisch beibehaltenes Metrum lässt die Musik unlebendig, ein Übermaß an Agogik kitschig erscheinen.

Dass das gründliche Lesen notierter Musik keine ganz einfache Unternehmung ist, geht schon aus Brendels oben zitierter Äußerung hervor. Scheinbar leichte Aufgaben verleiten häufig zur Oberflächlichkeit, und das Lesen von Musik scheint zunächst eine einfache Angelegenheit zu sein, wenn die Kenntnis der Noten und der wichtigsten musikalischen Bezeichnungen vorhanden ist. Doch Tests mit Studierenden haben gezeigt, welche Aufmerksamkeit und Konzentration selbst professionell geschulte Musiker aufbringen müssen, nur um lediglich die sachlichen Informationen und Spielanweisungen eines Notenblatts einigermaßen vollständig zu beschreiben. Um wie viel schwieriger ist es aber, nicht nur die gedruckten Zeichen selbst zu benennen, sondern ihren Sinn zu erfassen! Es bedarf einer umfassenden Schulung, um die Kunst des richtigen Lesens zu erlernen, die sich nicht in einem passiven Aufnehmen des Notierten erschöpft, sondern ein höchst aktives Befragen des Textes bedeutet. Deshalb stellt auch Schubart fest:

> „Das *Lesen* ist weit schwerer, als sich manche einbilden. Da jeder musikalische Gedanke seinen bestimmten Vortrag in sich selbst enthält; so kommt es nur darauf an, dass ich in die *Natur* dieses Gedankens eindringe, und ihn charakteristisch darstelle. Es verhält sich in der Musik wie in der Beredtsamkeit: gründliches, tonvolles Lesen muss der schönen Declamation vorangehen. Zu diesem Lesen wird lange anhaltende Uebung erfordert. Man muss die Partituren grosser Meister vielmahls durchstudieren, die Faust durch den Vortrag schwerer Stellen üben, und auch die simpelsten Sätze nicht vernachlässigen: denn es gibt oft leichte Sätze, welche schwerer vorzutragen sind, als die schwierigsten. Dieses Paradoxon löst sich dadurch auf, wenn man weiss, dass leichte Sätze – tiefes Gefühl des Schönen, die schweren, meist nur Mechanismus erheischen. Ich habe grosse Sänger und Sängerinnen, auch starke Clavierspieler gehört, die die schwersten Arien und Concerte mit bewunderungswürdiger Fertigkeit vortrugen, und doch nicht fähig waren, den einfachsten Choral, oder das simpelste Volkslied zu singen, oder zu spielen. Durch fleissiges Solfeggiren, und Uebung in den Applicaturen, kann der Sänger und Instrumentalist leicht jene Fertigkeit im Lesen erlangen." (Schubart:372f)

Die große Nähe zu den Gedanken eines Heinrich Neuhaus ist nicht zu übersehen: Auch hier geht es um die richtige Balance des Geistigen, Seelischen und Physischen, die durch gründliches Arbeiten und ausdauerndes Üben erreicht werden soll. Ohne Zweifel steht für Schubart das geistige und emotionale Verständnis von Musik gegenüber der motorischen Bewältigung ihrer spieltechnischen Schwierigkeiten im Vordergrund des Interesses, wobei „Richtigkeit" selbstverständlich die akkurate Wiedergabe der notierten Töne einbegreift.

Der Begriff des Lesens hat in der Musik überdies einen nicht unwesentlichen Doppelsinn: Er meint nicht nur das visuelle Erfassen und intellektuelle Verarbeiten eines Textes, sondern in der Form des Vom-Blatt-Spielens auch das unmittelbare Umsetzen des Gelesenen in Klang. Dass dieses leichter fällt, wenn die Technik des Solfeggios beherrscht wird, das Singen von Tönen mit den sogenannten Solmisationssilben, ist einleuchtend – setzt diese Methode doch voraus, die Funktion eines Tones in seiner jeweiligen tonalen Umgebung spontan erfassen zu können. Und dass ein unmittelbares Realisieren des Notenbildes am Instrument die Kenntnis der Applikatur, also des für bestimmte Bausteine wie Tonleitern, Arpeggien und Akkorde weitgehend feststehenden Fingersatzes, zur Voraussetzung hat, ist ebenso selbstverständlich. Beiden Aspekten – dem Solfeggio wie der Fingersetzung – hat sich Michelangeli, dem es stets darum zu tun war, dass seine Schüler die Grundlagen der Musik und des Klavierspiels so umfassend wie möglich beherrschten, ausführlich gewidmet.

Auf ein für den heutigen Interpreten sehr wichtiges Problem des Lesens von Musik geht Schubart jedoch nicht ein. Die musikalische Schreibweise ist keineswegs epochenübergreifend gleichbleibend, viele Zeichen und Notationsformen unterlagen im Laufe der Zeit einem Bedeutungswandel. In seiner Epoche, in der überwiegend zeitgenössische Musik gespielt und ältere Musik üblicherweise den aktuellen Aufführungsgepflogenheiten angepasst wurde, spielte dieser Umstand noch keine Rolle, doch gegenwärtig ist er von kaum zu überschätzender Relevanz, und die korrekte Wiedergabe bestimmter Werke erfordert ein umfassendes Spezialwissen. An dieser Stelle wird nochmals klar, was schon früher unterstrichen wurde: Entscheidend ist nicht allein der gedruckte Buchstabe, sondern die Beantwortung der Frage, was mit ihm gemeint ist. Dafür ist es notwendig, einerseits die Notationsgewohnheiten eines Komponisten und seiner Zeit genau zu studieren, sich aber andererseits darüber hinaus auch zu vergegenwärtigen, was überhaupt nicht notiert zu werden brauchte, weil es allgemein bekannt und Bestandteil der mündlichen Unterweisung war. Um das an einigen Beispielen zu erläutern: Die Ausführung mancher Verzierungen hat sich verändert, ohne dass für die neue Spielweise auch ein neues graphisches Symbol eingeführt worden ist; kurze Vorschläge müssen in bestimmten Epochen auf den Taktschwerpunkt fallen, in anderen werden sie im Voraus gespielt; punktierte Rhythmen werden in der Musik der Barockzeit und noch eine Weile über diese hinaus an die gleichzeitig in anderen Stimmen zu spielenden Triolen angeglichen, später dann aber ausdrücklich nicht. Für den Musiker der Epoche Bachs und Händels stellte die sinngemäße Artikulation aufgrund seiner Ausbildung kein Problem dar, so dass sie meistens nicht eigens bezeichnet werden musste, für den Interpreten des 20. und 21. Jahrhunderts ist das richtige Artikulieren der Barockmusik zu einer viel diskutierten stilistischen Grundsatzfrage geworden. Für den Pianisten des 19. Jahrhunderts war ganz selbstverständlich, die Synchronizität im gleichzeitigen Spiels beider Hände nicht als unumstößliches Gebot anzusehen; an mit besonderem Nachdruck hervorzuhebenden Stellen wurde der Bass oft etwas vorausgenommen oder ein wichtiger Melodieton nachgeschlagen und leicht verzögert, doch im 20. Jahrhundert hat sich der Geschmack gewandelt, und das absolut exakte Zusammenspiel beider Hände ist die Regel geworden. In anderen Worten: Die Notenschrift gibt das vom Komponisten Intendierte in einer für die Zeitgenossen normalerweise hinreichend genauen Form wieder, erfasst aber bei Weitem nicht alles, was für eine Aufführung von Bedeutung ist, so dass die Beschäftigung mit Zeugnissen über die musikalische Praxis zur Entstehungszeit des jeweiligen Werkes eine conditio sine qua non darstellt. – Zu einer angemessenen Wiedergabe von Musik gehört natürlich ganz elementar auch die Kenntnis ihrer fundamentalen Regeln und Gesetze, auf deren Berücksichtigung Benedetti Michelangeli immer besonderen Wert gelegt hat. Das Empfinden des Spannungsverlaufs einer harmonischen Progression, das Erspüren des Zu- und Abnehmens der Intensität in einem melodischen Verlauf, das Wissen darum, ob eine rhythmische Notation wörtlich zu verstehen ist, eine Kurzschrift darstellt oder dem Spieler gewisse Freiheiten lässt: All das sind Bedingungen für den von Schubart verlangten „angemessenen Vortrag“. Aus diesem Grund hat Benedetti Michelangeli im Unterricht empfohlen, sich intensiv mit der Theorie der Musik zu befassen. In einer Zeit, die gerne den raschen Erfolg sucht und deshalb Gefahr läuft, notwendige Grundlagen der Musikausübung zu überspringen, kann dieser Rat nicht genug unterstrichen werden. Auch von Celibidache ist übrigens bekannt, dass er sich in seiner Studienzeit in Berlin mit ungewöhnlicher Intensität in musiktheoretische Fragen vertieft hat.

> „Die *zweyte* Eigenschaft des guten musikalischen Vortrags ist: *Deutlichkeit.* Was man nicht versteht, das wirkt nicht auf's Herz. Man muss also jedes musikalische Comma, ja jede einzelne Note scharf conturieren; sich im Abstossen der Töne üben, (denn nichts ist deutlicher, als ein Staccatosatz;) nie murmeln, wenn man sprechen soll; und sich sonderlich im Vortrage der *Rundung* befleissigen. Ganz vorzugsweise hat der Sänger diese Deutlichkeit vonnöthen: denn leider, geht unter den Lippen und Zähnen der meisten, oft die schönste Poesie verloren. Desswegen ist auch der Effect nur einfach, da er doch gedoppelt seyn sollte, nähmlich: Musik und Dichtkunst sollten zugleich auf das Herz wirken. – Mit ein Grund, warum in unsern Concerten so wenig Aufmerksamkeit herrscht. Man singe nur ein gutes Volkslied deutlich und verständlich; und sieh da! alle Augen werden sich weiten, alle Ohren lauschen, alle Herzen sich öffnen. Jeder Sänger, und jede Sängerin lese mithin ihren Text genau durch, dringe in die Kraft jedes Wortes ein; gebe jedem Wort seine bestimmte Aussprache, und hüthe sich besonders vor dem abscheulichen Dehnen und Zerren der Vocale, wodurch der Vortrag am meisten unverständlich wird.“ (Schubart:373f)

Schubarts Forderung der Deutlichkeit darf eine weitreichende Geltung beanspruchen. Sie impliziert das Herausarbeiten des Wesentlichen, das Erfassen der musikalischen Interpunktion, das richtige Phrasieren, das Vermeiden unangebrachter Übertreibungen und durch den häufigen Verweis auf die Kunst des Gesanges ganz sicher auch das mit alledem in engstem Zusammenhang stehende richtige Atmen. Ein wichtiges Mittel, diese Deutlichkeit zu erzielen, ist die Artikulation. Schubart hebt vor allem das Konturieren, das Untergliedern, das Staccato hervor, was wohl seinen Grund unter anderem darin hat, dass er im „abscheulichen Dehnen und Zerren der Vocale“ eine besondere Unart der Aufführungspraxis seiner Zeit erkannt hatte. Es bedeutet sicher nicht eine Geringschätzung des Legatos, denn er pointiert ausdrücklich auch die Wichtigkeit der „*Rundung*“ des Vortrags. Die Deutlichkeit der Aussage ist eine Grundbedingung jeder Form von Kommunikation: Je komplizierter die Mitteilung, desto wichtiger ist es, sie klar zu artikulieren. So erstaunt es nicht sonderlich, wenn auch für einen Komponisten wie Arnold Schönberg, dessen Musik aufgrund der Komplexität und Dichte ihrer Struktur dem Auffassungsvermögen besondere Probleme stellt, der Grundsatz der Deutlichkeit – Schönberg spricht gerne von „Verständlichkeit“ – das oberste Prinzip für die Aufführung von Musik gewesen ist. Auch Schubarts zweitem Kriterium darf eine die Zeiten überspannende Gültigkeit attestiert werden. Für sein drittes Attribut gilt das nur mit gewissen Einschränkungen.

„Die *dritte* Eigenschaft des musikalischen Vortrags ist endlich *Schönheit*.

Wer ein gefühlvolles Herz hat, wer den Dichter und Musiker nach zu empfinden weiss, wen der Strom des Gesangs selbst mit fortwälzt; wer die himmlische Schönheit in den Stunden der Weyhe unverschleyert sah: der bedarf nur Winke – und er wird schön singen, wird jedes Stück schön vorzutragen wissen.

Die Schönheit besteht auch in der Tonkunst aus so vielen unendlich feinen Nüancen, dass es unmöglich ist, sie alle zu bestimmen. Ein Mädchen voll Unschuld und Liebreitz ist schön, ohne dass sie es oft selbst weiss, wenigstens weiss sie nicht ihren Teint, und jeden Zug ihrer Schönheit auseinander zu setzen. Inzwischen lassen sich jedoch hierüber sehr interessante Bemerkungen machen.

Verflössung der Töne, leichtes gefälliges Portamento, oder Hinschweben von einem Tone in den andern; das Schwellen, Steigen, Fallen, Sterben der Töne; die Naivetät, womit man kleine Verzierungen hintändelt; der schöne Umriss, womit man jeden Satz markirt; die sanften Bebungen, das Hinathmen des Sängers; das liebliche Trillo; der schmelzende Vorschlag, und endlich die schöne Stellung des Musikers, und sein Herzausdruck im Angesicht, – machen zusammen den schönen musikalischen Vortrag aus. Da jeder Gedanke seine eigene Farbe hat; da von der Feuerfarbe des Pathos an, bis auf die Rosenfarbe der sanften Freude, ausnehmend viel Schattierungen in der Mitte liegen; so ist es, wie schon erwähnt, eben so unmöglich, alle diese Abstufungen zu bemerken, als jede Nüance des Colorits bey einem Titian, Correggio und Mengs anzugeben." (Schubart:374f)

Dass Schubart die Schönheit als Drittes behandelt, ist seinem Verfolgen des Arbeitsprozesses eines Interpreten geschuldet; sie ist das anzustrebende Resultat seiner Bemühungen. In der Hierarchie der Werte gebührt ihr für den Autor die erste Stelle. Er belässt ihr etwas von ihrem Geheimnis, es scheint ihm unmöglich, all ihre Wirkungsweisen und Erscheinungsformen zu benennen. Und doch besteht kein Zweifel daran, was für ihn die Schönheit des Vortrages ausmacht. Es ist die kunstvolle Darstellung des musikalischen Gedankens, der Ausdruck des Seelischen, das Mitvollziehen des Lebens und Sterbens der Töne, die sinnliche Freude an der Nuance. Er spricht als Stürmer und Dränger, doch was er sagt, gilt mutatis mutandis weit über seine Zeit hinaus.

Nun ist die Schönheit, wie wir nicht erst seit Umberto Eco wissen, aber nichts überzeitlich unverändert Fortbestehendes. Jede Epoche schafft sich ihr eigenes Bild des Schönen; was der einen als vollkommen gilt, ist der anderen womöglich nichts mehr wert. Lange Zeit war es ein unumstößliches Gesetz, dass auch das Häßliche schön darzustellen sei – im 20. Jahrhundert hat sich das geändert, die weltgeschichtlichen Katastrophen ungeheuren Ausmaßes ließen eine solche Darstellungsweise nicht mehr zu. Arnold Schönberg bekannte, ihm sei während des Komponierens nicht immer klar gewesen, ob das, was er gerade schrieb, schön sei, aber es sei notwendig gewesen. Seine Schüler wurden hingegen nicht müde zu betonen, wie irrsinnig schön doch das letzte Werk des Meister wieder geworden ist, und der mit den Klangwelten der Moderne vertraute Hörer wird ihnen in den meisten Fällen Recht geben. Was vormals als schockierend und abstoßend empfunden wurde, kann von einer späteren Zeit durchaus dem Schönen zugerechnet werden.

Unweigerlich hat der gewandelte Schönheitsbegriff auch die Interpretation von Musik beeinflusst. Es gibt Richtungen, die das Provokante, das Revolutionäre, das Herausfordernde, Schroffe, Brüchige einer Komposition in den Vordergrund rücken. Das ist legitim und oft erhellend, geht aber nicht immer ohne übertreibende Verzerrungen und den Verlust klanglicher Schönheit vonstatten. Michelangeli gehört einer Generation an, die anders auf die Musik der Vergangenheit geblickt hat. Er will nicht akzeptieren, dass die Schönheit der Welt abhanden gekommen sein könnte, und hat immerfort darum gerungen, die tradierten ästhetischen Werte am Leben zu erhalten.

Schubart schließt seine Betrachtungen über den musikalischen Ausdruck ab, indem er eine Brücke vom Interpreten zum Komponisten schlägt:

> „Diese und noch mehrere Pflichten hat derjenige zu beobachten, welcher bloss Dinge vorträgt, die ein anderer gesetzt hat. Unendlich wichtiger aber ist der musikalische Ausdruck bey dem Tonsetzer selbst; denn der muss alles wissen, was Dichter und Redner kennen sollen; und mit alle dem noch die erhabendste Kenntnis der Tonkunst verbinden." (Schubart:374f)

Obwohl Kind einer Zeit, in der die Personalunion von Komponist und Interpret noch nichts Ungewöhnliches war, differenziert Christian Friedrich Daniel Schubart bereits zwischen den Aufgaben des einen und des anderen. Benedetti Michelangeli und Sergiu Celibidache repräsentieren einen Künstlertyp, der vom Interpreten verlangt, im Wissen um die musikalischen Strukturen und Gesetze, in der Kenntnis ihres Aufbaus und im Verständnis ihres Ausdrucks nicht hinter dem Komponisten zurückzubleiben.

## Danusers „drei Modi der Interpretation"

Schubarts erhellender Text beweist, dass über die Bedingungen und Voraussetzungen der Wiedergabe von Musik schon frühzeitig tiefgründig reflektiert worden ist. Die Musikwissenschaft hat sich dennoch erst relativ spät den Problemen der musikalischen Interpretation zugewandt. Eine sehr umfassende Darstellung der Thematik erschien 1992 als Band 11 des *Neuen Handbuchs der Musikwissenschaft.* In seiner ausführlichen Einleitung arbeitet Hermann Danuser drei Ansätze einer Annäherung an einen vorgegebenen musikalischen Text heraus, die er als „die drei Modi der Interpretation" (Danuser 1992:13) bezeichnet und die, selbstredend in idealtypischer Form, wohl in zutreffender Weise die bedeutsamsten Interpretationsrichtungen in der zweiten Hälfte des 20. Jahrhunderts beschreiben. Diese drei Zugangsweisen der Interpreten zur Musik sind der „historisch-rekonstruktive Modus“, der „traditionelle Modus“ und der „aktualisierende Modus“. Es ist selbstverständlich, dass sie selten in reiner Form vorkommen und dass es zahlreiche Mischungen und Überschneidungen gibt.

Der historisch-rekonstruktive Modus ist der jüngste der drei Modi. Er zielt auf die möglichst treue Wiederbelebung der ursprünglichen Aufführungsbedingungen eines Werkes – auf die Verwendung eines originalgetreuen Instrumentariums, auf die Anwendung der zeitgenössischen Spieltechniken, kurz auf all das, was für die Musikpraxis der Entstehungszeit charakteristisch war. Er ist eng mit der Wiederentdeckung der Alten Musik und der Bewegung der historischen Aufführungspraxis verbunden, aber schon seit langem nicht mehr allein darauf einzugrenzen. Mittlerweile gibt es zahlreiche Musiker, die sich auch mit den Aufführungsbedingungen im 19. und zu Beginn des 20. Jahrhunderts auseinandersetzen und versuchen, diese zu rekonstruieren.

Michelangeli ist noch mit einer anderen Auffassung von Interpretation aufgewachsen; die Zugangsweise, die er selbst repräsentiert, wird von Danuser als traditioneller Modus bezeichnet. Dieser ist dadurch gekennzeichnet, dass er bestimmte Traditionslinien aufgreift, an sie anknüpft und sie allmählich modifiziert. Das Aufkommen der – wie man heute oft sagt – historisch informierten Aufführungspraxis – scheint ihn dazu veranlasst zu haben, in seinen späteren Jahren fast gar keine Barockmusik mehr öffentlich zu spielen und selbst den geliebten Scarlatti nur noch ausnahmsweise aufzuführen, eine Entscheidung, die außerordentlich zu bedauern ist. Michelangeli beherrschte nämlich nicht nur die sieben Sonaten, die er immer wieder gespielt und auch aufgenommen hat. Es wird von mehreren Seiten glaubwürdig berichtet, dass er sich einst für eine längere Zeit in ein Kloster zurückgezogen und an die 50 Sonaten des großen Barockmeisters einstudiert hat. Wie schön wäre es, davon etwas hören zu können!

Der Frage, ob es opportun ist, angesichts des gewachsenen Interesses an einer vermeintlich historisch authentischen Interpretationsweise die Musik der Bachzeit auch weiterhin auf dem modernen Flügel vorzutragen, hat sich auch Maurizio Pollini gestellt. Anlässlich seiner Aufführungen des *Wohltemperierten Klaviers* gab er der *Zeit* ein längeres Interview, in dem er die entscheidenden Fragen aus der Sicht eines Pianisten berührt. Da es inhaltlich von großer Bedeutung ist, sei es etwas ausführlich zitiert.

> „*DIE ZEIT:* Herr Pollini, in der Auswahl und Präsentation Ihrer Programme haben Sie es sich und dem Publikum nie leicht gemacht. In Ihren jüngsten Konzerten spielten Sie die 24 Präludien und Fugen des ersten Bandes von Bachs ‚Wohltemperiertem Klavier‘. Keiner Ihrer ruhmreichen Kollegen wagt sich an eine so schwere Aufgabe heran, die allein als Gedächtnisleistung phänomenal ist. Warum gerade Sie?
>
> *Maurizio Pollini:* Für mich war das zunächst eine außerordentliche Erfahrung mit Bachs Zyklus. Denn in der Vielfalt und Tiefe des musikalischen Ausdrucks ist dieses gewalti-

ge Werk einmalig. Schließlich resultiert daraus meine große Begeisterung, die ich seit meiner Kindheit für diese Musik hege. Aus der Sicht des üblichen pianistischen Virtuosentums ist die Beschäftigung mit dem ‚Wohltemperierten Klavier' relativ uninteressant.

*DIE ZEIT:* War der Entschluß, sich damit der Öffentlichkeit zu stellen, langfristig geplant oder kam Ihnen die Idee erst in jüngerer Zeit?

*Pollini:* Die Problematik des Instrumentes, des Klaviers, bedeutete lange ein großes Hemmnis für mich, das Wagnis einzugehen. Daher hatte ich das Projekt für längere Zeit zurückgestellt. Erst vor ein paar Jahren entschloß ich mich, es gründlich zu studieren und im Konzert zu spielen.

*DIE ZEIT:* Werden Sie den zweiten Teil des „Wohltemperierten Klaviers" nun bald folgen lassen?

*Pollini:* Vorerst habe ich da keine konkreten Pläne, vielleicht eines Tages.

*DIE ZEIT:* Ihre Entscheidung für den modernen Konzertflügel wie die Tatsache, daß Ihrer Bach-Interpretation eher traditionelle, wenn nicht gar romantische Auffassungen zugrunde liegen, lassen Sie erst gar nicht an Imitationen barocker Instrumente und ‚Originalklang'-Spezialistentum denken.

*Pollini:* Mit meinem Einsatz für ‚Das Wohltemperierte Klavier' greife ich auf meine Weise in diese Auseinandersetzung ein. Es macht mir Sorge, daß Bach zu einem Tummelplatz für Spezialisten werden könnte. Selbstverständlich habe ich den größten Respekt vor denjenigen, die Bach mit Originalinstrumenten (oder nachgebauten) aufführen. Dieser Trend hat Hochkonjunktur und ist nicht uninteressant. Was ich befürchte ist, daß wir an einen Punkt geraten könnten, wo man sich Bach-Aufführungen nur noch mit jenem Instrumentarium vorstellen kann. Nur weil Bach es damals in Leipzig so gemacht hat, sollten danach auch die großen Chorwerke in kleiner Besetzung aufgeführt werden. Ein Unfug sondergleichen, wie ich finde. Wer will denn wissen, ob die miserablen Bedingungen an der Thomaskirche den wirklichen musikalischen Absichten Bachs entsprachen. Da sind doch wohl die Umstände der Zeit, die Unmöglichkeit, größere Chöre zur Verfügung zu haben, nicht zu übersehen.

*DIE ZEIT:* Ungeachtet aller stilistischen Einwände nutzen Sie in Ihrem Bach-Spiel das Klangraffinement eines Konzertflügels: mit viel Pedal und zuweilen impressionistisch getönten Anschlagskünsten. Assoziationen drängen sich auf: an Edwin Fischer, an Wilhelm Furtwänglers Bach-Bild, an Karl Straube und Günther Ramin.

*Pollini:* Natürlich spiegelt sich in ihnen, im anderen Sinne bei Wanda Landowska, Pablo Casals und so weiter, die Welt der Romantik wider. Auch die von ihnen geprägte romantische Bach-Interpretation leugnet ja keineswegs authentische Wurzeln. Sie gründet sich auf eine spontane Art des Musizierens. Sie zeigt darin ihre Bindung an die Tradition. Eine nüchterne historische Rekonstruktion kann es nicht geben, weil das Interpretieren von Musik immer auf der lebendigen und spontanen Intuition der Ausführenden beruhen muß. Schlimmstenfalls mag das zum Verrat an der Sache führen. Es ist aber die einzige Möglichkeit, bei einer Wiedergabe großer Musik lebendig und aktuell zu sein. Daß für Bach selbst überdies die musikalische Substanz stets wichtiger war als deren ‚Verkleidung', beweist ein anderer Sachverhalt: Er war der Komponist, der sich jeder Art von Transkription seiner Musik öffnete. Ein Solostück konnte für eine Kantate verwendet, ein Violinkonzert in ein Cembalokonzert umgewandelt werden. Diese Aufgeschlossenheit hätte Bach gewiß auch gegenüber der romantischen Auslegung seiner Werke gezeigt." (di Lorenzo/Spahn: *Die Zeit* vom 19.02.2009)

Diesen bedenkenswerten Überlegungen sei noch einmal eine wichtige Äußerung von Heinrich Neuhaus gegenübergestellt, die in die gleiche Richtung zielt:

> „Je talentierter und musikalischer ein Pianist ist, desto weniger beunruhigen ihn die ‚Fragen des Stils', wie sie sich üblicherweise den Pädagogen stellen, die auch Methodiker sind, und um so deutlicher wird er in seiner Interpretation die Wahrheit verkörpern: das Material bringt die Form hervor – eine Wahrheit, die vieles in der Kunst erklären kann. Rachmaninow, der Chopin genial, jedoch nicht in Chopinscher Art spielte, ruft ungeachtet seiner Abweichung vom Autor Bewunderung hervor, weil eine beherrschende Individualität in Verbindung mit unerhörter Meisterschaft immer Anziehungskraft besitzt, und weil dies eine *elementare* Erscheinung ist, die nicht aus irgendwelchen Vorstellungen, Schlussfolgerungen, Bemühungen und vernunftmäßigen Voraussetzungen heraus entsteht. ‚Ihm ist es erlaubt', empfinden wir. Hier ist das Reich der ‚Kraft', Herrschaft, Macht. Es fällt mir ein Ausspruch Beethovens ein: ‚Kraft ist die Moral derer, die sich vor anderen auszeichnen – sie ist auch die meinige'." (Neuhaus:187)

Der Standpunkt, den Michelangeli, Pollini und Neuhaus einnehmen, ist bezeichnend für den traditionellen Modus. Auf „Authentische Wurzeln" wird verwiesen, das Zurückgehen auf die „Substanz" eines Werkes ist wichtiger als die Imitation eines äußeren Klangbildes, „der lebendigen und spontanen Intuition" soll Raum gegeben werden.

Das heißt in praktischer Hinsicht für Michelangelis Scarlatti-Spiel: Das Pedal wird vorsichtig, aber doch eingesetzt, es sind z. T. recht große agogische Freiheiten zu konstatieren, und hier und da erlaubt sich der Pianist einen kleinen Eingriff in den Notentext – in einer von der im Barock üblichen, legitimen Praxis stark abweichend und eher romantisierend. Doch die tonliche Schönheit, der Glanz der Ornamente, das Glitzerwerk der Passagen, der Reiz der scharfen Gitarrenklänge, in denen der Komponist seiner spanischen Wahlheimat die Reverenz erweist, sind von einer Überzeugungskraft, die vielleicht auch den Liebhaber historischer Instrumente für kurze Zeit das Cembalo vergessen lässt. Es sollte nicht darum gehen, eine der Zugangsweisen auszuschließen – beide haben ihren Reiz, ihre Vorzüge und ihre Beschränkungen. Selbst Claudio Arrau, der in seinen Berliner Jahren das Gesamtwerk Bachs öffentlich aufgeführt hat, es dann aber mit der Begründung, es gehöre aufs Cembalo, für lange Zeit beiseitelegte, hat sich am Ende seines Lebens dieser Musik wieder zugewandt und einige Partiten aufgenommen. Sein Tod verhinderte weitere, schon geplante Bach-Einspielungen.

Der dritte Modus ist der aktualisierende. Er war in der Vergangenheit lange Zeit vorherrschend: Jahrhundertelang war für die Aufführung auch älterer Musik die jeweils aktuelle Musizierpraxis bindend, und Abänderungen eines komponierten Textes, freie Bearbeitungen oder Kürzungen waren nichts Außergewöhnliches; Pollini hat auf den freien Umgang Bachs mit eigenen und fremden Werken angespielt. Im 20. Jahrhundert steht eine Persönlichkeit wie Glenn Gould für den aktualisierenden Modus ein. Sein mitunter scheinbar willkürlicher Umgang mit dem Tempo ist zum Schreckbild aller musikalischen Akademiker geworden, während andere Musiker ihn für seine Unbekümmertheit um Traditionen und das Gegen-den-Strich-Bürsten des geheiligten Repertoires feiern.

Für Benedetti Michelangeli war das historisch genaue Rekonstruieren eines Werkes niemals ein Ziel und konnte es auch noch gar nicht sein; für ihn bildete der Respekt vor dem Text den Angelpunkt seiner musikalischen Arbeit, und die biblische Wendung „wie es geschrieben steht" scheint nach dem Zeugnis seiner Schüler eine Art Leitsatz gewesen zu sein. Er wurde ergänzt durch den zweiten Grundsatz, den Gesetzen der Musik Folge zu leisten. Dieser scheinbar einfache Gedanke begreift viel mehr ein, als es zunächst den Anschein hat. Michelangeli meinte damit u. a. auch ein umfassendes Verständnis der musikalischen Theorie. Die Harmonielehre vermittelt das Erfassen von Spannungsverläufen, die Lehre vom Kontrapunkt die Fähigkeit zum gleichzeitigen Verfolgen verschiedener Stimmen und Klangschichten. Das Einnehmen einer dirigentischen Perspektive befördert die Gestaltung musikalischer Formen, das organisch-lebendige Mitvollziehen rhythmischer Entwicklungen, das Realisieren satztechnischer Besonderheiten, das Instrumentieren auf dem Klavier und nicht zuletzt das genaue Unterscheiden des Wesentlichen vom weniger Wichtigen – wirklich Unwichtiges gab es für Michelangeli nicht, und tatsächlich ist ja beispielsweise selbst eine einfache Begleitung ein musikalisches Element, das für die Erzeugung der Atmosphäre eines Werkes von ganz entscheidender Bedeutung sein kann. Sehr schnell wird das durch den Gegenbeweis klar: Wenn die Begleitung zu laut, zu hart, zu unregelmäßig und zu plump ist, wird die Klanggestalt im Ganzen erheblich beeinträchtigt. Ganz besonderen Nachdruck legte er auf das Solfeggieren, das er selbst virtuos beherrschte. Es erstaunt nicht sonderlich, wenn ein Italiener in der Musik die Perspektive des Sängers einnimmt, doch für Pianisten hat dieser Ansatz eine spezielle Bedeutung, ist doch die Tonerzeugung auf dem Klavier prinzipiell zunächst einmal sehr unsanglich: Der Ton wird durch einen Anschlag des Hammers auf der Saite erzeugt und kann danach nicht mehr beeinflusst werden.

## Ein Leben im Zeichen der Musik: Der junge Künstler

### *Kindheit und Jugend*

Als Geburtsdatum Arturo Benedetti Michelangelis wird in allen einschlägigen Quellen der 5. Januar 1920 angegeben. Er wurde wohl gegen Mitternacht geboren; seine Schülerin Lidia Kozubek teilt in ihrem Erinnerungsband allerdings mit, er selbst habe ihr gegenüber die erste Morgenstunde des 6. Januar 1920 als

Zeitpunkt seiner Geburt benannt. Im Schülerkreis wurde gemunkelt, dass er sein Geburtsdatum ganz gerne auf den Dreikönigstag verlegt hätte. Wenn aber die offizielle Angabe stimmt, sollte dieser Tag zum „Tag des Klaviers" erkoren werden; an einem 5. Januar haben auch der Komponist und Organist Pietro Filippo Scarlatti (1679), ältestes Kind von Alessandro und Bruder von Domenico Scarlatti, der Komponist und Pianist Nikolaj Medtner (1880), Alfred Brendel (1931) und Maurizio Pollini (1942) das Licht der Welt erblickt. Wie es sich für eine anständige Legendenbildung gehört, gibt es auch über den Geburtsort keine einhelligen Angaben. Üblicherweise wird Brescia angeführt, von Silvia Limongelli im Ausstellungskatalog *Il Grembo del Suono* sogar unter Angabe einer genauen Adresse (Via Milano 102), während an anderer Stelle, u. a. bei Cord Garben, der kleine Ort Orzinuovi angegeben ist. (Garben:10) Der Vater Giuseppe Benedetti war Advokat, hatte aber auch Klavier- und Kompositionsunterricht erhalten und widmete sich später ganz der Musik. Die Mutter stammte aus einer adligen Familie; die vollständige Form seines ohnehin schon wohltönenden Namens lautete, wie aus den Erinnerungen seiner Frau Giuliana hervorgeht, Arturo Benedetti dei Conti Michelangeli. 1924 kam sein Bruder Umberto zur Welt, der ein sehr guter Violinist wurde, zwei Jahre später die Schwester Liliana, die im Alter von sieben Jahren einer Lungenentzündung zum Opfer fiel.

Seine Kindheit verbrachte Benedetti Michelangeli in Brescia, wo er durch seinen Vater schon früh den ersten Klavierunterricht erhielt. Später begann er, auch das Geigenspiel zu erlernen. Wie er nachträglich selbst bekannt hat, wollte er eigentlich lieber Geiger werden, musste aber dann wegen einer Erkrankung das Klavierspiel zu seinem Beruf machen. Dass er Musiker werden würde, scheint für das Wunderkind frühzeitig klar gewesen zu sein.

Sein wichtigster Lehrer in den Anfangsjahren war Paolo Chimeri (1852–1934), zu dem er schon bald nach seinen ersten Gehversuchen am Instrument wechselte. Chimeri hielt nicht viel von Wunderkindern, akzeptierte den jungen Arturo nach einer Prüfung aber doch. Er hat ihm zweifellos eine ausgezeichnete Grundausbildung gegeben. Kleine Zeitungsberichte dokumentieren die außerordentliche Begabung und das rasch zunehmende Können des jungen Pianisten, und Michelangeli hat sich im Rückblick sehr anerkennend über diesen Lehrer geäußert.

Im Alter von zehn Jahren kam Arturo zunächst als Privatschüler zu dem Mailänder Klavierpädagogen Giovanni Anfossi (1864–1946), bevor er als Schüler am Conservatorio Giuseppe Verdi in Mailand aufgenommen wurde. Als Elfjähriger verblüfft er die achtzehnjährige Carla Tretti, eine Schülerin seines Vaters, als er diesen im Unterricht vertritt. Sie kann kaum glauben, auf welchem Niveau der viel Jüngere ihr das zu behandelnde Repertoire vorspielt und erläutert.

Bereits 1934 schloss er seine Studien am Konservatorium als Vierzehnjähriger ab. In der Diplomprüfung spielte er u. a. die *Paganini-Variationen op. 35* von Brahms und Ravels *Jeux d'eau*. Nach der Abschlussprüfung erhielt er noch einige Jahre Unterricht bei seinem Lehrer und nahm an Wettbewerben in Florenz,

Mailand, Rom und Genua teil. In der Zeit von 1934 bis 1939 hatte er in Mailand Gelegenheit, viele der bedeutendsten Künstler jener Jahre im Konzert zu erleben. Der Michelangeli-Kenner Piero Rattalino hat eine kleine Liste der wichtigsten Interpreten zusammengestellt, die damals in Mailand aufgetreten sind. Zu ihnen gehörten die Pianisten Wilhelm Backhaus, der 1939 drei aufeinander folgende Klavierabende gegeben hat, Edwin Fischer (1938), Walter Gieseking (1937, 1938 und 1939), Wladimir Horowitz (1935 und 1936), Wanda Landowska, die 1937 Bachs *Goldbergvariationen* und 1938 zwanzig Sonaten von Scarlatti spielte, Sergei Rachmaninow (1937), Moritz Rosenthal (1935), Artur Rubinstein (1935), Artur Schnabel (1936), Rudolf Serkin (1937) und Carlo Zecchi (1935). (Rattalino:11f) Ob Michelangeli sie alle erlebt hat, ist nicht belegt. Gieseking hat er sicher gehört, und Rachmaninow hat er auch später noch nicht nur als Komponisten, sondern gleichermaßen als Interpreten außerordentlich geschätzt. Die Jahre 1938 und 1939 werden zu einem entscheidenden Wendepunkt in seiner Laufbahn.

## *Talentbeweis auf internationalem Parkett – der Wettbewerb in Brüssel*

Der Concours Reine Elisabeth (Königin-Elisabeth-Wettbewerb) in Brüssel gilt als einer der bedeutendsten Musikwettbewerbe überhaupt. Im Jahre 1937 wurde er im Fach Violine zum ersten Mal ausgetragen, damals noch unter dem Namen Concours Ysaÿe. Er fand sofort eine starke Resonanz, und der erste Gewinner war kein Geringerer als David Oistrach. Im darauf folgenden Jahr wurde er für Pianisten ausgeschrieben. Die Jury war außerordentlich prominent besetzt, die Namen vieler Juroren sind noch heute jedem Kenner der Klavierlandschaft geläufig.

Die Jury des Brüsseler Wettbewerbs 1938
Vytautas Bacevicius, Arthur Bliss, Generalleutnant Vicomte Buffin de Chosal, Robert Casadesus, Marcel Ciampi, Jean Doyen, Samuil Feinberg, Paul Frenkel, Emil Frey, Ignaz Friedman, Walter Gieseking, Sigfrid Grundeis, Sir Bernard Thomas Heinze, Léon Jongen, Raoul Koczalski, Artur Lemba, M. [Joseph?] Maes, Nikolaj Orloff, Peter Petrides, J. Prouks, Artur Rubinstein, Walter Morse Rummel, Victor Schiøler, Olga Samaroff, Andrej Stojanov, Arne Ole van Erpekum Sem, Emil von Sauer, O. Winbergh, Carlo Zecchi. (s. Rattalino:13)

Benedetti Michelangeli präsentierte sich auf diesem Wettbewerb mit folgendem Programm:

1. Runde:
Johann Sebastian Bach: *Italienisches Konzert*
Domenico Scarlatti: *Sonate*
Johann Sebastian Bach/Ferruccio Busoni: *Chaconne d-Moll*

2. Runde:
Ludwig van Beethoven: *Sonate Nr. 32 c-Moll op. 111*
Joseph Jongen: *Etüde*

Finale:
Frédéric Chopin: *Etüden op. 10, Nr. 4 und 5*
Frédéric Chopin: *Scherzo b-Moll op. 31*
Franz Liszt: *Polonaise Nr. 2 E-Dur*
Giuseppe Martucci: *Tema e variazioni op. 58*
Claude Debussy: *Reflets dans l'eau*
Charles Scharrès: *Scherzo fantasque*
Edvard Grieg: *Konzert für Klavier und Orchester a-Moll op. 16*

Außerdem musste von den zwölf Finalisten innerhalb kurzer Zeit ein Pflichtstück einstudiert werden, das ihnen erst nach Beginn des Wettbewerbs ausgehändigt worden war. Es handelte sich dabei um das *Konzert op. 30* von Jean Absil, dem damals führenden belgischen Komponisten. Natürlich durfte das Werk angesichts der kurzen Vorbereitungszeit von Noten gespielt werden. Moura Lympany, die den zweiten Preis des Wettbewerbs gewann, berichtet in ihrer Autobiographie, dass außer ihr selbst denn auch lediglich ein weiterer Teilnehmer das Konzert auswendig gespielt hat, dem allerdings im Konzert ein Aussetzer unterlaufen ist. Michelangeli hat nach Lympanys Bericht täglich acht Stunden lang an dem Konzert geübt, woraufhin er am Tag vor dem geplanten Finalauftritt schwere Krämpfe bekam und seine Finger nicht mehr bewegen konnte. Ein Arzt wurde gerufen, Michelangeli wurde empfohlen, einen Tag nicht zu üben, die Präsentation eines anderen Teilnehmers wurde vorgezogen und sein Finalauftritt um einen Tag verschoben. Die Aufführung selbst scheint dann nicht schlecht, aber auch nicht außergewöhnlich gut gewesen zu sein: Die Kritik bescheinigte Michelangeli eine intelligente und sichere Aufführung des Werkes; ein Rezensent hätte sich jedoch eine größere Klangfülle gewünscht. Falls sein Vorbehalt eine wirkliche Berechtigung hatte, könnte das erwähnte Handicap des Pianisten die Ursache des mangelnden Klangvolumens erklären.

Emil Gilels gewann den Wettbewerb vor Moura Lympany und Jakow Flier; die Finalisten wurden wie folgt gereiht:

1. Emil Gilels (UdSSR)
2. Moura Lympany (damals unter dem Namen Mary Johnstone – Großbritannien)
3. Jakow Flier (UdSSR)
4. Lance Dossor (Großbritannien)
5. Nivea Marino-Bellini (Uruguay)
6. Robert Riefling (Norwegen)

7. Arturo Benedetti Michelangeli (Italien)
8. André Dumortier (Belgien)
9. Rose Schmid (Deutschland)
10. Monique de la Bruchollerie (Frankreich)
11. Marcella Booth-Barzetti (Italien)
12. Colette Gaveau (Frankreich)

Offenbar war Michelangeli ein besonderer Liebling des Publikums. Moura Lympany berichtet zwar, dass allgemein eher mit einem Sieg der beiden russischen Teilnehmer gerechnet wurde – sie hatte Gilels das *Tschaikowsky-Konzert* üben hören und merkt bewundernd an, er habe es gespielt, wie nur ein Russe es könne, und auch Flier, der das *dritte Konzert* von Rachmaninow vorbereitet hatte, habe sich durch größte Sensibilität und Leidenschaft ausgezeichnet. Dennoch war im Auditorium und bei der Kritik die Überraschung darüber groß, als Michelangeli lediglich der siebte Preis zuerkannt wurde. Nach allem, was sich heute noch rekonstruieren lässt, ist er tatsächlich übervorteilt worden: Einer der Juroren – man munkelt, es sei ausgerechnet der Italiener gewesen – hat ihm anscheinend aus Verärgerung über das frühe Ausscheiden seiner eigenen Favoriten null Punkte gegeben und damit den Durchschnittswert entscheidend gedrückt. Doch mögen auch noch andere Gründe im Spiel gewesen sein. Michelangeli war mit achtzehn Jahren einer der jüngsten Teilnehmer, und angesichts des herausragenden Niveaus der Mitbewerber fallen vier oder mehr Jahre Altersunterschied durchaus ins Gewicht. Zudem dürften ihn die von Moura Lympany beschriebenen Krämpfe wohl doch noch etwas beeinträchtigt haben, und nicht zuletzt wird es nicht leicht gewesen sein, sich mit dem technisch als nicht besonders anspruchsvoll geltenden *Grieg-Konzert* gegen die Schlachtrösser des Repertoires von Brahms, Liszt, Tschaikowsky und Rachmaninow durchzusetzen.

Die im Finale mit dem Orchestre Symphonique de l'INR unter der Leitung von Franz André gespielten Klavierkonzerte:

Tschaikowsky (*Konzert Nr. 1 b-Moll op. 23*) – Gilels
Liszt (*Konzert Nr. 1 Es-Dur*) – Lympany
Rachmaninow (*Konzert Nr. 3 d-Moll op. 30*) – Flier
Brahms (*Konzert Nr. 2 B-Dur op. 83*) – Dossor
Beethoven (*Konzert Nr. 3 c-Moll op. 37*) – Marino-Bellini
Brahms (*Konzert Nr. 1 d-Moll op. 15*) – Riefling
Grieg (*Konzert a-Moll op. 16*) – Benedetti Michelangeli
Liszt (*Konzert Nr. 1 Es-Dur*) – Dumortier
Schumann (*Konzert a-Moll op. 54*) – Schmid
Mozart (*Konzert A-Dur KV 488*) – de la Bruchollerie

Franck (*Variations symphoniques*) – Barzetti
Schumann (*Konzert a-Moll op. 54*) – Gaveau

Die Presse hat es mit Arturo Benedetti Michelangeli von seinen ersten Anfängen an bis zu seinem letzten Konzert fast immer gut gemeint. Die allerersten Erwähnungen seiner Auftritte als Kind sind verständlicherweise recht allgemein gehalten und stellen seine außerordentliche Begabung in den Vordergrund. Doch schon bald fallen die Berichte differenzierter aus, und die Rezensenten konstatieren übereinstimmend die große Sensibilität und „bewundernswerte künstlerische Glut“ (*Il Popolo di Brescia* vom 27.04.1929, nach: G. Benedetti Michelangeli:72) des jungen Virtuosen. Immer wieder werden sein Formgefühl, ein Klangvermögen, das kleinste Schattierungen wiederzugeben vermag, und die Kunst der Phrasierung unterstrichen. Die enthusiastischen Reaktionen des Publikums werden aufmerksam registriert, und eine Sammlung der Konzertkritiken, die über Michelangelis Konzerte im Laufe der Jahrzehnte geschrieben worden sind, dürfte eine schier endlose Aneinanderreihung von Superlativen ergeben, bis hin zum Artikel über seinen allerletzten Auftritt in Hamburg, der betitelt ist: „Das pianistische Ereignis der Saison“ und von einer „Demonstration des richtigen und darum perfekten Klavierspiels an sich“ spricht. (Mann, *Hamburger Abendblatt*, 10. Mai 1993, Nr. 107, 5) Was gerade an den frühen kritischen Würdigungen auffällt, ist weniger der Umstand, dass sie erkennen lassen, wie viel vom späteren Meisterpianisten bereits im jungen Virtuosen steckt, sondern dass sie einen Künstler zeigen, der sich durchaus auch ausgesprochen feurig und leidenschaftlich präsentieren kann und seinem Publikum gegenüber keineswegs so abweisend ist, wie ihm später oft nachgesagt wurde.

Im Brüsseler Wettbewerb, so viel ist sicher, hätte ihm das Publikum eine weit bessere Platzierung zugesprochen als die Jury. Die Königin, die allem Anschein nach ebenfalls über das Ergebnis verwundert war, schenkte ihm zum Trost wertvolle Manschettenknöpfe in Form einer Sieben, die ihm Glück bringen sollten und die er sein Leben lang in Ehren hielt.

### *Durchbruch in Genf*

Ein Jahr später gelang Benedetti Michelangeli der internationale Durchbruch, als er den Concours International d’Exécution Musicale in Genf gewann. In diesem Wettbewerb trumpfte er u.a. mit den *Paganini-Variationen* von Brahms, die er schon in seiner Mailänder Diplomprüfung gespielt hatte, und mit dem *1. Klavierkonzert* von Franz Liszt auf. Die sieben Juroren kamen alle aus der Schweiz: Jean-Marcel Aubert, Jacqueline Blancard, Alfred Cortot, Jean-Louis du Chastain, Walter Frey, Franz-Josef Hirt und Alexandre Mottu. Der Eindruck, den der junge Musiker hinterlassen hat, muss ungeheuer gewesen sein. Er veranlasste Alfred

Cortot zu dem berühmt gewordenen, viel zitierten Ausruf: „Ein neuer Liszt ist geboren!" Auf den Erfolg in Genf folgten relativ schnell die ersten Aufnahmen für das Label *La Voce del Padrone* und 1942 Einspielungen für Telefunken. Auch die Konzerttätigkeit nahm Fahrt auf: Tourneen führten Michelangeli durch die Schweiz und nach Spanien und Ungarn. 1940 spielte Benedetti Michelangeli erstmals mit Herbert von Karajan. Im 3. Symphoniekonzert der Staatskapelle Berlin führte er zweimal das *Klavierkonzert a-Moll op. 16* von Edvard Grieg auf. Die Voraufführung fand am 8., das eigentliche Konzert am 9. Dezember statt.

In den Kriegsjahren war eine Konzerttätigkeit natürlich nur mit Einschränkungen möglich. Immerhin absolvierte Benedetti Michelangeli eine Reihe von Auftritten in Italien, und 1943 brachte er mit den Berliner Philharmonikern unter der Leitung von Ernest Ansermet das *Schumann-Konzert* zur Aufführung. 1943 ist zugleich das Jahr seiner Hochzeit mit Giuliana Giudetti, einer Schülerin seines Vaters. Beide kannten sich seit Kindertagen. Darüber hinaus ist über Michelangelis Leben in der Zeit bis zum Kriegsende relativ wenig bekannt. Aufgrund einer Intervention von einflussreicher Seite musste er keinen Militärdienst leisten. Man weiß, dass er sich dem Widerstand angeschlossen hatte, wovon er Cord Garben mit einem gewissen Stolz erzählt hat. (Garben:28) Clara Martinengo Villagana verdanken wir den Bericht darüber, wie Michelangeli bei einem Angriff durch einen glücklichen Zufall dem Tod entronnen ist. Gegen Ende des Krieges wurde der Palazzo Martinengo, in dem er zu dieser Zeit wohnte, bombardiert und schwer beschädigt. Eine Bombe ging genau zu dem Zeitpunkt, als er sich üblicherweise dort aufzuhalten pflegte, im Innenhof des Palastes nieder. Glücklicherweise hatte er sich aber am Tag des Bombardements in ein benachbartes Dorf begeben.

Die Jahrzehnte nach dem 2. Weltkrieg sind bestimmt von seiner Konzerttätigkeit, den Aufnahmen und dem Unterrichten. Sie im Einzelnen nachzuzeichnen, ist hier nicht der Ort; sie sind von anderer Seite ausführlich beschrieben worden. Zahlreiche Schallplatten und CDs dokumentieren eindrucksvoll den künstlerischen Weg Benedetti Michelangelis, der von vielen Triumphen gesäumt war. Am 17. Oktober 1988 erlitt der Künstler während eines Konzertes in Bordeaux einen Herzanfall und konnte nur gerettet werden, weil Ärzte im Saal waren und er sofort behandelt wurde. Siebeneinhalb Stunden dauerte die anschließende Operation, von der er sich nur langsam wieder erholte. Im Juni des folgenden Jahres kehrte er wieder auf die Bühne zurück, gab jedoch von da nur noch wenige Konzerte. Sein letzter, ausschließlich Debussy gewidmeter Klavierabend fand am 7. Mai 1993 in der Hamburger Musikhalle, der heutigen Laeiszhalle, statt. Am 12. Juni 1995 ist Arturo Benedetti Michelangeli in Lugano gestorben. Beigesetzt wurde er auf dem Friedhof von Pura.

## Die pianistische Kunst des Arturo Benedetti Michelangeli

Wenn einem Musiker singuläre Fähigkeiten zugesprochen werden, muss man unterstellen, dass sein Spiel ganz unmittelbar identifiziert werden kann. Bei Sängern ist das oft auch relativ einfach. Der Gesang stellt natürlich einen Sonderfall dar, denn eine Stimme ist ein sehr individuelles, ausgesprochen charakteristisches, von anderen Stimmen oft klar unterscheidbares „Instrument". Viele Sängerinnen und Sänger haben ein so ausgeprägtes Timbre, dass sie tatsächlich unverwechselbar sind. Um eine Maria Callas, einen Peter Schreier oder einen Dietrich Fischer-Dieskau an ihrer Stimme zu erkennen, muss man nicht unbedingt ein Fachmann sein. Einen Pianisten jedoch allein anhand seines Spiels zu erkennen, ist wesentlich schwieriger, wenn er nicht gerade ein Markenzeichen offen vor sich herträgt wie Glenn Gould sein berühmtes Staccato. Auch Horowitz ist vergleichsweise gut auszumachen; die sehr spezifische Brillanz seines Klanges und die häufig nahezu vollständige Ausnutzung des gesamten dynamischen Spektrums vom donnernden Fortissimo bis zum kaum hörbaren Pianissimo sind als typische Kennzeichen relativ leicht zu erkennen. Michelangelis Spiel zeichnet sich hingegen nicht durch plakativ hervorstechende Ungewöhnlichkeiten aus. Es muss konzentrierter, auch eine etwas längere Zeit hindurch gehört werden, um klar unterschieden werden zu können; seine Besonderheiten liegen nicht alle an der Oberfläche, und wesentliche Elemente der Kunst Michelangelis, die sein Spiel im Konzertsaal so singulär erscheinen ließen, konnten von der Tontechnik nicht adäquat eingefangen werden. Die mit äußerster Sensibilität und feinstem Gespür ziselierten Klangschichtungen der impressionistischen Musik, die im Saal von überwältigender Wirkung waren, sind zwar auf den Aufnahmen immer noch zu erspüren, aber von ihrem eigentlichen Zauber vermitteln die Schallplatten letzten Endes doch nur einen Abglanz. Das gilt mutatis mutandis für die Aufnahmen vieler anderer Künstler auch, beeinträchtigt diejenigen eines der größten Klangästheten aber naturgemäß in besonders starker Weise. Doch von diesem Manko abgesehen – einige Erkennungsmerkmale gibt es schon. Die Tonbildung, die Strenge des Vortrags, das ausgeprägte Formbewusstsein, die spieltechnische Meisterschaft, die Kunst des Cantabile-Spiels, die besondere Art des differenzierten Übereinanderschichtens von Klängen, eine Agogik von durchaus individuellem Zuschnitt, das Vorbereiten von Zieltönen bei Sprüngen, oft verbunden mit einer leichten Verzögerung, und schließlich das von Michelangeli gern eingesetzte, aus der Praxis des 19. Jahrhunderts übernommene, aber von den meisten Pianisten eher vermiedene Nacheinander-Anschlagen von Bass- und Diskanttönen sind Charakteristika, die insbesondere in ihrem Zusammenwirken viele Interpretationen Michelangelis unverwechselbar machen.

Doch warum wurde dann lange Zeit nicht bemerkt, dass nicht er der Interpret in einer Aufnahme des *4. Beethoven-Konzertes* ist, die längere Zeit unter Angabe seines Namens kursierte? Dieses Konzert ist auf der betreffenden Platte gut gespielt, aber schon der Umstand, dass es wenn auch nicht viele, so doch immerhin einige falsche Töne gibt, hätte stutzig machen müssen, und auch von den oben genannten Merkmalen sind einige nicht eben deutlich erkennbar.

Unter den Klavieraufnahmen ist der berühmteste Fall einer Täuschung dieser Art eine Platte mit dem *e-Moll-Konzert* Chopins, die zunächst unter dem Namen Lipattis vertrieben, in Wirklichkeit jedoch von der polnischen Chopin-Interpretin Halina Czerny-Stefanska eingespielt worden ist. Nachdenklich stimmt, dass diese Aufnahme, solange sie für eine Einspielung Lipattis gehalten wurde, z. T. herausragende Kritiken erhalten hat, während sie in der Annahme, sie stamme von Czerny-Stefanska, als eine zwar nicht gerade schlechte, aber jedenfalls keineswegs besonders gute Einspielung besprochen wurde. Wie kann das sein? Ist die Macht des gedruckten Wortes so stark, dass die sinnliche Wahrnehmung sich neben ihr nicht behaupten kann? Verfügen selbst einflussreiche Kritiker und professionelle Musiker vielleicht gar nicht immer über die Fähigkeiten, derer sie zur Ausbildung eines tragfähigen Urteils eigentlich so notwendig bedürfen? Der Pianist Rudolf Buchbinder hat für eine österreichische Zeitschrift einen Blind-Versuch unternommen. Ihm wurden auszugsweise verschiedene Aufnahmen von Beethoven-Sonaten vorgespielt, er sollte die Interpreten erkennen. Das Ergebnis ist nicht wirklich überraschend; die Trefferquote lag ziemlich hoch. Seine eigene Einspielung erkannte er sofort, andere Aufnahmen konnte er nach kurzer Überlegung zuordnen, und nur wenige Beispiele irritierten den Musiker. Diese waren aber offenbar auch nicht in jedem Fall unbedingt typisch für die betreffenden Pianisten. Skeptiker dürfen beruhigt sein: Ganz so schlecht wie oft befürchtet steht es nicht um das Beurteilen von Musikwiedergaben, es gibt Kriterien, die ein sicheres Urteil erlauben.

Wirkliche Objektivität gibt es in Kunsturteilen natürlich nicht, sie widerspricht dem Wesen der Musik, sie widerspricht auch der Offenheit des Werkes, das immer verschiedene Auslegungen zulässt, wenngleich in gewissen Schranken. Und noch etwas sollte bedacht werden. Es ist nicht allein das Können eines Künstlers, seine fachliche Meisterschaft, die das Urteil bestimmt. Es ist auch die Wirkung seiner Persönlichkeit, seine äußere Erscheinung, sein ganzes Gebaren. Michelangeli wird gerne als Asket bezeichnet; dem einen entlockt dieses Asketentum Bewunderung, der andere findet es weltfremd. Die einen halten Bernsteins menschheitsumarmendes Pathos für echt, andere sehen darin nur eine Show. Die einen bewundern Karajan wegen seiner Ausstrahlung, seiner Macht, seines Reichtums und seines Einflusses und beneiden ihn vielleicht sogar darum, die anderen kritisieren ihn gerade deswegen und unterstellen ihm die Anbiederung ans Establishment. Mit sachlichen Aspekten hat all das überhaupt nichts zu tun. Niemand kann vollkommen ausschließen, dass das Maß der persönlichen Sympathie sich auch in seinem fachlichen Urteil niederschlägt, und gerade die größten Künstler, die oft auch die größten Individualisten sind, polarisieren durch die Kraft ihrer Persönlichkeit in besonderer Weise. Doch wie gesagt: Es gibt genug sachgemäße

Kriterien, um eine künstlerische Leistung angemessen einschätzen und würdigen zu können. Diese gilt es anzuwenden, um der Kunst eines Arturo Benedetti Michelangeli gerecht werden zu können.

## Die Charakteristika von Michelangelis Spiel

### *Das Cantabile*

Dass die Musik beim Gesang ihren Ausgang nimmt, ist eine Binsenweisheit, dass den Italienern der Gesang im Blut liegt, eine Platitude. Die Banalität solcher Gemeinplätze ändert nichts daran, dass für jeden Interpreten die Beherrschung des gesanglichen Spiels eine Aufgabe erster Ordnung darstellt. Schon Bach unterstreicht das im Vorwort zu seinen Inventionen mit besonderem Nachdruck: Ihm geht es in diesen pädagogisch intendierten Stücken, die er als „aufrichtige Anleitung" bezeichnet, neben manchem anderen vor allem darum, den Schüler anzuleiten, „eine cantable Art im Spielen zu erlangen". (Bach:IV) Das Clavichord, ein Lieblingsinstrument Bachs, war dazu hervorragend geeignet. Anders als auf den übrigen Tasteninstrumenten hat der Spieler nämlich auf diesem Instrument einen relativ direkten Kontakt zu den Saiten, der ihm sogar erlaubt, ein Vibrato auszuführen. Anders ist das auf dem modernen Klavier; der Hammer fällt, wenn er die Saite angeschlagen hat, sofort wieder zurück, und eine weitere Beeinflussung des Klanges ist nicht mehr möglich. Man hat deshalb das Klavier immer wieder ein *Schlaginstrument* genannt, was zwar nicht vollkommen falsch, aber doch reichlich übertrieben ist. Denn selbstverständlich ist ein gesangliches Spiel auf dem Klavier ausführbar, wenn auch nicht ganz einfach zu erreichen. Es setzt ein großes Einfühlungsvermögen in musikalische Spannungsverläufe, die Fähigkeit des Mitatmens, einen intensiven Kontakt mit der Taste und die Kenntnis eines kleinen Tricks, die menschliche Wahrnehmungsfähigkeit zu täuschen, voraus.

Wie das? Die Spannungsverläufe einer melodischen Linie werden durch gewisse, mehr oder weniger deutliche Veränderungen der Lautstärke von Ton zu Ton erreicht. Steigende Spannung wird in der Regel durch ein Lauterwerden, fallende durch ein Abnehmen der Tonstärke ausgedrückt; es gibt daneben aber auch noch das Kunstmittel des sogenannten „negativen Akzents", worunter die Hervorhebung einer Note durch ein überraschendes, besonders leises Spiel verstanden wird. Wichtig zu wissen ist, dass die unbeabsichtigte, zu starke Hervorhebung eines einzelnen Tones den Zusammenhang der melodischen Linie zerstört; ein lauter Ton wird im Allgemeinen als Unterbrechung der Melodie oder sogar als Anfang eines neuen Abschnitts gehört. Natürlich hat jede Phrase ihren Zielton, ihren inneren Höhepunkt. Dieser muss immer angemessen vorbereitet und klanglich genau dosiert werden.

Das richtige Atmen ist erforderlich, um die innere Gliederung einer Melodie in Sinnabschnitte zu verdeutlichen, es ist die Voraussetzung einer natürlichen Phrasierung. Die Anschlagsart, durch die der Eindruck des gesanglichen Spiels erzeugt wird, ist das Legato. Das Wort Anschlag sei ganz kurz näher beleuchtet: Es beschreibt zwar korrekt den Vorgang der Tonauslösung, wobei der Hammer auf die Saite trifft, sie „anschlägt", ist aber unschön und auch nicht ganz zutreffend für das, was sich auf der Tastatur vollzieht. Der Finger schlägt die Taste nicht, sondern er berührt, drückt, tippt, stößt, streichelt, presst sie, er zupft und tupft, federt auf ihr ab, überträgt das Gewicht des Armes mit weichem Schwung auf sie: kaum eine Berührungsempfindung, die im Klavierspiel nicht zur Anwendung käme, außer dem An*schlagen*. Der Imperativ „Nicht schlagen" ist denn auch ein heiliges Gesetz aller Schulen des Klavierspiels, die auf einen *schönen Ton* und auf eine ästhetisch befriedigende Klangkultur Wert legen. Die Franzosen haben sich eleganter aus der Affäre gezogen, als es um die richtige Benennung ging; sie sprechen von *toucher*.

Das Legato dient der engen, gesangsartigen Verbindung der Töne, die also nicht wie im Staccato durch kleine Pausen voneinander getrennt werden, sondern unmittelbar aneinander anschließen, gewissermaßen ineinander übergehen. Hier kommt der erwähnte Trick zum Einsatz: Wenn zwei Töne sich für sehr kurze Zeit überlagern, wird das vom menschlichen Ohr nicht als störend empfunden; erst wenn der Zusammenklang bewusst wahrnehmbar ist, wird er als unschön erlebt. Es ist möglich, mit Hilfe der Feinmotorik innerhalb dieses kurzen Zeitraums zu differenzieren. Die Überschneidung beider Töne kann kaum spürbar, sehr kurz, relativ kurz oder in der Fingerspitze bereits deutlich fühlbar sein, und diese graduelle Stufung ist es, die dem Pianisten erlaubt, zwischen *legato, più legato, molto legato* und *legatissimo* zu unterscheiden. Das Ohr wird getäuscht, es hört keine Überlappung, sondern nimmt den Effekt nur als unterschiedlich enge Verbindung der Töne wahr.

Die Kenntnis dieser Zusammenhänge allein reicht freilich nicht aus, um ein schönes Legato zu produzieren, wenn sie dabei auch außerordentlich hilfreich ist. Hinzutreten muss wie gesagt ein sensibles Gespür des Künstlers für musikalische Verläufe und Spannungsprozesse. Cord Garben zitiert in seinen *Gratwanderungen* die Schilderung eines Auftritts des zweiundzwanzigjährigen Benedetti Michelangeli durch Ludwig Curtius, in der genau dieser Umstand zum Ausdruck kommt:

> „Des Benedetti wunderbares Vermögen ist die Kantilene. Nicht etwa nur der singende Ton des Legato, nein, vielmehr eine Modellierung des einzelnen Tonworts; als stiege es wie in dem Wachs des Bildhauers durch die leisesten Schwellungen allmählich zu seiner eindringlichen Sprache heran und sänke von der Höhe seines Reliefs in leise gleitenden Übergängen wieder zurück. Jede Tonsilbe hat ihre besondere Nuance, gleichsam ihren eigenen Duft, keine Note versagt sich dieser Verklärung, und wie der Satz in immer neuem An- und Abschwellen vom Pianissimo zum Piano und Forte und zurück in wunderbar liedmäßiger Geschlossenheit dahinzieht, kommt ein Gesang von einer Poesie

> zustande, die alle jünglingshafte Reinheit dieses Künstlers widerspiegelt.“ (Curtius, zitiert nach Garben:22)

Dieses Zitat beweist nicht nur die enorme Ausstrahlung, die Benedetti Michelangeli schon als ganz jungem Interpreten zu eigen gewesen ist; hinter der poetisch-blumigen Sprache scheint ein tiefes Verständnis für den in Rede stehenden musikalischen Zusammenhang auf. Der schöne Ton, „der singende Ton des Legato“ und die „Modellierung des einzelnen Tonworts“ – besser lässt sich kaum ausdrücken, worum es geht. Die Verbindung von Singen und Sprechen, von klanglicher Schönheit und gedanklicher Klarheit ist es, die ein Cantabile von höchster Ausdruckskraft hervorbringt.

Benedetti Michlangeli hatte noch eine ganz unmittelbare Beziehung zum Singen, die Erwähnung verdient. Er liebte die Volkslieder, die im Gebirge, wo er lebte, noch gepflegt wurden, und hat eine Reihe von ihnen mit viel Phantasie in immer wieder überraschender, sehr aparter und kunstvoller Weise harmonisiert. Der Coro della SAT (Società degli alpinisti tridentini) hat sie aufgenommen, sie sind auf einer Schallplatte erschienen. Die Sänger mussten sich mit der für sie ungewohnten Klangwelt dieser Bearbeitungen erst einmal vertraut machen, was nicht ganz einfach war, aber am Ende ist ein hörenswertes Zeugnis der ungewöhnlichen Beziehung zwischen dem Chor und dem großen Pianisten entstanden.

### *Farb- und Anschlagskunst*

Unbestritten gilt Arturo Benedetti Michelangeli als einer der größten Meister in der Beherrschung der Klangfarben-Palette. Die Anwendung des Begriffs der Farbe auf musikalische Phänomene ist wie jedes In-Beziehung-Setzen unterschiedlicher Sinneseindrücke nicht ganz unproblematisch. Einen Sonderfall stellt die Gabe der Synästhesie dar. Beim Synästhetiker ruft die Wahrnehmung bestimmter Töne oder Klänge Empfindungen hervor, die denen bei der Wahrnehmung einer bestimmten Farbe gleichen. Alexander Skrjabin und Olivier Messiaen waren Musiker, denen diese Fähigkeit in die Wiege gelegt war. Für sie war jeder Klang mit der Vorstellung einer bestimmten Farbe unmittelbar verbunden.

Im Normalfall wird der Begriff der Farbe in der Musik aber weit allgemeiner und unspezifischer gefasst. Relativ genau ist immerhin der Ausdruck *Klangfarbe* zu bestimmen. Er wird aber vom ausübenden Musiker etwas anders verwendet als vom Akustiker. Der Musiker verbindet mit ihm im Allgemeinen zunächst einmal die Charakteristik des Klanges eines bestimmten Instrumentes; die Klarinette hat beispielsweise eine andere Klangfarbe als die Oboe. Die Instrumente eines Orchesters können durch ihre klangliche Verschiedenheit auf den Zuhörer in gewisser Weise ähnlich wirken wie die verschiedenen Farben eines Bildes auf den Betrachter. Das Gemeinte lässt sich leicht verstehen, wenn man das Klangbild eines reich instrumentierten Orchesterstücks in seiner Originalgestalt mit dem einer Klavierfassung desselben Werkes vergleicht. Unweigerlich wird der Hörer die Orchesterversion als bunt und farbenreich, die Klavierübertragung als eine Art Schwarz-Weiss-Abzug erleben. Das bedeutet nicht zwingend, dass eine Reduktion deshalb überflüssig wäre. Sie kann durchaus ihre Berechtigung haben; sie kann Strukturen verdeutlichen, die im Orchesterspiel untergehen, und sie ist in Form eines Klavierauszuges häufig auch einfach ein unverzichtbares Arbeitsinstrument bei der Einstudierung größerer Werke. Aber den Eindruck des Farbigen wird zweifellos immer eher die orchestrale Fassung hervorrufen.

Doch wie kann dann der Eindruck von Farbigkeit von einem einzelnen Instrument erzeugt werden, zumal einem Instrument, dessen Ton grundsätzlich eher als neutral beschrieben wird, wie dem Klavier? Möglich ist es: Dass wir manche Musik als farbiger empfinden als eine andere, dass uns das Spiel mancher Künstler als bunter erscheint als das ihrer Kollegen, sind Erfahrungstatsachen. Gewiss, auch die Klangfarbe *eines* Instrumentes kann von Register zu Register variieren, aber das erklärt nicht den Reichtum an Klangschattierungen, die bereits innerhalb ein und desselben Registers erzielt werden können.

Bei genauerer Überlegung wird zunächst einmal deutlich, dass gar nicht alle Anleihen der Musik bei der sichtbaren Welt mit der Assoziation einer Farbe selbst zu tun haben, auch wenn sie zu ihr in Beziehung stehen, sondern mit dem, was Johannes Itten die „Wirkungsweisen der Farben" genannt hat, die durch verschiedene Kontrastwirkungen zustande kommen. Wir sprechen in der Musik wie in der bildenden Kunst von hellen und dunklen Klängen, also von den Unterschieden des Tonwerts, wir kennen den warmen und den kalten Klang, kennen grelle, glänzende und matte Klänge. Die Hell-Dunkel-Wirkung ist wesentlich an die Tonhöhe gebunden, der Gegensatz glänzend-matt hängt entscheidend mit der Lautstärke zusammen. Beide Wirkungsweisen können durch anschlagstechnische Maßnahmen auf recht einfache Art verstärkt werden. Ein Teil der Farbwirkung von Klaviermusik hängt mit der unterschiedlichen Klangqualität des Klaviers in den unterschiedlichen Registern zusammen. Wesentlichen Einfluss auf die Farbgkeit des Klavierklanges hat auch die Satztechnik. Dabei spielt die Intervallstruktur von Klängen eine führende Rolle. Schon Schumann, erkannte: „Dissonanzen geben der Musik den schönsten Reiz, wie Schmerzen dem Leben. Aber wir verlangen nach Auflösung---." (Schumann, zitiert nach Reich:31) In der Tat: Je schärfer der Dissonanzgrad eines Klanges, umso interessanter, spezifischer, „farbiger" wirkt er in der Regel, und ein ausbalanciertes, gut dosiertes Unterstreichen des dissonanten Intervalls erhöht sein Kolorit. Ob ein Klang in enger oder weiter Lage gesetzt ist, ob alle seine Töne gleich laut oder in ihrer Stärke sorgfältig differenziert gespielt werden, hat ebenfalls eine Auswirkung auf das Klangfarbenempfinden des Zuhörers. Durch die Wahl der Lautstärke kann der Sättigungsgrad eines Klanges beeinflusst werden, und es lässt sich der Eindruck eines transparenten oder pastosen Farbauftrags suggerieren, der in der Malerei eine so bedeutende Rolle spielt. Schließlich hat der Pianist sogar noch die Möglichkeit, durch spezifische Anschlagstechniken die Instrumente des Orchesters zu imitieren. Mitunter werden solche Nachahmungen vom Komponisten ausdrücklich verlangt. Messiaen fordert in seinen *Vingt Regards sur l'Enfant-Jésus* für ein Tremolo in der höchsten Lage des Klaviers eine xylophonartige Wirkung. In diesem Register klingt das Klavier ohnehin etwas perkussiv, aber die gewünschte Wirkung entsteht erst dann, wenn die Finger nicht in ständigem Kontakt mit der Taste bleiben, sondern sie aus einer Position heraus anschlagen, die sich leicht oberhalb der Tastatur befindet. Dadurch entstehen selbst in hohem Tempo ganz kleine Pausen zwischen den einzelnen Anschlägen, die den schlagwerkartigen Charakter des Klanges ausmachen. Das Imitieren der üblichen Orchesterinstrumente wird schon in der älteren Klaviermusik immer wieder einmal gefordert und ist im 19. Jahrhundert gang und gäbe. Die Aufforderung dazu kann der Komponist verbal aussprechen, aber auch durch Klangsymbole. Wer verstünde nicht das Hornsignal, mit dem zu Beginn von Beethovens *Es-Dur-Sonate op. 81a* („Les Adieux") die Abreise angekündigt wird?

Der Eindruck reicher Farbigkeit entsteht insbesondere dann, wenn sich mehrere Klangschichten überlagern, und das technische Mittel, verschiedene Farbwerte zu erzielen, sind die unterschiedlichen Anschlagsarten, die subtile Dosierung der Lautstärkegrade und der Einsatz der Pedale. Der Pianist hat in physikalischer Hinsicht bekanntlich nur die Möglichkeit, die Lautstärke und die Dauer eines Klanges zu beeinflussen. Anderes als Sänger, Streicher und Bläser kann er den Ton, wenn er einmal erzeugt worden ist, nicht mehr beeinflussen; er muss ihn seinem Schicksal überlassen und kann lediglich noch sein Verklingen verfolgen. Die Kunst der Farbgebung besteht also darin, dem Ton schon bei seiner Auslösung eine spezifische Charakteristik zu geben. Ob ein Klang einen großen Obertonreichtum aufweist, ob seine Lautstärke richtig ausbalanciert wird, all das ist entscheidend für ein überzeugendes, für ein farbiges Klangbild. Wie ein Schauspieler, der schon einen einzigen Vokal auf unzählige Arten artikulieren und ihm dadurch eine ganz spezifische Aussagekraft verleihen kann, gibt auch der Pianist jedem Ton seine eigene „Persönlichkeit". Wie das geschieht, lässt sich eindrucksvoll anhand von Benedetti Michelangelis Video-Aufnahme der *Préludes, Band I* von Debussy studieren, in der die Bedeutung jeder Note sich fast schon durch das bloße Beobachten der sie hervorbringenden Bewegung erschließen lässt. Es lohnt, sich in diese Aufnahme zu vertiefen; es lässt sich viel daran lernen.

### *Formsinn*

In der Aufführung von Musik ist vielleicht das größte Problem die schlüssige Darstellung der formalen Zusammenhänge. Sie sind nicht unmittelbar erfassbar wie in der bildenden Kunst, wo sie in vielen Fällen sozusagen „auf einen Blick" wahrgenommen werden können, sondern sie müssen in der Zeit entfaltet werden. Diese Grundbedingung setzt beim Zuhörer eine besondere Wahrnehmungs- und Gedächtnisleistung voraus – er muss sich an schon Gehörtes erinnern können, Wiederholungen wiederzuerkennen und Varianten zu diagnostizieren in der Lage sein. Verstehen der musikalischen Form heißt In-Beziehung-Setzen auseinanderliegender, d. h. nur mit zeitlichem Abstand wahrzunehmender Elemente, und es heißt auch, Entwicklungen verfolgen zu können, die Logik des Aufbaus eines Werkes nachzuvollziehen, statt in ihm lediglich eine Aufeinanderfolge mehr oder weniger „schöner Stellen" zu sehen. Der bedeutende Wiener Musiktheoretiker Heinrich Schenker hat für ein solches Gewahrwerden der Beziehung zwischen weit voneinander entfernt liegenden Punkten einer Komposition den schönen Begriff des „Fernhörens" geprägt, der u. a. für Wilhelm Furtwänglers Musikverständnis von größter Bedeutung war. Furtwängler hat sich intensiv mit Schenkers theoretischem Ansatz auseinandergesetzt und es wie wenige andere verstanden, musikalischen Großformen Plastizität zu verleihen und ihre strukturellen Verläufe, insbesondere große Steigerungen, dem Hörer verständlich zu machen.

Wichtige Mittel zur Realisierung größerer Formen sind die Zeitgestaltung und die Dynamik. Ausgewogene Temporelationen sind die erste Voraussetzung dafür, dass eine Form nachvollziehbar wird. Die kluge Dosierung der Lautstärkegrade kann dafür sorgen, dass Unwesentliches sich nicht aufdrängt und dass untereinander in Beziehung stehende Höhepunkte auch als solche erlebt werden, dass sich gleichsam eine Brücke zwischen ihnen bildet. Im Spiel unerfahrener Spieler erschlagen sie sich häufig gegenseitig. Die Höhepunktsetzung ist vielleicht eines der größten Geheimnisse wirklich überzeugender Interpretationen. Rachmaninow hat die Ansicht vertreten, jedes Stück habe nur einen einzigen wirklichen Höhepunkt. Es sei dahingestellt, ob diese Prämisse auch bei Werken von der Ausdehnung einer Bruckner- oder Mahlersymphonie ihre Gültigkeit behält, aber die gewaltige Wirkung seines eigenen Spiels ist ganz sicher auch darin begründet, das er die Klimax eines Werkes in bezwingender Weise vorzubereiten und zu verdeutlichen vermochte.

Die Kunst der Formgestaltung ist häufig eine Form des Verzichts: Verzicht auf die Überpointierung von Details, die den musikalischen Fluss unterbrechen, Verzicht auf eine übertriebene Agogik, die Zusammenhänge zerstört, Verzicht auf besondere Effekte, die eine große Entwicklung in einzelne, kleine Abschnitte zerreißen. Vorbedingung für eine logische formale Gestaltung ist ein Vorstellungsvermögen, dem es möglich ist, große Abschnitte eines Stückes oder ganze Werke als innere Einheit zu empfinden. Mozart, der bekanntlich viele Kompositionen geistig bereits vollständig konzipiert hatte, bevor er sie aufschrieb, hat eine in ihrer Bedeutung kaum zu überschätzende Selbstbeobachtung geschildert. Wenn ein Werk in seinem Geist fertig konzipiert, in seiner Vorstellung vollendet sei, habe er das Gefühl, es *auf einmal*, in einem einzigen Augenblick, in vollständiger Gleichzeitigkeit aller Strukturelemente und Klangereignisse zu hören. Das erinnert an die Berichte vor dem Ertrinken Geretteter, die immer wieder erklären, sie hätten im Augenblick der höchsten Gefahr ihr ganzes Leben wie in einem Film im Zeitraffer vor sich vorüberziehen sehen. Der Dirigent Celibidache spielt auf etwas Ähnliches an, wenn er von seinen Musikern verlangt, das Ende einer Komposition schon im Anfang zu spüren, also gewissenmaßen die gesamte Distanz, die von Beginn eines Werkes bis zu seinem Abschluss zurückzulegen ist, auf einmal zu durchmessen.

In Michelangelis Spiel stellt sich besonders eindringlich das Gefühl einer absichtsvollen, überzeugenden formalen Disposition ein. Oft wird behauptet, das läge an seinen eisern durchgehaltenen Tempi, doch bei genauerer Betrachtung stellt sich heraus, dass er sich nicht scheut, sich einer reich differenzierten Agogik zu bedienen, und dass er große Werke keineswegs immer in einem einzigen, strikt beibehaltenen Tempo durchspielt. Es sind die oben beschriebenen Kunstmittel, derer er sich in meisterhafter Weise bedient: die Höhepunktgestaltung, der Verzicht auf Nebensächliches, die Konsequenz im Verwirklichen seines interpretatorischen Konzeptes, die Organik der Entwicklung. Zugegeben: Auch ihm gelingt das nicht immer in gleich überzeugender Weise. Es gibt Aufnahmen, die von einer gewissen Starre durchzogen sind, es gibt Beispiele dafür, dass der Künstler sich in Details verliert und überzeichnet, dass er einfach zu viel will. Ein Beispiel dafür sind die verschiedenen Aufnahmen von Schumanns *Carnaval*: Die beste ist wohl kaum zu übertreffen, die weniger gute wirkt eigentümlich akademisch und unflexibel. Doch die weit überwiegende Zahl der Aufnahmen bestätigt das außergewöhnliche formale Dispositionsvermögen Michelangelis in höchst eindrucksvoller Weise, und in den von ihm autorisierten Einspielungen von Werken Chopins, Debussys, Ravels und Rachmaninows wird es fast ausnahmslos zum überwältigenden Erlebnis.

## *Virtuosität und Perfektion*

Auch wenn Benedetti Michelangeli sich selbst in erster Linie als Musiker gesehen hat – natürlich kann die handwerkliche Seite bei einem Pianisten, der immer wieder wegen seiner außergewöhnlichen technischen Beherrschung des Instrumentes und seiner oft als übermenschlich empfundenen Perfektion gerühmt wird, an dieser Stelle nicht übergangen werden.

Ein höchst bedeutsames Merkmal der Technik Michelangelis ist die vollständige Beherrschung aller ihrer Elemente. In der Musik vom Barock bis zur frühen Moderne sind das vor allen Dingen Skalen, Arpeggien, Doppelgriffe, Akkorde und Sprünge sowie einige Sonderformen: der Triller, das Tremolo und das Glissando. Diese Grundformen können in unterschiedlicher Geschwindigkeit und Lautstärke sowie mit verschiedenen Anschlagsarten gespielt werden, was jeweils ganz spezielle Bewegungsabläufe bedingt. Besondere Probleme ergeben sich durch rasch aufeinanderfolgende Wechsel der Spieltechniken, durch unbequeme Dehnungen der Hand in großen Akkorden, durch das Spiel im höchsten oder tiefsten Register des Klaviers, das gelegentlich eine Veränderung der Sitzhaltung erfordert, und durch andere Aufgaben mehr, die die Komponisten dem Klavierspieler gestellt haben. Nicht zu vergessen ist die Behandlung der Pedale, deren Einsatz über das Gehör gesteuert wird, deren geschickte Verwendung aber auch eine technische Herausforderung darstellt. Es ist nicht leicht, die sehr schnellen und präzisen Fußbewegungen auszuführen, die bei der Wiedergabe anspruchsvoller Klavierliteratur unerlässlich sind, und leider sprechen die Pedale auf verschiedenen Instrumenten auch sehr unterschiedlich an.

Viele Pianisten haben nun ihre virtuosen „Spezialitäten"; der eine überzeugt mit seinen donnernden Oktaven, einem anderen liegt das geschwinde Spiel filigraner Figuren mehr, ein dritter ist bei Sprüngen nahezu unfehlbar; Letzteres wird z. B. Prokofjew nachgesagt, der auch ein sehr guter Pianist war und Sprünge mit ungewöhnlicher Geschicklichkeit ausgeführt haben soll. Teilnehmer an Wettbewerben wählen die Etüden, die meistens in der ersten Runde zum Nachweis handwerklicher Professionalität verlangt werden, gezielt danach aus, welche Seite der Technik ihnen besonders liegt.

Benedetti Michelangeli hat eine ganze Reihe von Werken gespielt, die zum Schwierigsten gehören, was die Klavierliteratur zu bieten hat, doch um die virtuosen Petitessen, derer sich berühmte Tastentiger so gerne bedienen, hat er einen Bogen geschlagen. Die sogenannten „Showpieces" waren seine Sache im Allgemeinen nicht. Deshalb ist wenig bekannt, dass ihn deren Bewältigung in seinen jungen Jahren sehr wohl beschäftigt hat. So hat er zu Beginn seiner Laufbahn einige *Etüden* Chopins, Liszts *12. Rhapsodie* und seine *Polonaise E-Dur*, Balakirews *Islamey,* de Fallas *Danza ritual del fuego* und Strawinskys *Danse russe*, den ersten Satz aus der *Petruschka-Suite*, im Repertoire gehabt und öffentlich gespielt. Neben diesen physisch anspruchsvollen Werken stehen immer wieder intime Klavierstücke von Schumann, Chopin, Grieg oder Albéniz, in denen die andere Seite der Technik zum Tragen kommt: das sensible Ausloten feinster Übergänge.

Eine derart ausgewogene Meisterschaft in allen Bereichen des Technischen, wie sie Arturo Benedetti Michelangeli besessen hat, findet sich auch bei den größten Künstlern äußerst selten. Dem Italiener ist oft vorgeworfen worden, dass er nicht ein viel breiteres Repertoire aufgeführt hat, doch es ist eine ernst zu nehmende Frage, ob sich ein Spiel auf derartig hohem technischen Niveau bei gleichzeitiger Beibehaltung eines wohl singulären Perfektionsgrades im Falle einer nennenswerten Erweiterung des Repertoires hätte durchhalten lassen. Wenn ein bestimmter Standard erst einmal gesetzt ist, wird es zur Gefahr, dahinter zurückzubleiben. Keinem Künstler bleibt die Entscheidung darüber erspart, welches Risiko er dabei eingehen will. Zum Glück sind die Persönlichkeiten verschieden, und die Musikwelt darf sich über die Vorzüge des makellosen Spiels der Perfektionisten gleichermaßen freuen wie über den frischen Zugriff risikofreudiger

Draufgänger; es wäre schade, beide gegeneinander auszuspielen. Schon Goethe hat sich über derlei geärgert: „Nun streitet sich das Publikum seit zwanzig Jahren, wer größer sei: Schiller oder ich, und sie sollten sich freuen, daß überhaupt ein paar Kerle da sind, worüber sie streiten können." (Eckermann:148)

Trotz aller Universalität Michelangelis in der Beherrschung des Handwerklichen hat Piero Rattalino betont, dass der Pianist sich offenkundig gerade mit dem Triller weit intensiver als die meisten seiner Kollegen auseinandergesetzt hat. Tatsächlich wird die technische Erarbeitung von Trillern und anderen Verzierungen oft vernachlässigt; im Konzert vermittelt ihr Vortrag dann nicht den Eindruck müheloser Eleganz, sondern mühsamer Bewältigung einer Aufgabe. Doch ein Ornament soll ein Schmuck, eine Verzierung eine Verschönerung sein! Michelangeli hat dem Studium des Trillers und dem Ausarbeiten spezieller Fingersätze für Verzierungen viel Zeit gewidmet, und Maurizio Pollini hat bekannt, ihm eine besondere Trillertechnik zu verdanken. Der Pianist Luciano Ortis hat seinen Studenten die unglaubliche Exaktheit eines Michelangeli-Trillers einmal mit Hilfe seines Tonbandgerätes demonstriert. Wenn man die Abspiel-Geschwindigkeit halbierte, erklang die Musik eine Oktave tiefer, aber es war möglich, die Regelmäßigkeit der Trillerbewegung genau zu erfassen. Was sich den Ohren dabei offenbarte, war ein wahres Wunder an Ebenmaß, besonders im direkten Vergleich mit der Aufnahme eines anderen, gleichfalls ganz ausgezeichneten Virtuosen. Natürlich wird niemand ein großer Pianist genannt werden, bloß weil er schön trillern kann; aber im vorliegenden Fall wird beispielhaft deutlich, wie Michelangeli sich auch den scheinbar weniger wichtigen Bausteinen der Technik mit größter Sorgfalt zugewandt hat.

Apropos Ebenmaß: Immer wieder wird an Michelangelis Spiel die außergewöhnliche Gleichmäßigkeit seiner Skalen gerühmt, und es ist natürlich ein unverzichtbarer Bestandteil jeder pianistischen Ausbildung, die regelmäßige Ausführung von Tonleitern und Arpeggien zu vermitteln. Und doch ist dabei Vorsicht geboten. Wenn alles absolut gleichmäßig gespielt wird, klingt die Musik am Ende immer nur *gleich mäßig*. Im lebendigen musikalischen Zusammenhang erstreckt sich die Gleichmäßigkeit zumeist nur auf einen Parameter: entweder auf den Rhythmus oder auf die Lautstärke. Pablo Casals hat darauf hingewiesen, dass zwei genau gleich klingende Töne selten vorkommen; der musikalische Fluss ist durch ein fortwährendes Zu- und Abnehmen von Spannung gekennzeichnet. Dies äußert sich in der Regel entweder durch – wenn auch noch so winzige – Unterschiede in der Lautstärke oder dadurch, dass der Interpret dem musikalischen Verlauf eine Richtung gibt, anders ausgedrückt: ein kaum merkliches Accelerando macht. Aus diesem Grunde ist der Begriff des Ebenmaßes doch wohl schöner; er suggeriert viel besser die Organik solcher Abläufe, die sich natürlich in einer Art „Mikrobereich" abspielen. Diesen Bereich genauestens kontrollieren zu können, war eine hervorstechende Eigenschaft Michelangelis. Seine Schülerin Yoko Kono hat ihm in einem Rundfunk-Interview ein geradezu mikroskopisches Hörvermögen attestiert. (NDR-Porträt, Teil 3)

Verifiziert werden kann all dies nur hörend: Michelangelis Ausführung der Trillerketten im 2. Satz von Beethovens *Sonate c-Moll op. 111* oder der im höchsten Diskant zu spielenden Zweiunddreißigstel-Girlanden im gleichen Werk, der Kadenztriller in den Konzerten von Schumann und Grieg, der subtilen Klangschattierungen in den Mazurken Chopins ist oft genug bewundernd besprochen worden; seine Darstellung der Werke Debussys und Ravels in ihrer leuchtenden Farbigkeit hat Referenzcharakter. Diese Feststellung mindert nicht den Wert seiner anderen Aufnahmen; kaum ein Hörer, der nicht hingerissen wäre von dem Zauber und der tonlichen Schönheit einer Scarlatti- oder Galuppi-Sonate in der Interpretation Benedetti Michelangelis.

Schon mehrmals ist auf die vorbildliche Haltung Benedetti Michelangelis am Klavier, auf die Natürlichkeit und Flexibiltät seiner Bewegungsabläufe hingewiesen worden. Es gibt so etwas wie eine Ästhetik der Spielbewegungen, die einen ganz eigenen Reiz hat. Jeder kennt die karikaturhaften Darstellungen sich am Instrument austobender Pianisten, und die gewollt „künstlerische“, mit übertriebener Gestik daherkommende Attitüde mancher Interpreten hat immer etwas unfreiwillig Komisches. Das heißt nicht, dass ausladende Bewegungen vollkommen ausgeschlossen wären; worauf es ankommt, ist die angemessene Entsprechung dessen, was man hört und sieht. Besonders eindrucksvoll ist die Wirkung, wenn etwas offenkundig außergewöhnlich Schwieriges mit scheinbarer Leichtigkeit gemeistert wird. Bei Michelangeli kommt all das in glücklicher Weise zusammen. Nicht zuletzt deshalb empfinden so viele Musiker seine Art, das Klavier zu spielen, als vorbildlich.

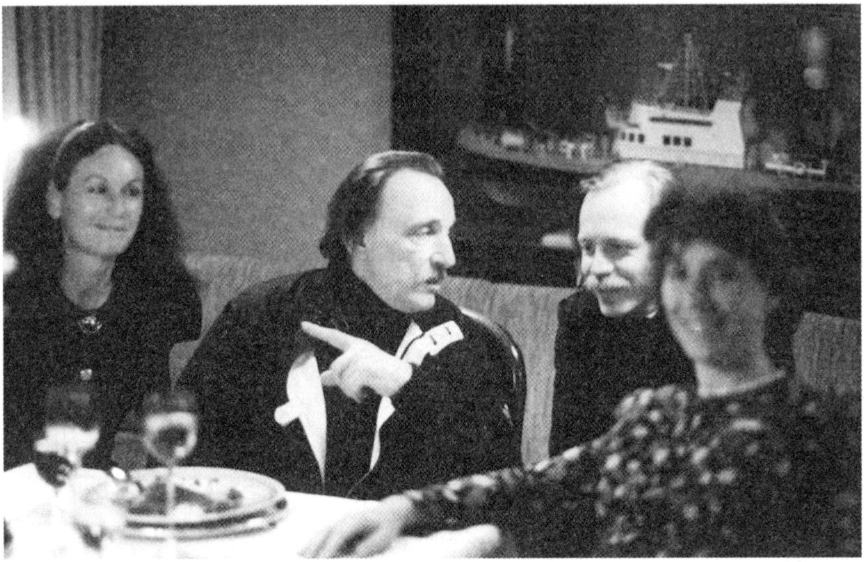

Arturo Benedetti Michelangeli und Bernd Goetzke im Gespräch nach einem Konzert in Bremen, 1989

## Arturo Benedetti Michelangeli als Lehrer

Ein Gespräch mit seinem Schüler Bernd Goetzke

Der Pianist Bernd Goetzke zählt zu den international profiliertesten Klavierpädagogen unserer Zeit. Neben seiner Lehrtätigkeit an der Hochschule für Musik, Theater und Medien Hannover leitet er Meisterkurse in der ganzen Welt und ist hoch geschätzter Juror bedeutender Klavierwettbewerbe. 1951 in Hannover geboren, wechselte er nach ersten Unterrichtsjahren bei Harry Schulze im Alter von zwölf Jahren zu Karl-Heinz Kämmerling. Von 1969 bis 1977 nahm er Unterricht bei Arturo Benedetti Michelangeli, dessen letzter Schüler er war; Michelangeli hat ihn als seinen Lieblingsschüler angesehen. Goetzke errang zahlreiche Preise bei internationalen Wettbewerben und war schon in sehr jungen Jahren als Dozent tätig, bevor er 1982 als Professor an die Hochschule für Musik, Theater und Medien Hannover berufen wurde, an der er viele Jahre den Studiengang Soloklassen leitete. Im Jahr 2000 gründete er das Institut zur Früh-Förderung musikalisch Hochbegabter (IFF). Als „Brennpunkte" seines Repertoires bezeichnet er die Werke Beethovens und Debussys, dessen Briefe an seine Verleger er übersetzt und herausgegeben hat. Die bedeutende, sehr umfangreiche Publikation ist 2018 im Georg Olms Verlag Hildesheim erschienen.

Die Erinnerung an seine erste Begegnung mit Arturo Benedetti Michelangeli hat Bernd Goetzke in einer kleinen Skizze festgehalten, die das vierte Kapitel seiner autobiographischen Protokolle „Unvermeidbare Zufälle" bildet. Die im Anschluss an diesen bislang unveröffentlichten Text wiedergegebenen Gespräche wurden am 18. und 25. Juli 2019 im Institut für Musik, Medien- und Sprechwissenschaften der Martin-Luther-Universität Halle-Wittenberg geführt.

### Bernd Goetzke: Michelangeli

„1969 war Arturo Benedetti Michelangeli schon längst ein weltberühmter Pianist, eine ‚lebende Legende', möglicherweise auf dem Höhepunkt seines Könnens.

1969 war ich ein Gymnasiast im letzten Schuljahr.

Ich wusste nicht, wer Michelangeli war. Zu beschäftigt mit mir selbst, meiner Schule, meinem Vorstudium an der Musikhochschule Hannover, dem vielen Üben in jeder freien Minute, hatte ich in jener Internet- und auch CD-freien Zeit keinen besonders guten Überblick über den internationalen Musikmarkt.

Michelangeli kam in meine Heimatstadt Hannover und spielte einen Klavierabend im Kuppelsaal. Ich ging nicht hin, weil ich für die Schule zu viel zu tun hatte. Aber meine Eltern waren da. Sie waren immer an allem interessiert, besonders mein Vater, Chemiker von Beruf, in seinem Herzen aber eigentlich ein Künstler. Ich traf ihn am nächsten Morgen beim Frühstück.

*Na, wie war's?*

Die Antwort war recht knapp, weil mein Vater sich gerade in einer besonderen Situation scheute, zu viele Worte zu machen. Umso wertvoller war jedes einzelne Wort.

*Ich glaube, so etwas habe ich noch nie gehört.*

Kurz danach (oder davor?) brachte mir eine Tante, die ich vielleicht zweimal pro Jahr traf, einen Zeitungsausschnitt, ein Interview mit Michelangeli, bestimmt das einzige in vielleicht 10 Jahren, denn er mied solche Interviews. Etwas darin sprach mich an. Es war sehr gut geschrieben (von Klaus Geitel), aber vor allem hatten authentische Formulierungen von Michelangeli ihren Platz darin und interessierten mich spontan. In einem Nebensatz war von einem bevorstehenden Meisterkurs in Lugano die Rede.

Nun war ich schon zu diesem Zeitpunkt – vor dem Abitur – an der Musikhochschule immatrikuliert, und ich suchte nach einer sinnvollen Beschäftigung für die Semesterferien im Sommer 1969. Die Schule war vorüber, es gab noch einen Klavierabend, eigentlich meinen ersten großen mit einem riesigen Programm, danach hatte ich ein paar Monate Freizeit vor mir.

Ich fragte meinen Lehrer: *Soll ich zu diesem italienischen Pianisten gehen? Der macht einen Kurs.* Die Antwort war nicht unmittelbar eine klare Entscheidungshilfe. *Ja, warum nicht? Oder vielleicht doch besser nicht…*

Mein Vater nahm eine Woche Urlaub, und wir fuhren mit unserem VW-Käfer über die Alpen nach Lugano. Zwei Tage brauchten wir für die Reise. In Agno bei Lugano fanden wir einen Campingplatz, wo wir die Woche verbrachten. Bald nach meiner Ankunft kam es zur Aufnahmeprüfung auf der Bühne des Rundfunksaals. Anwesend waren Michelangeli und der Organisationschef Carlo Florindo Semini, Leiter der Rundfunkanstalt. Ein bisschen erstaunt war ich über die anderen Bewerber, die ziemlich nervös schienen und sich auch sehr fein gemacht hatten. Ich trug Cordhose, T-Shirt und Turnschuhe. Noch verstand ich kein Italienisch. Also versuchte ich gar nicht erst, verbal zu kommunizieren, sondern drückte Michelangeli das Programm meines Klavierabends in die Hand (Bach: *Chromatische Fantasie und Fuge*, Beethoven: *Sonate op. 31,2*, Schumann: *Fantasie…*).

Er schmunzelte, so gut er das eben konnte, und presste schließlich mit seiner Reibeisenstimme zwei Wörter hervor: *Fantasia cromatica!* Das verstand ich und begann zu spielen. Bald Unterbrechung, *Fantasia di Schumann!* Wieder ein paar Seiten. Und er begann auf seinen quietschenden Schuhen um mich und den Flügel herumzulaufen. Ich fing innerlich an zu kochen.

*Der soll sich gefälligst hinsetzen, wenn ich spiele!*

Wieder Unterbrechung: *Secondo tempo!* Ich riet, was er wohl meinen mochte, und bot ihm den Abschnitt *Im Legendenton* des ersten Satzes an. *No!!! Rra – rra – rra,* und dazu schleuderte er mit seinen Händen die Arpeggiobewegungen in die Luft, die den Anfang des zweiten Satzes darstellen sollten. Bitte sehr, ich spielte diesen Anfang, dann ging es vielleicht noch eine halbe Minute weiter. Ende der Prüfung. Ziemlich eilig verließ ich den Saal, das Ergebnis sollte später schriftlich ausgehängt werden. Das aber interessierte mich gar nicht mehr. Ich traf meine Eltern, die auf mich gewartet hatten.

*Hier bleibe ich nicht! Lasst uns nach Hause fahren. Und übrigens ist das der hässlichste Mann, den ich je gesehen habe.*

Vermutlich wollte ich nicht zugeben, dass ich nur verletzt war, weil ich mich von Michelangeli nicht respektvoll genug behandelt fühlte. Und wieder sagte mein Vater nur einige wenige, aber goldene Worte:

*Schau, ich habe nur eine Woche Urlaub. Wir sind zwei Tage hergefahren. Zwei Tage brauchen wir für den Rückweg. Drei Tage können wir doch bleiben. Gib ihm eine Chance! Nimm eine Stunde, und entscheide dann!*

Dem war schwer zu widersprechen. Obwohl noch gar nicht feststand, dass ich überhaupt angenommen war, ‚willigte ich ein', zu bleiben. Ich wurde angenommen, bekam ein Stipendium, musste keinen Pfennig zahlen, und aus der Versuchsstunde wurden acht Jahre eines anfangs sehr engen, später lockeren Unterrichtsverhältnisses. Mehr als das: Michelangeli wurde neben meinen Eltern eine zusätzliche erzieherische Instanz, ein Mensch, dem ich vertraute.

Bis zu seinem letzten Konzert (1993 in Hamburg, 24 Jahre nach unserer ersten Begegnung) hielten wir Kontakt, auch wenn dieser sich zuletzt auf ein paar Stunden des Zusammensitzens nach seinen Konzerten beschränkte."

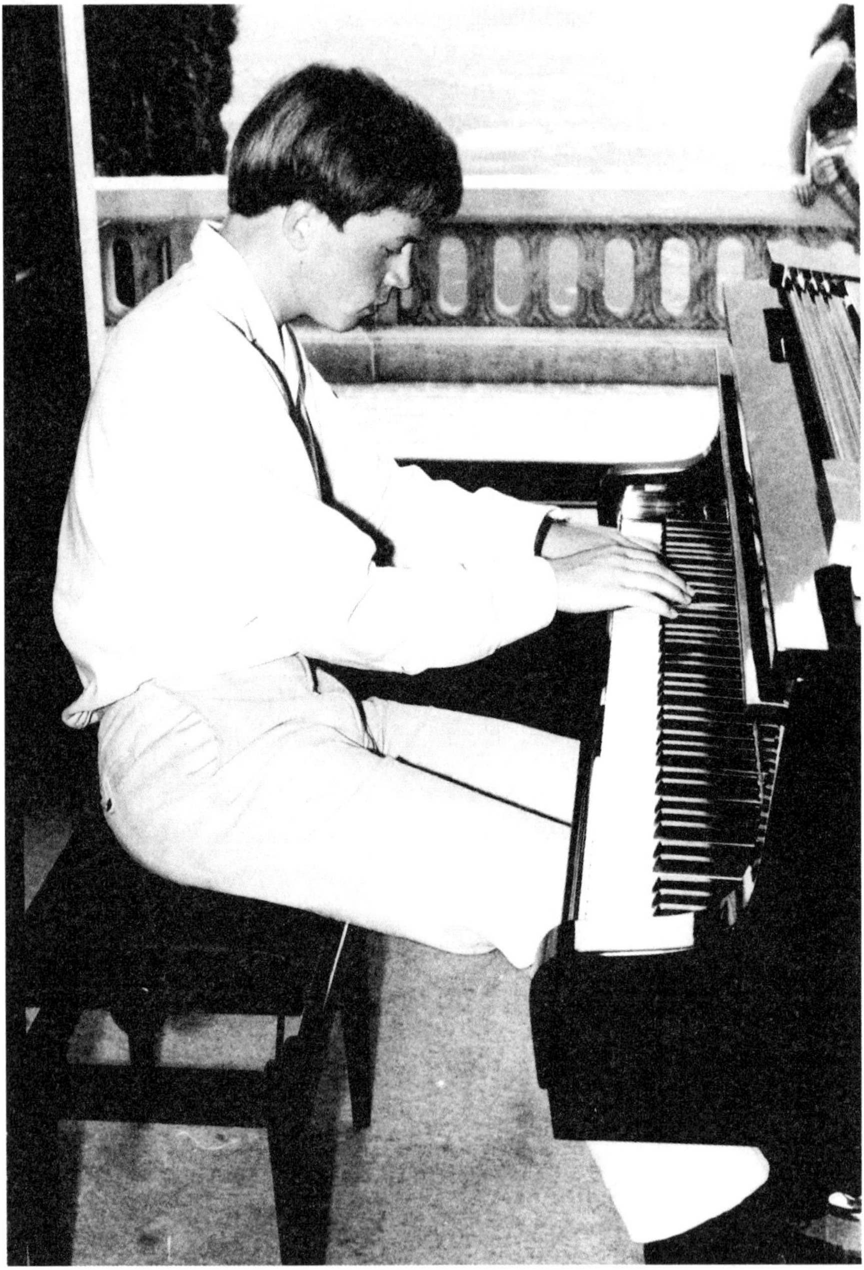

Bernd Goetzke beim Üben in der Villa Heleneum, Lugano, August 1969

## Studieren bei einem Weltstar

Jochen Köhler: Lieber Herr Goetzke, Ihr kleiner Text über den „unvermeidbaren Zufall“ Ihrer Begegnung mit Arturo Benedetti Michelangeli vermittelt auf anschauliche Weise die besonderen Umstände dieses ersten Zusammentreffens, dessen Folgen Sie natürlich damals noch nicht absehen konnten. Sie schildern, wie Sie erwartungsvoll, mit einer gewissen Neugier und – man darf vielleicht sagen: auch ein wenig unbedarft nach Lugano gefahren sind, wo Ihr Leben eine entscheidende Wende nehmen sollte. Die wenigsten der international bedeutenden Künstler finden die Zeit, regelmäßig zu unterrichten. Kurse geben viele von ihnen immer wieder einmal, auch Michelangeli hat das lange Zeit getan, aber dass ein Künstler höchsten Ranges sich über Jahre um einen Schüler kümmert, ist eine große Ausnahme. Sie gehörten zu den wenigen, denen Michelangeli eine solche Aufmerksamkeit zuteil werden ließ.

Bernd Goetzke: Ja, ich genoss ein ungeheures Privileg, ohne damals schon eine klare Vorstellung davon zu haben. Ich bin da – tatsächlich ziemlich zufällig – in etwas „hineingestolpert“ und habe erst Jahre später gemerkt, welchen Schatz ich dabei gehoben hatte. In der Aufnahmeprüfung hatte ich mich ja über ihn geärgert, weil er nicht ruhig in seinem Stuhl sitzen blieb, während ich spielte, sondern mit quietschenden Sohlen um mich herumlief und mich auch noch unterbrach, wobei ich doch so gerne länger gespielt hätte. Das gefiel mir nicht. Umgekehrt gefiel ihm aber meine Unbekümmertheit und offensichtliche Angstfreiheit, die tatsächlich ja nur auf Ignoranz beruhte. Wenn ich gewusst hätte, wer da vor mir stand... Mein damaliger Lehrer Karl-Heinz Kämmerling schrieb mir nach einiger Zeit – ich hatte ihm zwischendurch immer wieder von meinen Erlebnissen im Kurs berichtet –, ich solle zurückkommen. Mein Vater riet mir, zu bleiben. Aber zu diesem Zeitpunkt wollte ich schon längst nicht mehr zurück. Ich wollte bleiben.

JK: Hatten Sie vorher schon andere Meisterkurse besucht?

BG: Im Alter von 16 oder 17 Jahren nahm ich unmittelbar nacheinander an zwei Kursen teil, die von Enrique Barenboim, dem Vater von Daniel, und André Tchaikowsky, einem polnischen, hochbegabten Pianisten, der sehr jung verstorben ist, im englischen Dartington Hall geleitet wurden. Enrique Barenboim wollte mich unbedingt nach Tel Aviv mitnehmen und dachte, ich könne dafür in Deutschland ein Stipendium erhalten.

JK: Michelangeli hat nur Schüler akzeptiert, die bereits auf einem herausragenden Niveau spielten. Welche Ausbildung hatten Sie erhalten, bevor Sie zu ihm gingen?

BG: Mit dem Klavierspielen hatte ich als Sechsjähriger begonnen. Harry Schulze, mein erster Lehrer, war ein reizender, feinsinniger alter Herr in Hannover, von dem ich im Rückblick anerkennend sagen muss, dass er überhaupt nichts falsch gemacht hat. Ich wäre gerne bei ihm geblieben. Aber mein Schuldirektor ließ nicht locker: Ich sollte mich unbedingt an der Musikhochschule vorstellen. Ich war nicht auf einem musischen, sondern auf einem naturwissenschaftlich-neusprachlichen Gymnasium, der Humboldtschule in Hannover, aber dieser Direktor war ein Musik- und Klaviernarr – eigentlich auch wieder so ein „unvermeidbarer Zufall". Er hat mich gefördert, wo er nur konnte – beispielsweise fand er einen Sponsor, damit ich mit Orchester spielen konnte. Er war persönlich mit Elly Ney bekannt und vermittelte mir den Kontakt zu ihr. Sie gab jedes Jahr in der Aula unserer Schule auf einem schrecklichen Flügel einen Klavierabend. Der Direktor rief einen Wettbewerb an unserer Schule ins Leben, den Elly-Ney-Preis, den ich regelmäßig gewonnen habe. Der erste Preis bestand darin, eine Woche bei Elly Ney verbringen zu dürfen. So war ich von meinem 13. bis 17. Lebensjahr jedes Jahr eine Woche bei Elly Ney.

JK: Wo war das?

BG: In Tutzing am Starnberger See. Das war hochgradig wunderlich, ich verstand gar nicht, was um mich herum passierte, aber es eröffnete einen Blick in eine ganz fremde Welt, die faszinierend war. Ich habe damals ihr berühmtes Klavierabendprogramm mit den letzten drei *Beethoven-Sonaten* mehrfach gehört. Und so verankerte sich diese Musik in mir, bevor ich sie wirklich kannte oder studieren konnte. An ihrem 85. Geburtstag spielte sie morgens beim Sektempfang das „Largo" aus der *Sonate op. 7.* Dabei hatte sie eine Gedächtnislücke, und es dauerte ewig, bis sie sich wieder zurechtfand, aber am Abend führte sie tadellos Beethovens *5. Klavierkonzert* auf, mit ihrem geschiedenen Mann Willem van Hoogstraten am Pult. – Ich habe viele kuriose Situationen in ihrem Hause erlebt, doch wirklich gelernt habe ich während dieser Aufenthalte eigentlich nichts. Einmal patschte sie, nachdem ich vorgespielt hatte, auf meine Finger und bemängelte: „viel zu feste Finger." Als ich dann zu Michelangeli kam, ungefähr zwei Jahre später, konstatierte er das genaue Gegenteil: „mani di burro" – „Butterhände". Spaßeshalber nannte er mich am Anfang einmal den Elly-Ney-Schüler. Das alles ist im Rückblick sehr amüsant.

JK: In diesen Jahren waren Sie Schüler Karl-Heinz Kämmerlings.

BG: Ja. Es dauerte so ein halbes Jährchen, bis unsere Kommunikation funktionierte, anfangs war ich sicher eine harte Nuss für Kämmerling. Aber ich blieb dann bis zum Konzertexamen.

JK: Als Sie zu Kämmerling kamen, waren sie vermutlich schon sehr weit?

BG: Was heißt sehr weit? Ich will nicht unbedingt sagen, dass ich sehr weit war – ich spielte Chopins *Fantaisie-Impromptu* und ähnliche Stücke, und ich fiel bei „Jugend musiziert“ als Preisträger auf. Kämmerling war sehr präsent bei diesen Wettbewerben, und so hat er mich gefunden. Er war gerade aus dem Osten gekommen, hatte eine Nebenfachstelle an der Hochschule, unterrichtete außerdem an einer Musikschule und betreute Privatschüler. Ich gehörte dann zu seinen ersten Schülern. Er baute sich schnell eine sehr gute Klasse auf – schon bald kamen Konstanze Eickhorst, Inge-Susanne Römhild, Martin Dörrie, Markus Pawlik, die Wille-Brüder zu ihm, und viele andere folgten. Kämmerling hatte einen unglaublichen Blick für junge Talente – und für den Markt, der damals noch ganz leer war. Es gab ein Riesendefizit auf diesem pädagogischen Feld, es war in gewisser Weise immer noch Nachkriegszeit, und es gab keine Musikschule, die irgendeine Spezialausbildung anbieten konnte. Wenn auf diesem Gebiet etwas geleistet werden konnte, dann nur privat. Genau das hat er gemacht. – Ich habe übrigens seinen letzten Klavierabend gehört. Er spielte Beethovens *Sonate As-Dur op. 110*, eine Sammlung von Reger-Stücken und die *Davidsbündlertänze* von Schumann. Ich weiß nicht wirklich, wie gut das war. Ich fand es toll, aber ich konnte es natürlich mit meinen zwölf Jahren nicht beurteilen. Er hörte dann jedoch auf zu konzertieren, hat nur noch ein paar Mal Liederabende begleitet. Eines Tages musste ich bei einer solchen Gelegenheit umblättern – ich weiß noch, wie ich dabei auf der Bühne fast eingeschlafen wäre und auch irgendwann zwei Seiten auf einmal umwendete. Ich schätze, er war so etwa 33 Jahre alt, als er eine Entscheidung traf und mir sagte: „Ich bin kein geborener Pianist. Ich bin besessen vom Unterrichten, und das mache ich nun ausschließlich.“ Er ging dann diesen Weg und ist als Lehrer berühmt geworden.

## *Die Kurse in Lugano*

JK: Nach dem Abitur im Jahre 1969 besuchten Sie den Kurs Michelangelis in Lugano, auf den Sie durch das Zeitungsinterview aufmerksam geworden waren, das Sie in Ihren Erinnerungen erwähnen.

BG: Genau. Eine Tante hat mir das in die Hand gedrückt mit den Worten: „Du spielst doch Klavier, nicht? Vielleicht interessiert Dich das.“ Dadurch erfuhr ich, dass Michelangeli Kurse hielt. Er sagte in diesem Interview auch einiges Allgemeine zum Thema des Unterrichtens. So bemerkte er, dass er eine Neigung dazu habe, eine volle Professur jedoch nicht ausfüllen könne – er hatte das ja kurze Zeit in Bozen versucht. Er sprach auch über die Gefahr, dass Schüler ihre Lehrer kopieren und dabei ihre Eigenständigkeit verlieren. Irgendetwas an dem Interview hatte mich gefesselt, es war mir sympathisch, sonst hätte ich es weggelegt. Es war also der Auslöser, meinen Lehrer zu fragen, ob ich am Kurs teilnehmen solle.

Kämmerling schwankte – „ja, nein, vielleicht“... Ich entschloss mich also, nach Lugano zu fahren. Später habe ich erfahren, dass für den Kurs wohl sehr viele Bewerbungen vorgelegen hatten – jemand sprach von über 300 Anmeldungen, ob das stimmt, weiß ich aber nicht. Michelangeli hat dann nach der Papierform – ähnlich dem Verfahren, das heute bei Wettbewerben üblich ist, 40 Bewerber eingeladen, die eine Aufnahmeprüfung ablegen mussten. Unter diesen hat er 19 ausgewählt. Diese 19 Teilnehmer bildeten seine letzte Schülergeneration, die dann aber ganz schnell zusammengeschmolzen ist, und am Ende waren wir nur noch sechs.

JK: Dieser Kurs war anders konzipiert, als es heute zumeist üblich ist. Er dauerte wesentlich länger als ein normaler Meisterkurs und wurde, wie den biographischen Quellen zu entnehmen ist, anderthalb Jahre später fortgesetzt. Michelangelis letzter „corso di perfezionamento“ fand vom 2. Januar bis zum 15. Februar 1971 ebenfalls in Lugano, genauer gesagt in dem inzwischen eingemeindeten Vorort Castagnola statt, in der Villa „Heleneum“, einem prächtigen, von einem Park mit tropischen und subtropischen Pflanzen umgebenen Gebäude, in herrlicher Lage direkt am Luganersee gelegen, wovon man sich im Internet einen lebendigen Eindruck verschaffen kann.

BG: Ja, so war es. Die Villa war damals in städtischem Besitz, vorübergehend wurde sie als Museum genutzt, inzwischen dient sie als exklusiver Veranstaltungsort privater Feiern. Die Kurse dauerten jeweils ungefähr zwei Monate und entsprachen eigentlich einem ganzen Semester.

JK: Sie blieben dann für ganze acht Jahre – von 1969 bis 1977 – Michelangelis Schüler und haben sicherlich außerhalb der Kurse auch Unterricht bei ihm frequentiert.

BG: Ja, aber das wurde nach und nach immer unregelmäßiger. Ich kann nicht sagen, dass ich bei ihm so studiert habe, wie man das bei einem Professor an einer Hochschule macht. Es gab einen fulminanten Anfang mit sehr engmaschigem Unterricht während der ersten Monate, die ich in Lugano verbrachte, und etwas später folgte der nächste Kurs, in dem ich zwei- bis dreimal pro Woche Unterricht hatte.

JK: Auch wieder über einen längeren Zeitraum?

BG: Ja. Zum Schluss waren wir ja nur noch sechs Schüler. Ich habe niemals in Erfahrung gebracht, warum die anderen nicht mehr kamen. Ich glaube, er hat ein bisschen aussortiert. Oder hatten sie Schwierigkeiten zu kommen, Visaprobleme? Kann auch sein.

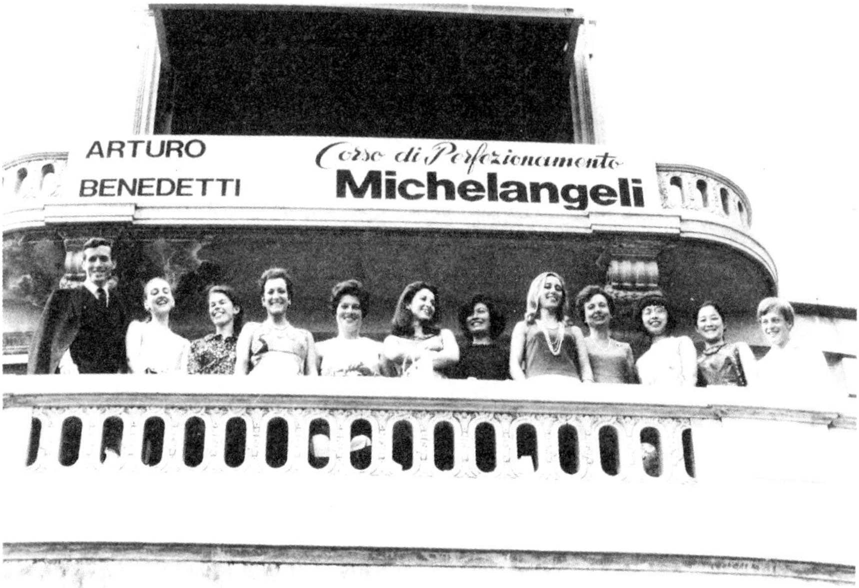
ARTURO
BENEDETTI
Corso di Perfezionamento
Michelangeli

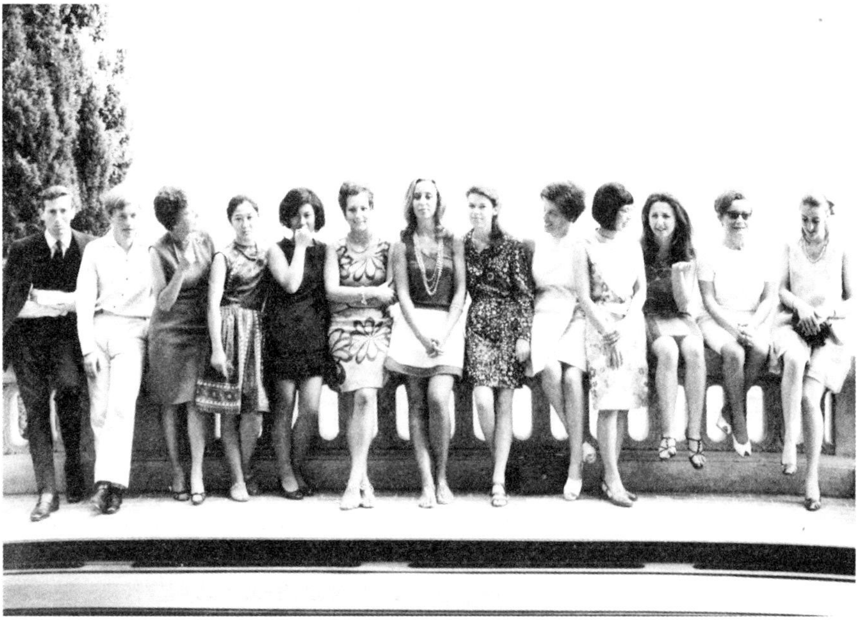

JK: Für diesen Kurs gab es auch keine neue Eignungsprüfung?

BG: Nein, das war eine Fortsetzung des ersten Kurses. In diesen zwei Kursen hatte ich so intensiven Unterricht wie an einer Hochschule in mehr als einem Semester. Nach den Kursen dünnte sich das aus, wir trafen uns seltener zum Unterricht, blieben aber immer in Kontakt. Die schönste Arbeitsphase fand später in einer sehr privaten Atmosphäre statt. Nach dem letzten Kurs in Lugano, dem letzten öffentlichen Kurs seines Lebens, handelte es sich natürlich immer nur um Privatunterricht. Früher hatte er häufig Kurse abgehalten – in Siena, in Eppan, in Arezzo, aber das ging Anfang der siebziger Jahre alles zu Ende. Ich glaube, es verursachte ihm zuviel Stress, sich an der Organisation zu beteiligen. Er wollte ja immer Sponsoren finden, damit die Schüler nichts bezahlen mussten. Das konnte in früheren Zeiten z. B. mal eine Autofirma wie Fiat sein, aber das war zunehmend schwieriger geworden. Ich habe jedenfalls nie ein Honorar bezahlt für den Unterricht.

JK: Die anderen Studenten vermutlich auch nicht? Es heißt in allen mir bekannten Zeugnissen seiner Schüler, er habe für seinen Unterricht grundsätzlich kein Geld genommen, was an Franz Liszt denken lässt, von dem das auch überliefert ist.

BG: Ich denke schon, dass er alle gleich behandelt hat. Jedenfalls habe ich nie etwas bezahlt. Ich hielt das damals für völlig normal und ahnte gar nicht, dass es sich damit normalerweise ganz anders verhält. Als ich nach Lugano kam, war die Stadt am Sponsoring beteiligt – sie hat offenbar nicht nur die Räumlichkeiten, sondern auch größere finanzielle Mittel zur Verfügung gestellt. Ich erhielt gleich nach dem Bestehen der Aufnahmeprüfung 1000 Francs, um mein kleines Hotel bezahlen zu können.

JK: Wie waren die Kurse eigentlich organisiert, in welchem Turnus fanden die Stunden statt, wie lange dauerten sie?

BG: Wir haben uns morgens vom Hotel zu der Villa begeben: Michelangeli schimpfte manchmal über diejenigen, die zu spät kamen – er selbst war nämlich immer ziemlich früh da. An einer der Türen fanden wir dann einen Zettel, auf dem er mit schwarzem Filzstift den Tagesplan in Großbuchstaben notiert hatte: „I SEGUENTI PIANISTI DI TENERSI PRONTI PER LA LEZIONE“, also: „Die folgenden Pianisten sollen sich für den Unterricht bereithalten“, übrigens ausdrücklich einschließlich der Mittagszeit von 12 bis 15 Uhr. Drei bis fünf Schüler wurden pro Tag eingeteilt. Man konnte ungefähr abschätzen, wann man an der Reihe war, aber der Unterricht war nicht nach festen Zeitintervallen eingeteilt – er konnte hin und wieder kürzer ausfallen, aber durchaus auch zwei oder drei Stunden dauern. Das richtete sich immer nach dem Stand der Vorbereitung und nach dem Repertoire. So verliefen die ersten Kurse. In späteren Jahren wurde das

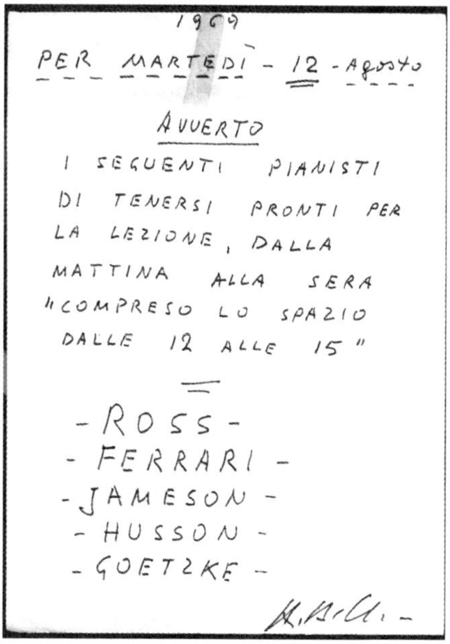

1969

PER MARTEDÌ – 12 – Agosto

AVVERTO

I SEGUENTI PIANISTI DI TENERSI PRONTI PER LA LEZIONE, DALLA MATTINA ALLA SERA "COMPRESO LO SPAZIO DALLE 12 ALLE 15"

– ROSS –
– FERRARI –
– JAMESON –
– HUSSON –
– GOETZKE –

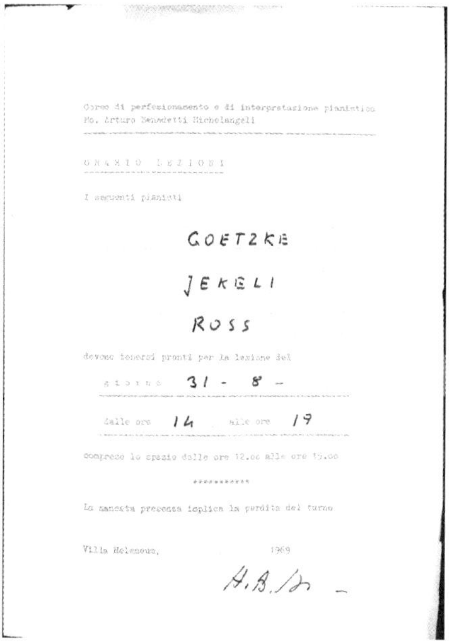

Corso di perfezionamento e di interpretazione pianistica
Mo. Arturo Benedetti Michelangeli

ORARIO LEZIONI

I seguenti pianisti

GOETZKE
JEKELI
ROSS

devono tenersi pronti per la lezione del

giorno 31 – 8 –

dalle ore 14 alle ore 19

compreso lo spazio dalle ore 12.00 alle ore 15.00

***********

La mancata presenza implica la perdita del turno

Villa Heleneum, 1969

anders. Der Unterrichtsstil war der gleiche, aber ich kam alleine, und wir waren ganz unabhängig von anderen Terminen.

JK: Nach der Eignungsprüfung wollten Sie ja eigentlich keinen Unterricht nehmen, haben sich dann aber von Ihrem Vater durch den hübschen Satz: „Gib ihm eine Chance!“ doch überreden lassen. Was geschah dann? Die erste Stunde war offenkundig ein Schlüsselerlebnis für Sie.

BG: Ein wirkliches Schlüsselerlebnis, ja. Es war eine völlig neue Welt, die sich mir eröffnete. Es ging um Probleme, die ich mit mir herumgetragen hatte, die mir aber noch nicht voll bewusst geworden waren und nun in einem Schub nach oben gespült wurden. Plötzlich konnte ich an ihnen nicht länger vorbei schauen, und ich erhielt Antworten auf tausend Fragen, die in mir geschlummert hatten.

JK: Wodurch genau passierte das? Wie lief der Unterricht in den ersten Stunden ab? Können Sie sich noch an Details erinnern?

BG: Das erste, was mir auffiel, war der Unterschied zu Kämmerlings Unterricht. Kämmerling war ja ein sehr guter Lehrer, und es konnte doch nicht sein, dass auf einmal alles falsch war, was Kämmerling gemacht hatte, und alles richtig, was Michelangeli tat. Sie waren gleichsam zwei verschiedene Planeten, und ich befand mich dazwischen. Ich geriet dadurch bald auch in eine Krise – ich musste diese Diskrepanz erst einmal bewältigen. Aber das Nachdenken darüber, wie diese

Unterschiede sich sinnvoll verbinden lassen, hat mich eigentlich zu der Person gemacht, die ich geworden bin. Durch Michelangelis Unterricht fühlte ich mich dann gut vorbereitet für den Unterricht mit meinen überwiegend schon erwachsenen und sehr fortgeschrittenen Studierenden.

JK: Michelangeli hat Sie natürlich in einer ganz entscheidenden Phase geprägt, in der man selbständiger wird und auch als Student schon eigenständiger arbeitet.

BG: Ja. Vorher war ich ein recht unbewusster, sehr emotionaler Spieler gewesen. Ich konnte irgendwie alle Schwierigkeiten überwinden, war aber sicherlich noch ein bisschen wild und ungezügelt. Meine Arbeitsweise hatte noch nicht die richtige Form und Professionalität. Ich lernte zum Beispiel für einen Klavierabend, mit dessen Programm ich mich dann bei Michelangeli beworben habe, in sehr kurzer Zeit die *Schumann-Fantasie* – vier Wochen vor dem Klavierabend hatte ich erst angefangen, sie einzustudieren. So etwas konnte ich, aber diese Art zu arbeiten war nicht wirklich verantwortlich. Ich habe damals alles wie ein trockener Schwamm in mich aufgesogen, aber das war damit natürlich künstlerisch noch nicht ausgereift. Es war nichts weiter als ein Talentbeweis. Das ist ja auch schon ganz schön, aber doch nur eine Ausgangsposition. Kämmerling hat mich, so erscheint es mir heute, sehr lange in diesem halbbewussten Zustand gelassen, in dem sich bestimmte Dinge ja unter Umständen auch besonders gut entwickeln. Er hat nicht zu früh meinen Kopf eingeschaltet, der mich dann vielleicht gebremst hätte. Aber dann wurde es höchste Zeit, dass jemand kam und mit dem eisernen Besen durchfegte.

JK: Es ist doch ein ganz normaler Vorgang, dass nach einigen Unterrichtsjahren ein Gegenpol wichtig wird, selbst wenn der bisherige Lehrer hervorragend war.

BG: Ausnahmen bestätigen diese Regel... Nun ging es hier um ganz grundlegende Dinge. Bei Michelangeli fing ich an zu lernen und sehr stark zu verinnerlichen, dass die Musik von vielen verschiedenen Ebenen aus zu betrachten ist, sie nicht nur mit den Augen eines Pianisten – dies natürlich auch! –, sondern mit denen eines Komponisten und eines Dirigenten zu sehen. Bis dahin war ich nur ein irgendwie begabter Klavierspieler, und plötzlich blickte ich sozusagen hinter die Kulissen der Musik. Diese Sichtweise war bei Michelangeli sehr stark ausgeprägt. Er hatte natürlich ein fantastisches Gehör. Übrigens war er ein Virtuose des Solfège, er sang jede Melodie spontan auf Notennamen. Ich mache das heute auch, aber ich habe das nicht als Kind gelernt. Das gab es damals in Deutschland nicht, leider.

JK: Ja, leider nicht.

BG: Ich habe später in Hannover das Begabteninstitut IFF aufgebaut, und im Grunde sind einige dieser Überzeugungen, die ich im Laufe meiner Studienzeit bei Michelangeli gewonnen hatte, als wesentliche Ingredienzien in die Konzeption dieser Hochbegabten-Ausbildung eingeflossen. Das heißt: Die Kinder erhalten intensiven Unterricht in den Fächern Musiktheorie und Gehörbildung, Rhythmus, inzwischen dirigieren sie sogar! Wir nennen das „Hauptfächer". Ich hatte vor, auch die Solfège-Ausbildung einzuführen, doch das ließ sich leider nicht realisieren. Viele Theorielehrer hatten in ihrer eigenen Ausbildung einen solchen Unterricht nicht kennengelernt und standen ihm mit gewissen Vorbehalten gegenüber. Uns fehlt da halt die Tradition. Es ist in diesem Zusammenhang erwähnenswert, dass Michelangeli neben seinem absoluten Gehör und dem unglaublichen Feinsinn für Farben und Klänge – jenseits des absoluten Gehörs, das ja lediglich die Tonhöhe betrifft – auch eine Gabe hatte, die ich als „absolutes rhythmisches Gehör" bezeichnen würde, also ein untrügliches Gespür für die Kombination von Metrum und Rhythmus, man kann auch sagen: das „Timing". Wenn er ein Rubato spielte, dann verlor sich das Metrum nicht; Michelangeli hat die metrische und die rhythmische Ebene in ihrer Bezogenheit aufeinander offensichtlich immer gleichzeitig ganz stark empfunden.

JK: Lassen Sie uns zurückkommen auf die ersten Stunden im Kurs: Sie haben die *Schumann-Fantasie* gespielt, die *Chromatische Fantasie und Fuge* von Bach...

BG: Ja, zunächst die „*Chromatische*", und ich wurde in diesen ersten ungefähr eineinhalb Unterrichtsstunden – das war noch keine dieser „Monsterstunden", wie ich sie später oft erlebt habe – gleich mit Michelangelis Betrachtungsweise konfrontiert. Ich hatte das Rezitativ der *Chromatischen Fantasie* völlig frei gespielt, und man kann ja auch frei spielen, aber eben nicht auf eine willkürliche Art und Weise frei. Deshalb hat mir Michelangeli gewisse Koordinaten vorgegeben, innerhalb derer sich meine Freiheit gefälligst zu bewegen hatte. Danach klang alles erst einmal sehr akademisch, aber heute weiß ich, was es wert war, denn dadurch wurden schließlich die übergeordneten Zusammenhänge überhaupt erst in ein Gleichgewicht, in einen übergreifenden harmonischen Rhythmus gebracht.

JK: Das bezog sich auf die Gewichtung der Harmonien, auf formale Proportionen und auf die Strukturierung von Rhythmus und Metrum, so dass alles nicht willkürlich, bloß aus einem Gefühl heraus gestaltet wurde, sondern...

BG: ... frei mit einem festen Grund darunter, frei auf einer metrischen Basis.

JK: Es ging also um ein metrisches Fundament, wodurch das Werk zusammengehalten wurde, getragen von einem starken Formsinn.

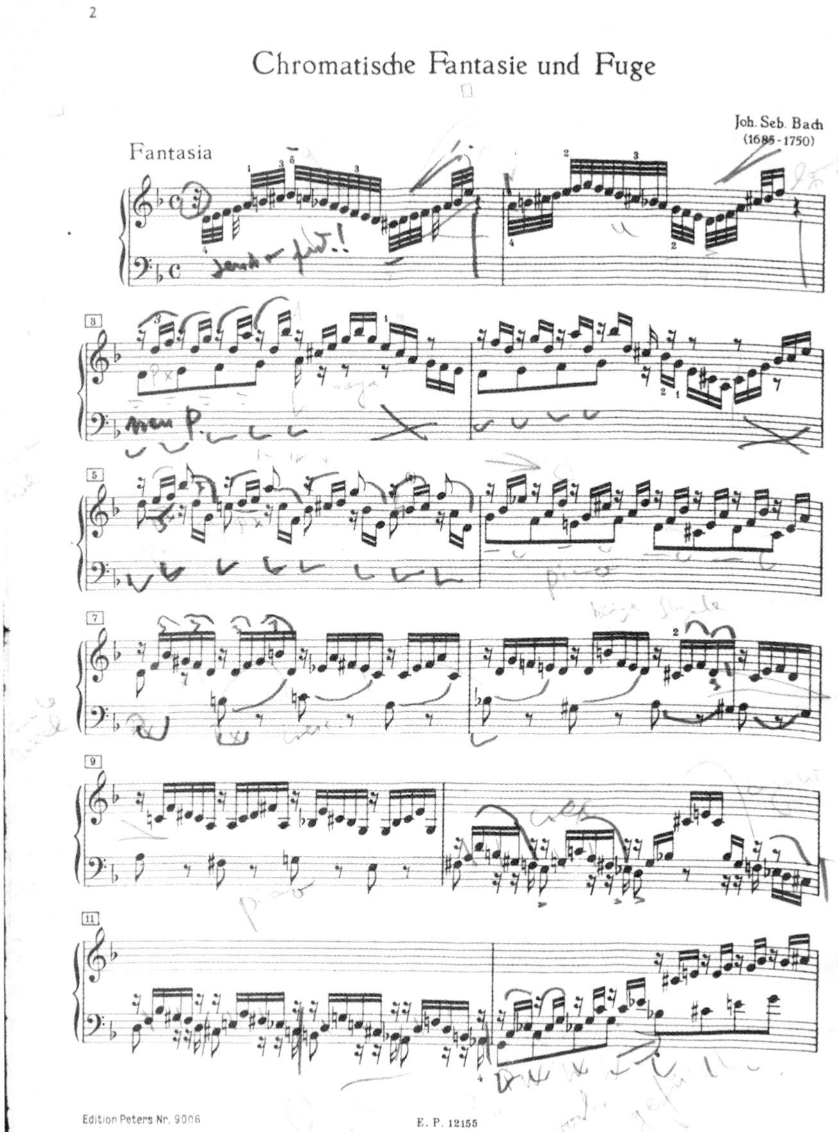


„Buchstäblich alles sollte geformt sein", Der Anfang der *Chromatischen Fantasie und Fuge* von Johann Sebastian Bach mit Eintragungen Arturo Benedetti Michelangelis.

BG: Formsinn: Das ist ein entscheidender Begriff. Auch die virtuosen Passagen mussten geformt werden, buchstäblich alles sollte geformt sein. Wenn Bach solche Girlanden komponiert wie zu Beginn der *Chromatischen Fantasie*, dann haben sie alle einen Anfang, einen Höhepunkt und ein Ende – hier muss man atmen, dort muss man hinführen, dann muss man wieder atmen und wieder neu ansetzen. Ich hatte vorher wahrscheinlich nur die Finger laufen lassen, und es klang irgendwie ganz schön, die Zuhörer waren manchmal begeistert, aber das Spiel hatte noch keine wirklich starke Überzeugungskraft, ganz sicher nicht.

JK: Kämmerling hat nicht in dieser Weise analytisch gearbeitet?

BG: Er hat mich mehr psychologisch inspiriert. Kämmerling war ein fantastischer Psychologe, was von enormer Bedeutung besonders für den Unterricht mit Heranwachsenden ist. Mit einer solchen Gabe muss der Lehrer dann sehr behutsam umgehen, eine eher auf die Psyche einwirkende Methode kann ja auch einen manipulativen Charakter annehmen, gewollt oder ungewollt. Kämmerling war ein Lehrer, wie man ihn nicht selten in Russland findet: Er arbeitete durchaus mit einem gewissen Druck, aber eben auch mit Inspiration, jeder Unterricht war lebendig; er provozierte, und es passierte etwas. Die jungen Menschen öffneten sich, und „es klang".

JK: Gut, das lässt sich leicht nachvollziehen – seine außergewöhnlichen Erfolge sind bekannt. Hatte er etwas Guruhaftes?

BG: Ganz falsch ist das nicht. Und eben dies gab es bei Michelangeli überhaupt nicht, was Außenstehende – gerade bei ihm – überraschen mag. Nun war ich, als ich bei ihm studierte, aber auch schon etwas älter, und in den Jahren davor war Kämmerlings Unterricht wohl genau das Rechte für mich gewesen. Hatte der Spieler, also ich, zuvor im Mittelpunkt gestanden, so war es nun das Werk, und so lernte ich bei Michelangeli auch gleich noch, mich selbst nicht so ernst zu nehmen.

## *Denkende Finger*

JK: Unter Michelangelis Anleitung fanden Sie also schlagartig einen ganz anderen Zugang zur Musik. Wie hat sich das denn im Unterricht geäußert, in der Art, wie er seine Absichten vermittelte: Hat er vorgespielt?

BG: Ja, er hat viel vorgespielt.

JK: Vorgespielt, mitgesungen, mitgeatmet?

BG: Ja, sehr intensiv. Wir hatten in unserem Unterrichtsraum in Lugano nur einen Flügel zur Verfügung, und zwar einen großen Petrof, den ich ziemlich schrecklich fand; das Instrument in meinem Übezimmer, auch von Petrof, war dagegen sehr gut. – Michelangeli hat also sehr viel vorgespielt und auch sehr viel in die Noten geschrieben. Das Hauptthema seines Unterrichts bei Bach war das gestalterische Formen, und jeder kleinste Ton, auch in einer noch so schnellen Linie musste geformt sein. Er demonstrierte, wie das verwirklicht werden konnte. Dabei stand er rechts neben mir und spielte mit der linken Hand…

JK: … im Diskant…

BG: … im Diskant mit der linken Hand, weil er in der rechten seine Zigarette halten musste. Er spielte nur mit der linken Hand alles vor und sang jeden Lauf auf Notennamen mit – in einem Höllentempo. Dass das überhaupt möglich war – diese unglaubliche Textkenntnis und Bewusstheit, die genaueste Wahrnehmung jeder einzelnen Note auch in hoher Geschwindigkeit, das hat mich tief beindruckt. Eine sehr wichtige Rolle spielte die Artikulation. Es gab keinen Ton, der nicht hochbewusst artikuliert werden musste. Er hatte eine genaue Vorstellung davon, wie zu artikulieren sei, er ging mit Respekt und durchaus auch mit historischem Verantwortungsbewusstsein an Artikulationsfragen heran. Wenn ich eine Phrase vollständig gebunden spielte, sang er sie mit der richtigen Untergliederung. Ich lernte Varianten des „Absetzens“, z. B. vor Synkopen oder langen Zielnoten. Mal musste das sehr deutlich sein, mal kaum wahrnehmbar, ähnlich dem Bogenwechsel, den ein Geiger hier gestalterisch ausnutzt und dort, so gut es geht, verbirgt. In meiner Kindheit war ein gutes Legato so etwas wie eine heilige Kuh des Klavierspiels, pardon… und heute habe ich Anlass, wieder überall dafür zu kämpfen, weil es mittlerweile zu einer bedrohten Art der Artikulation geworden ist. Aber was außerdem alles möglich war, welche Abwechslung, auch auf engem Raum, und wie die Musik dabei rhetorisch gewann, das war neu für mich. Die nächste Ebene war dann eine technische: Man musste eine entsprechend variable Technik entwickeln. Und ich lernte, ohne dass er alles eigens formuliert hätte, einfach durch sein Vormachen. Das war eigentlich das Intensivste in seinen Stunden, dieses ständige Vormachen. Man sah, wie er aus der Fingerspitze artikulierte, man sah, wie er den Arm führte. Und die Kombination aus beidem: wie der Arm weitergeführt wurde, während mit Hilfe der Fingerspitze ständig irgendwelche kleinen Kürzungen oder Dehnungen realisiert wurden, die man von weitem gar nicht erkennen konnte. Als ich diese Hand so dicht vor mir beobachtete, hatte ich das Gefühl, bei ihm habe jeder Finger ein eigenes Gehirn.

JK: Was wurde in der nächsten Stunde behandelt?

BG: Bartók, das *3. Klavierkonzert*, das ich für zwei Auftritte vorzubereiten hatte. Ich weiß noch, wie ich das Stück in meinem Zimmer übte, während Michelangeli von draußen zuhörte. Ich nahm das Quietschen seiner Schuhe wahr. Mehrmals kam er ins Zimmer – einmal, weil er nicht aushalten konnte, wie ich übte, ein anderes Mal, um zu bemerken, was für ein schönes Stück das sei: „È un bel pezzo". Er kannte es gut, aber ich habe es nur kurz mit ihm durchgearbeitet, wir haben vielleicht zwei etwas kürzere Unterrichtsstunden für dieses Konzert verwendet – genug Zeit, um jedes Detail einmal zu betrachten. Über einen längeren Zeitraum haben wir uns jedoch nicht damit beschäftigt. Sehr ausführlich haben wir dagegen an der *a-Moll-Sonate op. 42* von Schubert, an der *Sonate c-Moll op. 111* von Beethoven, auch an seiner *„Sturmsonate"* und der *e-Moll-Sonate op. 90* gefeilt, nicht zuletzt auch an einer großen Gruppe von Scarlatti-Sonaten – das waren jedes Mal sehr lange Stunden.

JK: Wurden diese Werke über längere Zeiträume hinweg immer wieder vorgenommen?

BG: Nein, das hätte ihn denn wohl doch irgendwann gelangweilt. Er war ja auch nicht der Typ des Pädagogen, der einen Schüler unmittelbar für ein Konzert oder einen Wettbewerb vorbereiten und ihn dann bis zum Tag X hätte betreuen können. Und das war eine andere Arbeit als die, die er selbst bei seinem eigenen Repertoire leistete. Daran hat er in bestimmten Phasen unglaublich intensiv und lange gearbeitet. Und ohne mich da an der Legendenbildung beteiligen zu wollen: Mit sich zufrieden sein zu können, war nicht seine Stärke. Er hat mir in der Regel auch keine Stücke aufgegeben, sondern fragte mich immer, wenn ich kam: „Was musst du spielen?", und dann haben wir uns mit dem Repertoire beschäftigt, das ich für irgendeinen Anlass vorbereiten musste. Wir haben übrigens kein Wort über Wettbewerbe gesprochen, obwohl ich ihm manchmal natürlich auch mein Wettbewerbsrepertoire vorgespielt habe. Doch meistens stand die Vorbereitung auf Konzerte im Mittelpunkt. Ich spielte unter anderem in der Reihe „Konzerte junger Künstler" des deutschen Musikrats, wodurch ich bereits viele Verpflichtungen hatte, und mit dem betreffenden Repertoire ging ich zu ihm. Eines Tages hatte ich das *Schumann-Konzert* und Ravels *G-Dur-Konzert* im Gepäck, wozu er mir sagte: „Das *Ravel-Konzert* kannst du immer spielen, doch im *Schumann-Konzert* kannst Du sterben!" Er hatte größten Respekt vor diesem Stück, wohingegen er das *Ravel-Konzert* für wesentlich leichter hielt.

JK: Da hatte er leicht reden, er selbst hat es gespielt wie vielleicht niemand sonst.

BG: Unglaublich gut hat er das gespielt, das stimmt.

JK: Und zwar in beiden Aufnahmen. Die Video-Aufnahme mit Celibidache gilt als unübertrefflich, aber die andere Einspielung steht auch auf allerhöchstem Niveau. Übrigens ist auffällig, dass sich die Fachwelt in der Einschätzung dieser Interpretationen, trotz sonstiger Auffassungsunterschiede, vollkommen einig ist. Selbst Kritiker, die Michelangeli distanziert gegenüberstehen, finden an diesen Aufnahmen nichts auszusetzen.

BG: Das kann man wohl auch kaum. Das Gleiche gilt für Rachmaninows *4. Konzert*. Ich finde sehr schön, dass das auch in Russland anerkannt wird. Die Russen sind darin ganz bemerkenswert. Sie wissen um den Rang ihrer auf dem Boden einer wunderbaren Tradition stehenden Ausbildung, aber wenn die Qualität überragend ist, erkennen sie auch Leistungen an, die von dieser Tradition stark abweichen. Wladimir Krainew hat mir von dem Konzert berichtet, das Michelangeli 1964 in Moskau gegeben hat, wo man ihn bis dahin noch nicht gehört hatte. Es ging ihm aber schon ein bestimmter Ruf voraus, so dass sie alle – die Neuhaus-Schüler und viele andere, nahezu die gesamte Moskauer Klavierelite, erwartungsvoll, aber offenbar auch ein wenig skeptisch in das Konzert gingen: „Wollen wir doch mal sehen, was dieser Italiener so macht". Das Programm begann mit der *Chaconne* von Bach-Busoni, und Krainew erzählte mir, schon der erste Akkord habe ihm eine Gänsehaut über den ganzen Körper gejagt. Es ging etwas ganz Besonderes von Michelangelis Spiel aus, und obwohl er praktisch alles anders machte, als man es von der russischen Schule gewöhnt war, lag ihm das Publikum zu Füßen. Und so wurde dort auch respektiert, wie er Rachmaninow interpretiert hat: „Wir können das nicht besser."

JK: Mit dieser Offenheit wurden in Russland auch die Auftritte Glenn Goulds und Rubinsteins aufgenommen, die teilweise dokumentiert sind. Mein russischer Lehrer, der Neuhaus-Schüler und großartige Pianist Leonid Brumberg, berichtete darüber. Brumberg schätze übrigens die Busoni-Bearbeitung der Bach'schen *Chaconne* nicht besonders, sie hat seiner Meinung nach nichts mehr mit Bach zu tun…

BG: Das ist jedenfalls etwas ganz anderes als die Brahms-Bearbeitung…

JK: … aber er fügte im gleichen Atemzug hinzu: „Kennen Sie die Aufnahme von Michelangeli? So geht es." Voller Respekt.

BG: Schön, ja. Das müssen damals wunderbare „künstlerische Zellen", besonders in Moskau und auch in St. Petersburg gewesen sein, mit Menschen von wahrhaft offenem Geist. Die haben damals schon Debussy gespielt und unterrichtet und keinerlei Berührungsängste gehabt, während er anderswo noch als blasser, langweiliger Impressionist abgestempelt war.

JK: Ihre treffende Formulierung, Michelangelis Spiel habe den Eindruck vermittelt, als besäße jeder Finger sein eigenes Gehirn, erinnert mich an meinen eigenen Unterricht. Mein wunderbarer italienischer Lehrer Luciano Ortis, der einige Unterrichtsstunden von Michelangeli erhalten hatte, erwähnte ebenfalls diese Technik, bis ins Endglied des Fingers hinein eine vollständige Kontrolle auszuüben, und er schulte das Bewusstsein davon, wie der Ton auch während des Drückens der Taste noch durch eine kleine Bewegung der Fingerspitze beeinflusst und geformt werden kann.

BG: Ich war sehr dankbar, dass Michelangeli darüber nicht theoretisch doziert hat, sondern es beim Vorspiel zeigte. Ich glaube, ich war auch gerade noch jung genug, um solche Dinge intuitiv aufzunehmen. Dadurch verbindet sich die Beobachtung sofort mit dem klanglichen Ergebnis, man sieht und hört gleichzeitig, und das überzeugt doppelt. Manchmal hat er mein Handgelenk heruntergedrückt. Er hat natürlich sofort bemerkt, dass ich ziemlich weiche Finger hatte, als Achtzehnjähriger, und sagte – ich erwähnte das schon: „mani di burro!“ Wenn er auf die Hand drückte, gab es nicht viel Widerstand in den Knöcheln. Ich konnte damit irgendwie zurechtkommen, der Klang war trotz allem ganz gut, aber prinzipiell war das nicht ideal. Außerdem stand das Handgelenk ein wenig zu hoch, die Energie wurde nicht optimal übertragen. Es dauerte eine Weile, bis wir uns verstanden: Er verlegte das Energiezentrum weiter nach vorne, so dass der Körper und der Arm ruhiger wurden. All das habe ich weniger durch Sprechen und Erklären als durch sein Vormachen aufgenommen. Und ich habe natürlich viele Konzerte von ihm gehört und ihn dabei genau beobachten können. – Er hat also die Handgelenksstellung korrigiert, und mit der Zeit wurden auch die Knöchel stärker. Ergänzend empfahl er mir Übungen, und ich habe mich daraufhin mit den technischen Studien von Pischna beschäftigt.

JK: Also ist es kein Gerücht, dass er diese Übungen wirklich empfohlen hat. Ich hörte davon schon früher.

BG: Ja, das kann ich bestätigen.

JK: Hat er gezeigt, in welcher Art *Pischna-Übungen* geübt werden sollten?

BG: Nein, damit hat er mich allein gelassen, aber ich habe diese Übungen gemacht. Ich weiß natürlich auch, dass es sehr gefährlich sein kann, die *Pischna-Exerzitien* zu spielen – man muss das wirklich sehr gut kontrollieren.

JK: Natürlich, weil solche sogenannten Fesselübungen, in denen auch die unbeteiligten Finger bestimmte Tasten drücken und festhalten müssen, schnell zu Verspannungen führen können.

BG: Richtig. Aber es gab, wie er so schön sagte, einfach zuviel „Butter“ in meiner Hand. In einem solchen Fall sind die *Pischna-Übungen* nützlich, für andere Problemlagen gibt es geeignetere Studienmaterialien. Mit den *Dohnányi-Studien* habe ich mich übrigens auch befasst. – Ich bin mir nicht ganz sicher, inwieweit Michelangeli die Gefahren der *Pischna-Übungen* bewusst waren. Er hatte ja eine begnadete Hand, die wahrscheinlich überhaupt nicht kaputt zu kriegen war durch solche Übungen, aber ich kenne Hände, für deren Ausbildung ich dieses Material nur mit größter Vorsicht einsetzen würde. Doch ich selbst habe es ganz gerne verwendet, weil es etwas in den Fingern weckte, was noch geschlummert hatte: dieses „Fingerbewusstsein“, das sich auch verband mit einer Art „selektivem Tonbewusstsein“, das „Gehirn in jedem Finger“ – so wichtig für die Polyphonie, aber auch für Akkorde, vielschichtige Harmonien.

JK: Nicht zuletzt ist *Pischna* natürlich sehr gut ist für die Stärkung der Finger.

BG: Und gut gegen den „Leim zwischen den Fingern“, von dem schon Philipp Emanuel Bach schrieb…

JK: … sowie für das Erreichen hoher Geschwindigkeiten, wenn man die Übungen nämlich nicht nur im vorgeschriebenen, relativ langsamen Tempo belässt, sondern auch als Herausforderung versteht, die Geläufigkeit zu verbessern, und sie entsprechend schneller angeht.

BG: Einmal hat Michelangeli mir einen Brief geschrieben mit Anregungen: „Es ist dem Herrn Goetzke, Bernd, sehr zu empfehlen, folgende Übungen…“ usw. Clementis *Gradus ad Parnassum* gehörte übrigens auch dazu. Sonst duzte er mich ja, aber hier wurde er richtig offiziell.

JK: Diese Sammlung kannte er sicher noch sehr gut aus seiner eigenen Studienzeit – die *Clementi-Etüden* spielten ja in der italienischen Ausbildung seit jeher eine große Rolle und tun es wohl auch heute noch.

BG: Ganz bestimmt, aber er wusste auch ganz genau, was er tat, wenn er diese Übungen vorschlug. Manchmal hat er dabei verschiedene Aufgaben kombiniert. Es gibt eine *Clementi-Übung* mit gebrochenen Oktaven, die ich gleichzeitig zur Schulung des Pedalspiels verwenden sollte: eine Oktavenstudie als Übungsgrundlage für sehr schnelle Pedalwechsel. Und dabei raunte er: „Wer diese *Clementi-Übung* nicht gemacht hat, kann das Pedal nicht richtig benutzen.“

JK: Gab es bestimmte Etüden, die er jedem seiner Schüler aufgegeben hat, oder wurden stets individuell ausgewählte Übungen eingesetzt?

BG: Michelangeli hat immer danach entschieden, was in einer bestimmten Lernphase erforderlich war, und dann beobachtet, ob sich dadurch etwas weiterentwickelte. Wenn das der Fall war, wurde das Thema nicht weiter angesprochen. Es war ja auch so, dass ich, obwohl ich noch recht jung war, schon relativ viel zu spielen hatte. Er hat mir deshalb keine Stücke aufgegeben, sondern gefragt, welches Programm ich spielen möchte, und sich darauf konzentriert. Er empfahl mir jedoch ganz allgemein, die Musiktheorie besser verstehen zu lernen und sehr gründlich zu studieren, und das habe ich daraufhin auch gemacht. An der Hochschule hatte ich mich mit der Theorie nicht so intensiv beschäftigt und schon nach drei oder vier Semestern die Abschlussprüfung in diesem Fach abgelegt, aber ich habe mir Vieles im Selbststudium angeeignet, wie eigentlich in allen Fächern. So habe ich mich in die funktionelle Harmonielehre hineingedacht und autodidaktisch sogar den Kontrapunkt nach Fux durchgenommen. Ich weiß, dass das heute kaum noch gemacht wird, viele finden das nicht mehr wichtig, halten es für verstaubt. Mich erfüllen diese alten Lehren mit größtem Respekt. Das hat Michelangeli ausgelöst: „Technik und Theorie haben jetzt Vorrang!“ Er selbst hat übrigens auch ein bisschen komponiert.

JK: Sie erwähnten, dass Sie schon während Ihrer frühen Zeit bei Michelangeli zahlreiche Auftritte zu absolvieren hatten. Nun stellt das öffentliche Spiel eine ganze Reihe besonderer Anforderungen. Wurden Sie darauf gezielt vorbereitet?

BG: Als Siebzehnjähriger wusste ich noch gar nicht, wie man mit dem Klang in einem großen Saal umgehen muss. Ich habe zu Hause immer nur an einem kleinen Klavier geübt. In der Hochschule hatte ich zwar öfter an einem Flügel Unterricht, und ich spielte häufiger in öffentlichen Musizierstunden, aber ich hatte kein Instrument zur Verfügung, das mich regelmäßig gefordert hätte. Daher stellte das ganz andere Spiel in einem Konzertsaal eine gewisse Zeit lang ein Problem dar, mit dem ich mich auseinandersetzen musste. Ich erinnere mich in diesem Zusammenhang an eine besondere Herausforderung: Ich war neunzehn Jahre alt, als ich den Deutschen Hochschulwettbewerb in München gewann.

JK: Waren Sie damals an der Hochschule noch eingeschrieben?

BG: Ja, ja, ich blieb bis zum Konzertexamen in Hannover eingeschrieben, habe dort jedoch ab dem 21. Lebensjahr eigentlich keinen Unterricht mehr genommen. – Als erster Preisträger des Wettbewerbs musste ich Beethovens *G-Dur-Konzert* spielen, mit dem ich mich früher zwar schon beschäftigt hatte, auf das ich aber in dieser Situation nicht vorbereitet war. So musste ich das Stück in kürzester Zeit einstudieren, und in der Aufführung wurde mir bewusst, welche Anstrengung es bedeutet, ein solches Werk in einem großen Saal auf einem Steinway-D-Flügel zu spielen. Ich war damals noch nicht lange bei Michelangeli, die Stärkung meiner

„Butterfinger“ war noch nicht abgeschlossen, und ich war auf diese Situation noch nicht wirklich gut vorbereitet. Michelangeli selbst konnte wie kaum ein anderer mit einem Raum umgehen, er konnte einen Flügel auch in einem Riesensaal zum Klingen bringen. Selbst solche grundsätzlich natürlich vollkommen zu recht hoch gerühmten Aufnahmen wie diejenigen der *Debussy-Préludes* können dieses einmalige Klangbild nicht hinreichend wiedergeben, das Erlebnis im Konzert war ungleich stärker, der Klang wesentlich reicher.

JK: Das habe ich auch so empfunden, aber dennoch lässt sich anhand dieser Aufnahmen viel lernen. Ich denke dabei besonders an die Video-Aufnahmen, unter denen Sie, wie ich weiß, die Einspielung von Chopins *Andante spianato et grande polonaise brillante op. 22* besonders schätzen.

BG: Ja, diese Aufnahme ist wunderbar.

JK: In der Video-Version des ersten Bandes der *Debussy-Préludes* hat man das Gefühl, dass nicht nur jede Figur und jeder Klang, sondern beinahe jede Note mit einer ganz eigenen Anschlagstechnik behandelt wird.

BG: Ja, natürlich. Michelangeli verfügte über ein außerordentlich großes Arsenal an Anschlagsbewegungen. Und er verharrte nicht in einer Position, sondern gestaltete ganz flexibel aus einem organischen Bewegungsfluss heraus.

JK: Dabei kam auch manches vor, was in der Klavierstunde streng verboten ist…

BG: Ja, wie er sich z. B. immer wieder vom Klavier löste, um bereit zu sein für den nächsten, oft ganz anderen Klang. Aber noch einmal zum Stichwort „Flexibilität“: Hierzu zähle ich auch seine Art, den Bogenwechsel von Streichern auf das Klavier zu übertragen, also Aufstrich-Abstrich. Er schrieb mir immer mal diese Zeichen in die Noten. Und damit verbanden sich dann zwei entgegensetzte, aber zusammengehörige Bewegungen, z. B. bei der Verbindung eines Auftaktes mit einem Taktschwerpunkt. Das kommt heute in meinem Unterricht auch noch täglich vor, gerade bei einem Komponisten wie Beethoven, der seine Bögen so bewusst und oft so „streichertypisch“ gesetzt hat.

JK: Ich möchte noch einmal auf die Initialerfahrung in der ersten Stunde zurückkommen. Sie haben beschrieben, dass Sie sofort mit Michelangelis musikalischer Sichtweise konfrontiert und davon überrascht worden sind. Was war darüber hinaus das Besondere?

BG: Ich machte die gleiche Erfahrung wie viele andere junge Talente in diesem Alter: Ich musste mir einfach eingestehen, dass ich doch nicht das unantastbare

Genie war, für das ich mich nicht ungern gehalten hätte, sondern dass ich noch ganz viel zu lernen hatte und dass dieser Mensch etwas davon wusste. Das habe ich mir zähneknirschend eingestanden, doch gleichzeitig begann ich, mich wahnsinnig auf die jeweils nächsten Stunden zu freuen, in denen ich dann alles begierig aufgesogen habe, was er mir vermittelte.

JK: Mit einem Schlag war alles wie verwandelt?

BG: Mit einem Schlag öffneten sich neue Räume, ja.

JK: Wie ist Michelangeli mit seinen Schülern umgegangen?

BG: Das war sehr unterschiedlich. Zu einigen Schülern war er stets ausgesprochen nett und freundlich, mit anderen ging er strenger um. Ich weiß, dass er auch mal ziemlich grob werden konnte, vermutlich besonders dann, wenn er sich im Unterricht hilflos zu fühlen begann, weil sich einfach nichts bewegte. Mir gegenüber fühlte er sich offenbar in fast väterlicher Weise verantwortlich. Am ersten Tag hatte ich bis zum Abend geübt, meine Noten rechts und links in hohen Stapeln auf dem Flügel liegen gelassen und den Flügel auch nicht zugemacht. Als ich am nächsten Morgen kam, war der Flügel geschlossen, und die Noten lagen auf dem Boden. Das war eine kleine erzieherische Maßnahme, die er später aber mit keinem Wort kommentiert hat. – Nach einiger Zeit erkrankte ich – ich bekam einen richtigen Kreislaufkollaps, weil ich so viel geübt hatte wie noch nie zuvor in meinem Leben. Es war unheimlich heiß, und um Geld zu sparen, bin ich jeden Tag von der Stadt, wo wir alle in einem Hotel wohnten, bis fast nach Castagnola, wo der Unterricht in der Villa Heleneum am See stattfand, einige Kilometer zu Fuß gelaufen. Am Essen habe ich auch gespart, und so habe ich in diesem Sommer zehn Kilo abgenommen. Michelangeli ließ einen Arzt aus Locarno kommen. Die Ärzte in Lugano kannte er nicht, er traute ihnen nicht, aber er kannte einen in Locarno, und der musste nun zu mir kommen. Der Arzt kam in mein kleines Hotelzimmer, untersuchte mich, stellte die Diagnose „esaurimento nervoso", also nervöse Erschöpfung, verordnete mir eine Pause und verbot mir zu üben. Michelangeli riet mir: „Am besten, du fährst eine Weile zu deinen Eltern zurück". Er war offensichtlich in Sorge und fühlte eine gewisse Verantwortung für mich. Ich blieb dann doch, bis ich mich wieder erholt hatte, und wir setzten die Arbeit fort. Mitunter kam es auch zu komischen Situationen. Ich hatte ein herrliches Zimmer in dieser Villa am Luganersee. Es gab ein riesiges Terrassenfenster mit Blick auf das Wasser. Wie ich vorhin schon sagte, stand mir ein sehr guter, kleiner Petrof-Flügel zum Üben zur Verfügung, an dem ich den ganzen Tag arbeiten konnte. Unter den 19 aufgenommenen Schülern waren 17 Mädchen und zwei Jungs, die auf verschiedenen Etagen übten. Die 17 Mädchen mussten oben in engen Räumen auf Klavieren spielen, und wir beiden Jungs hatten im unteren Geschoss zwei

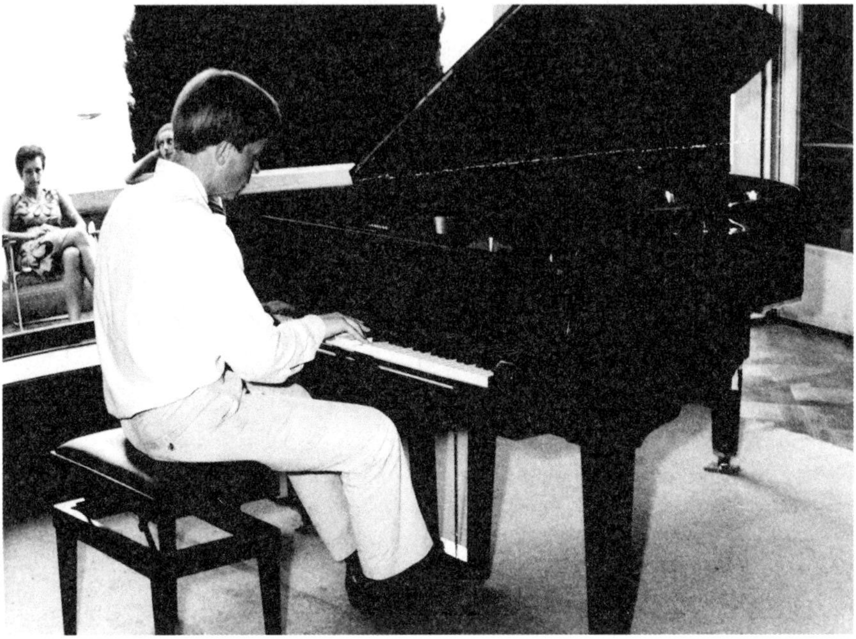

wunderbare große Zimmer, in denen Flügel standen, natürlich ein ganz inakzeptables Privileg, aber es ging nicht anders: Mädchen und Jungen sollten halt streng getrennt bleiben. Aber in der Mittagspause kamen die Mädchen von oben herunter und räkelten sich im Bikini auf der Terrasse, direkt vor meinem Fenster. Bei einer solchen Gelegenheit kam Michelangeli ins Zimmer gestürmt, sah das, ließ die Jalousie herunter und sagte: „Non siamo venuti per fare la dolce vita" – „Wir sind nicht gekommen, um dolce vita zu machen!"

JK: Das akribisch genaue Arbeiten, das Michelangeli eingefordert hat, kann mitunter dazu führen, dass das Spiel plötzlich akademischer wird, weniger emotional. Einerseits verbessert sich durch das peinlich genaue Studium einer Komposition im Allgemeinen das Werkverständnis, doch gleichzeitig kann eine gewisse innere Distanz zur Musik, eine geringere Unmittelbarkeit des musikalischen Erlebens die Folge sein. Wenn dieses Stadium überwunden ist, entsteht meistens das Gefühl, auf einem höheren Niveau angelangt zu sein, doch der Weg dahin ist oft sehr steinig. Sie haben bei verschiedenen Gelegenheiten auf diese Zusammenhänge hingewiesen. Wie hat Michelangeli diesen meist etwas längeren Prozess gesteuert? Ist Ihnen das damals bewusst geworden, können Sie sich daran erinnern?

BG: Ich denke, er hat das allmählich wachsen lassen. Er hat sich, anders als Kämmerling, immer gescheut, große Worte zu machen, etwa über „die hehre Kunst", einfach wissend, dass die Worte, was immer man sagt, doch bald an Grenzen stoßen. Und sagt man ein Wort, schließt man eine Million anderer Worte aus. Ich glaube, das war eine heilige Scheu, zuviel über das Wort zu gehen, obwohl er es gekonnt hätte. Mir selbst ist es auch nicht selten fast peinlich, mich der Musik durch das Wort aufzudrängen, schon damals war das so. Deshalb hatten wir beide immer den Wunsch, ganz dicht am Text zu bleiben, und vieles hat sich dadurch beinahe von selbst entwickelt, ist auf ganz natürliche Weise gewachsen im Laufe der Jahre, in den Stunden, die wir miteinander verbracht haben und in denen wir die Musik vieler Epochen und eine große Zahl an Werken miteinander durchgegangen sind. Ich glaube nicht, dass er einen präzisen methodischen Plan hatte, wie er mit mir umgehen wollte. Ich schätze es eher so ein, dass er intuitiv ein sehr genaues Gespür für den jeweils erforderlichen nächsten Schritt besaß. Dieser Schritt wurde dann konsequent, aber ruhig vollzogen, ohne etwas zu erzwingen. Und Michelangeli hätte niemals etwas gemacht, wofür nicht zuvor die Grundlagen gelegt worden wären. Auch ich ärgere mich immer, wenn ich sehe, dass Schüler versuchen, notwendige Grundlagen einfach zu überspringen. Das rächt sich meistens später.

JK: Das Bild, das Sie von Michelangeli zeichnen, unterscheidet sich in vieler Hinsicht deutlich von der Sichtweise mancher Kritiker, die in ihm vor allem den kalten Perfektionisten erkennen wollen.

BG: Diesen Vorwurf kenne ich natürlich. André Tchaikowsky beispielsweise mochte Michelangeli gar nicht. Als ich an seinem Kurs teilnahm, kannte ich Michelangeli noch nicht, aber ich erinnere mich, dass Tchaikowsky ihn ein Jahr, bevor ich zu Michelangeli kam, erwähnte. Er sagte, ich glaube in Zusammenhang mit einem Stück, das sie beide spielten: „Dieser Michelangeli ist ein kalter Fisch, der spielt immer gleich." Das hörte man ja immer wieder einmal. Genaues Hinhören lehrt uns natürlich etwas anderes.

JK: Dieser Vorwurf des starren Festhaltens am einmal erarbeiteten Konzept wurde auch von einem Teil der Kritik immer wieder geschürt, aber in vielen Fällen wird er durch den Vergleich verschiedener Aufnahmen des gleichen Werkes widerlegt. Beispielsweise hat Michelangeli das Tempo in Debussys „Reflets dans l'eau", dem ersten Stück der *Images*, zu verschiedenen Zeiten durchaus unterschiedlich genommen. In anderen Werken dominiert über Jahrzehnte hinweg zwar die ursprünglich gewählte Grundkonzeption, aber die Veränderung einer Fülle von Details überrascht doch immer wieder. Ganz sicher wurde die Bildung von Vorurteilen dadurch begünstigt, dass Michelangeli in den Interpretationen seiner späteren Jahre einer Neigung zu klassizistisch stilisierter Gestaltung frönte, die öfter in einer marmornen Strenge ihren Niederschlag gefunden hat, und natürlich spielt dabei auch der Umstand eine Rolle, dass er insgesamt wesentlich weniger Werke als viele seiner berühmten Kollegen aufgenommen hat, dafür andererseits bestimmte Stücke besonders häufig. Doch gilt es zu berücksichtigen, dass es sich bei vielen der im Handel kursierenden Aufnahmen nicht um Studioproduktionen, sondern um Konzertmitschnitte handelt – insofern ist es nicht sonderlich überraschend, dass etliche Werke in zahlreichen Versionen vorliegen. Von Alfred Brendel, der freilich ein wesentlich umfangreicheres Repertoire eingespielt hat, liegen die *Beethoven-Konzerte* in gleich vier Gesamteinspielungen vor, die sich merklich voneinander unterscheiden; dazu kommen Rundfunk- und Fernsehmitschnitte von Auftritten in Konzerten und bei Festivals. Dass ein Pianist sein Repertoire mehrmals aufnimmt, ist also keineswegs eine Seltenheit.

BG: Ja, auch Michelangeli war eben keine Maschine. Es gab Entwicklungen und Veränderungen.

JK: Es ist weithin bekannt, dass sich Michelangeli mit dem Instrument Klavier und seiner Mechanik außerordentlich intensiv auseinandergesetzt hat und über ein auch für Pianisten ungewöhnlich breites und tiefgehendes Fachwissen in Fragen des Klavierbaus verfügte. Spielte das im Unterricht eine Rolle, ist er auf die Bedeutung der Intonation und der Regulierung der Mechanik für die Interpretation eingegangen?

BG: Nein, und unsere Unterrichtsflügel waren manchmal sogar ausgesprochen schlecht. Michelangeli ließ aber nicht zu, dass man Entschuldigungen beim Instrument suchte.

### *Bei der Arbeit: Werkbetrachtung, Unterrichtsverlauf, pianistische Praxis*

JK: Sie sprachen von Michelangelis akribisch genauer Werkbetrachtung. Wurden die behandelten Kompositionen auch unabhängig vom Instrument, gleichsam mit den Augen eines Komponisten oder Theoretikers, analysiert, oder stand sofort die klangliche Realisation im Vordergrund?

BG: Beides wurde im Laufe des Unterrichts organisch miteinander verbunden. Der Unterricht begann immer mit dem Vorspiel. Michelangeli ließ sich grundsätzlich einen substantiellen Teil des jeweiligen Stückes vorspielen; anschließend wurde das Werk dann von vorne gründlich durchgegangen.

JK: Grundsätzlich von vorne, oder wurden gelegentlich auch einmal schwierige Stellen vorab herausgenommen und besprochen?

BG: Nein.

JK: Eine systematische, vom Anfang bis zum Ende fortschreitende Erarbeitung, Stelle für Stelle geduldig aus verschiedenen Blickwinkeln beleuchtend?

BG: Ja. Dann kommt man ja auf alles.

JK: Sie haben in einem Rundfunkinterview gesagt, er sei in der Art und Weise seines Unterrichtens sehr flexibel gewesen, manchmal habe er sogar getanzt.

BG: Ja, einmal hat er mir einen Ländler vorgetanzt.

JK: Sie betonten besonders, er habe ganz instinktiv auf die jeweilige Situation reagiert und zu erspüren versucht, wohin der nächste Schritt zu setzen sei.

BG: So schätze ich das ein. Er setzte da an, wo er die Schwäche herausspürte, die als allererste bekämpft werden musste, um einen Schritt weiterzukommen. Immer war sein Blick vor allem auf die Grundlagen gerichtet.

JK: Hatten Sie das Gefühl, dass er im Unterricht methodisch variabel auf die individuellen Probleme des Schülers einging, oder hat er nach einem bestimmten, feststehenden Modell gearbeitet, dem er regelmäßig gefolgt ist?

BG: Sein Vorgehen im Unterricht variierte nicht sehr stark. Ich weiß natürlich nicht, wie er bei anderen Schülern vorgegangen ist. Wir hatten ja ausschließlich Einzelunterricht, ohne Zuhörer. Meine Stunden verliefen eigentlich immer ähnlich: Ich spielte erst einmal etwas vor, bei einer Sonate z. B. den ersten Satz oder dessen Exposition oder bei Debussys *Estampes* die „Pagodes". danach ging es wieder von vorne los. In Beethovens *Sonate op. 111* wollte er aus irgendeinem Grund jedoch den zweiten Satz zuerst hören. Ich weiß nicht genau, warum – wahrscheinlich, weil es ihm so wichtig war – ich habe die Noten noch, er hat das mit Bleistift hineingeschrieben –, dass die Variationen in *einem* Tempo gespielt werden. Er

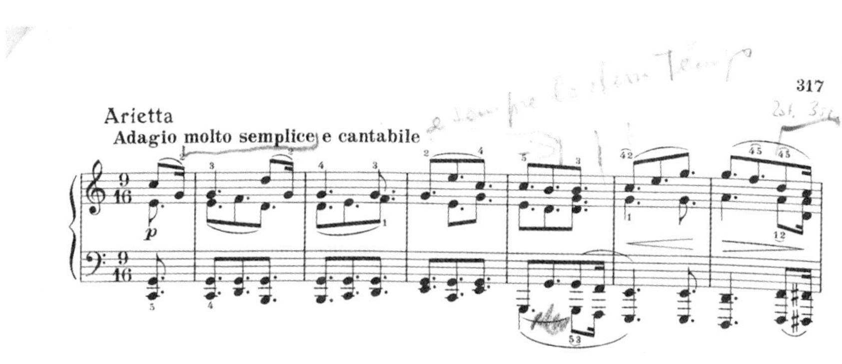


Beethoven, *Sonate c-Moll op. 111*, 2. Satz: „…e sempre lo stesso tempo"

wollte wohl erst einmal geklärt wissen, dass in der zweiten Variation nicht gilt: „Sechzehntel gleich Sechzehntel", sondern: „Takte bleiben Takte". Er forderte mich auf, den zweiten Satz zu spielen, und schon nach kurzer Zeit merkte er an: „e sempre lo stesso tempo". Das hat er dann schräg oben drüber geschrieben. Auch nannte er dieses Adagio ein „quasi Andante". Man muss ja bei einer *Arietta* auch mit seinem Atem auskommen…

JK: Haben Sie auch *op. 109* bei ihm durchgenommen?

BG: Nein.

JK: In dieser *Sonate* gibt es ebenfalls eine umstrittene Stelle, an der sich die Bewegung ändert.

BG: Da muss man an mehreren Übergängen gut achtgeben. Sie meinen das Tempo der letzten Variation? Michelangeli hätte sie garantiert im Tempo des Themas gespielt.

JK: Es geht um den Übergang in der letzten Variation. Achtel gleich Achtel, wie es in einigen älteren Ausgaben steht?

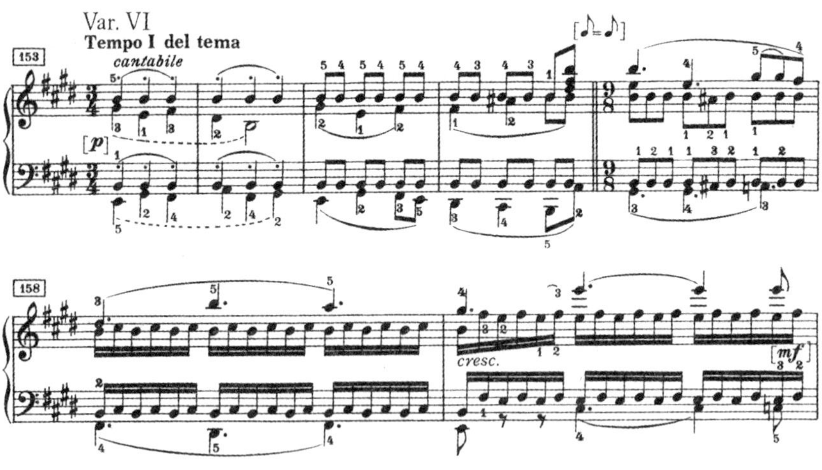


Beethoven, *Sonate E-Dur op. 109*, 3. Satz, Variation VI

BG: Nein, auf keinen Fall Achtel gleich Achtel. Was ist denn das für eine Ausgabe?

JK: Die ist von Arrau.

BG: Ach! Das wäre nie möglich gewesen bei Michelangeli, er hätte den Puls immer beibehalten: Die punktierten Viertel entsprechen den Vierteln davor.

JK: Ich bin der gleichen Auffassung, aber interessanterweise ist Arrau nicht der einzige, der eine abweichende Meinung vertritt. Bei Schnabel finden wir das auch. Er äußert sich dazu ausführlich in seiner Ausgabe der Beethoven-Sonaten und bezeichnet die traditionelle Lehre als „zu starr“ (Schnabel:215).

BG: Es wird natürlich ein bisschen unbequemer, wenn man das Tempo hält…

JK: Diese Überlegung dürfte für Arrau allerdings keine Rolle gespielt haben. Er hatte keinen Grund, sich diese Stelle technisch zu erleichtern.

BG: Nein, natürlich nicht. Woher mag das dann kommen? Ich habe es schon beobachtet, dass auch große Künstler manchmal nicht zweifeln können oder wollen an dem, was sie in der Jugend von einem charismatischen Lehrer gelernt haben. Vielleicht ist dies ein solches Beispiel? – Und interessant ist es doch, dass Schnabel – wie Michelangeli – in der „Arietta“ von *op. 111* „Takte bleiben Takte“ sagt, während er in *op. 109* „Achtel bleiben Achtel“ empfiehlt, wobei ihn auch die Rückkehr zur ursprünglichen Taktart, ¾-Takt, wieder mitten im Takt, die nach wenigen Momenten mit der Rückkehr zu geradzahligen Notenwerten erfolgt, nicht davon abbringt. Ich wundere mich darüber. Für mich sind diese „Änderungen“ der Taktarten nur Notbehelfe der Notation, vor allem hilfreich für den Komponisten, um sich im Dschungel der kleinen und kleinsten Notenwerte noch zurechtzufinden, nicht hier Triolen und dort Duolen einbauen zu müssen, und hilfreich auch für den dechiffrierenden Spieler.

JK: Es ist immer sehr instruktiv, verschiedene Ausgaben zu vergleichen. Arraus Beethoven-Edition benutze ich grundsätzlich sehr gerne, weil dieser große Interpret immer wieder Fingersätze vorschlägt, die vom Üblichen deutlich abweichen, aber oft sehr gut funktionieren und insbesondere in den meisten Fällen besonders bühnentauglich sind. Arrau hat nicht von ungefähr bis ins hohe Alter hinein ungewöhnlich sauber gespielt, was wohl nicht nur auf seiner hervorragenden Technik beruhte, sondern eben auch auf einer klug gewählten Applikatur.

BG: Er liebte z. B. die Aufeinanderfolge des 3. und 5. Fingers, unter Auslassung des vierten.

JK: Nicht nur das. Er empfiehlt immer wieder Fingersätze, auf die andere Pianisten nie kommen würden – ganz ungewöhnliche Kombinationen, die stets musikalisch motiviert sind, aber eben auch bei größerer Nervosität in einer Konzertsituation gut funktionieren.

BG: Das glaube ich gerne. Und was er sehr schön gemacht hat, ist sein Umgang mit den oft etwas unklaren Crescendi und den Subito-Piano-Stellen. Darin liegt ja die Weisheit einer jahrzehntelangen Erfahrung.

JK: Sie meinen das umringelte „s", das die bei Beethoven häufigen Subito-Piano-Wirkungen graphisch unterstreicht, und seine Ratschläge, wie weit ein Crescendo geführt werden soll. Diese Hinweise hat Arrau in eckige Klammern gesetzt, so dass der Urtext stets erkennbar bleibt.

BG: Ja. Es ist eine künstlerisch sehr wichtige Entscheidung, wie man solche Crescendi gestaltet, ob sie nämlich bis zum Fortissimo gesteigert werden sollen oder nur bis ins Mezzoforte führen. Studenten gehen oft automatisch bis an die äußerste Grenze, was aber keineswegs immer nötig ist.

JK: Sie wiesen darauf hin, dass Michelangeli bei seinen Erklärungen mit Worten sparsam umging und eher vorgespielt als erläutert hat. Gab er denn zumindest assoziative Anregungen, hat er zur Verdeutlichung seiner Absichten Bilder benutzt?

BG: Ja, das schon. Bei der Behandlung einer Schubert-Sonate erfand er aus dem Stegreif eine Geschichte, um mir die Bedeutung eines Trugschlusses zu vermitteln. Mir gefiel daran, dass er gerade bei Schubert auf eine so persönliche Sichtweise kam. Einer derart persönlichen Darstellung hätte er sich bei Debussy nicht bedient. Da hätte er sich auf die Erwähnung der Naturphänomene beschränkt, wäre bei dem Licht, der Sonne, dem Mond und dem Wasser geblieben, aber bei Schubert bezog er sich auf eine persönliche Erlebnissphäre, improvisierte eine kleine Geschichte, betonte das psychologische Moment.

JK: Viele Pianisten dürften sich dafür interessieren, welche Lösungsmöglichkeiten Michelangeli für technische Problemstellen angeboten hat. Empfahl er neben den *Pischna-Studien* andere technische Übungen? Hat er technische Tricks vermittelt, spezielle Bewegungsabläufe demonstriert?

BG: Das hat er, wobei er sich wiederum überwiegend des Vorzeigens bediente. Ein Beispiel: Wenn tiefe Basstöne und Akkorde im mittleren Register sich in rascher Folge abwechseln, geraten viele Spieler leicht in Panik, was zu Fehlern oder Verkrampfungen führen kann. Dazu gab er den Ratschlag: „Den Weg nach unten denk dir weg, den gibt es gar nicht. Es gibt nur den Weg nach oben."

JK: Diese Vorstellung ist eine große Hilfe, aber mir scheint, dass sie bereits Allgemeingut ist, genau wie die beiden möglichen Denkweisen bei gebrochenen Terzen.

BG: Sie meinen das Umschichten. Man kann sich etwa die Tonfolge g-e, f-d, e-c als Terzgang vorstellen, aber auch als Sekundbewegung g, e-f, d-e, c usw. Nochmal zum „Allgemeingut“: Man mag noch so viel wissen – Überhastung und dieses „Erzwingen-Wollen“ müssen doch immer wieder bekämpft werden. Yoko Kono schilderte mir, dass Michelangeli die Oktaven der *Chopin-Fantasie* niemals panisch und überhastet geübt hat, sondern den Spitzenton immer kurz vorbereitete. Das galt im Grunde für alle Sprungstellen, ob in den *c-Moll-Variationen* von Beethoven oder den *Paganini-Variationen* von Brahms: Die Bewegung führte unmittelbar weg vom Ausgangston und rasch zur Zielnote, die aber stets ein wenig vorbereitet wurde. Von Bedeutung ist hier auch noch die Wahl der Energiequelle: Wenn man sich z. B. aus den Fingern vom Ausgangsklang wegkatapultiert und für den Zielklang eine andere Quelle wählt, sagen wir: den ganzen Arm, kann dieser Wechsel zu einer runderen Gesamtbewegung, einer angenehmeren, sogar eleganten Verbindung führen. Wechselnde Energiequellen: ein wichtiger technischer Aspekt.

JK: Dieses Verfahren, bei Sprüngen vor dem Zielton ein wenig abzuwarten und erst leicht verspätet weiterzuspielen, hat Michelangeli relativ exzessiv auch in seinen Aufnahmen angewandt. Es wirkt manchmal sehr überzeugend, bisweilen aber auch recht manieriert. Handelt es sich immer um eine künstlerische Absicht, oder ist diese Spielweise doch eher einem ins Extreme gehenden Perfektionsanspruch geschuldet?

BG: Ja, ich denke schon, dass es dabei um die Treffsicherheit und die Vermeidung eines unnötigen Risikos ging. Michelangeli hatte es nicht nötig, durch irgendeinen riskanten Schwung eine besondere Wirkung hervorzuzaubern. Manche Pianisten legen solche Passagen auf den Effekt hin an, wodurch ihr Spiel eine zirzensische Qualität gewinnt. Wenn alles gelingt, ist die Wirkung stark, aber es misslingt leider ganz gerne auch einmal.

JK: In einer Video-Aufnahme kann man sehen, dass Michelangeli den Oktavsprung der linken Hand zu Beginn der *Sonate op. 111* auf beide Hände aufteilt. Wie ist er mit diesem Problem der Verteilung grundsätzlich umgegangen? Hat er öfter arrangiert, stand er dieser Methode eher kritisch gegenüber oder hat er seine Entscheidungen und Empfehlungen einfach von den physischen Möglichkeiten der jeweiligen Hand abhängig gemacht?

BG: Letzteres. Die *Sturmsonate* habe ich mit Arrau, Kempff und Michelangeli gearbeitet, und Arrau hasste meine Arrangements.

JK: Er gilt als Dogmatiker der originalen Notation, weil er der Überzeugung war, die vom Komponisten vorgegebene Verteilung sei mehr als eine spieltechnisch praktikable Einrichtung des Notentextes, nämlich Ausdruck einer bestimmten musikalischen Absicht.

BG: Diese Ansicht teilte Michelangeli überhaupt nicht. Er ist in erster Linie von dem klanglichen Ergebnis ausgegangen. Wenn dieses durch ein Arrangement allerdings zu „glatt“ geklungen hätte, hätte er Einwände erhoben. Ich weiß noch, dass ich im zweiten Satz von *op. 90* ein ziemlich überflüssiges Arrangement spielte, in einer Linie der linken Hand zwei Töne rechts übernahm. „No! Solamente colla sinistra.“ Sein Ausdruck dabei signalisierte: „Es ist doch unter deiner Würde, so etwas zu machen.“

JK: Hat er auch an so grundlegenden Details wie den Fingersätzen noch intensiv gearbeitet?

BG: Ja. Er hat Fingersätze auch eingetragen, z.B. schrieb er beim ersten Thema der *Sturmsonate* Fingersätze über die Tremoli und gab an, wie ich das erste Arpeggio spielen soll, nämlich die Portato-Noten alle mit dem dritten Finger. Das bringt eine ganz bestimmte Bewegung mit sich.

JK: Diese Idee hat sich herumgesprochen und findet sich ähnlich auch bei Neuhaus, der für diese Stelle jedoch den Zeigefinger vorschlägt, der besonders sensibel ist. Aber der Mittelfinger ist als Zentrum der Hand hier vielleicht noch angenehmer.

BG: Ich benutzte damals die Ausgabe von Lamond, und da stand 2-3-5. Das hat Michelangeli explizit durchgestrichen und 3-3-3 darüber geschrieben.

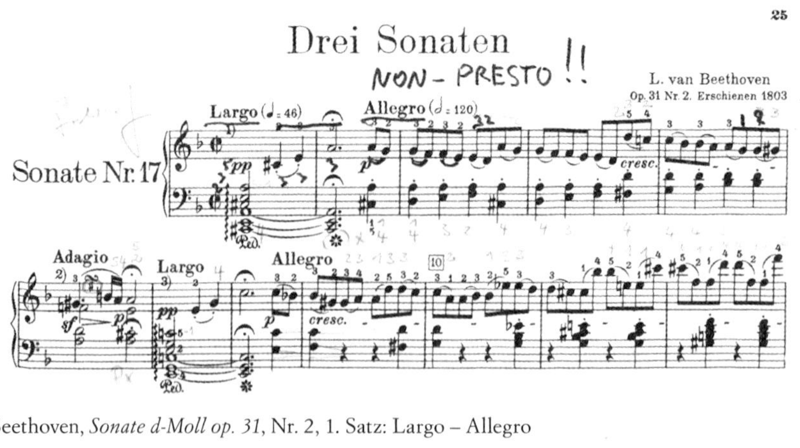


Beethoven, *Sonate d-Moll op. 31*, Nr. 2, 1. Satz: Largo – Allegro

JK: Seine besondere Kunst war das Cantabile. Seine wunderbare Tongebung und die gesangliche Führung der Oberstimme sind oft beschrieben worden. Wie hat er das Cantabile-Spiel vermittelt?

BG: Hier hängt natürlich alles ab von der Wahrnehmungsfähigkeit für kleinste Nuancen, von der Sensibilität des Ohres, und die war ganz sicher bei Michelangeli in höchstem Maße gegeben. Technisch gesprochen: Man taucht bis auf den Tastengrund und verbindet den einen Tastengrund mit dem nächsten, klopft nicht an der Oberfläche herum. Und man muss jeden Ton bis zu seinem Ende hören, seinen „Verlauf" hörend begleiten. Dazu hieß es immer, das müsse sich bewegen, espressivo – poco, più oder molto espressivo! Solche Mahnungen konnte man oft von ihm hören. Ein derartiges Espressivo beinhaltete ein gewisses Rubato, die Dehnung z. B. eines höchsten Tones oder Vorhaltes. Und singen sollte man, ganz viel singen. Beim Üben hat er übrigens selbst oft mitgesungen. Grundlage des Anschlags war ein freier Arm in Kombination mit starken Fingern, die eben imstande sind, eine lückenlose Gestaltung in feinsten Abstufungen zu gewährleisten.

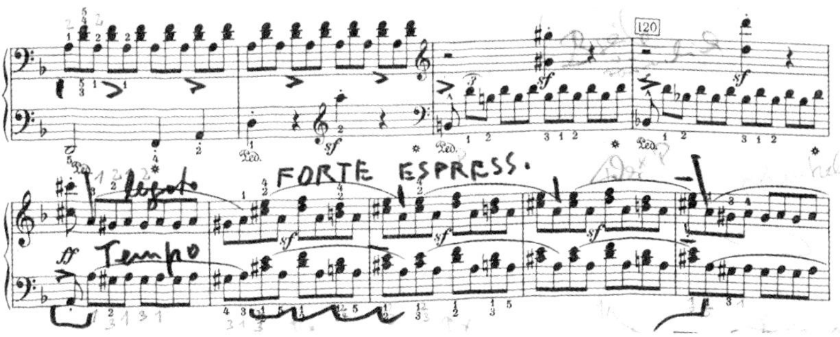


Beethoven, *Sonate d-Moll op. 31*, Nr. 2, 1. Satz: Largo – Allegro, T. 117–125

*…en famille – zwei Wochen in Verona*

JK: Gab es besondere Momente, die im Gedächtnis geblieben sind?

BG: Ich erinnere mich an den Unterricht bei Michelangeli als an eine lange, intensive Strecke von Kommunikation, von sehr ernsthafter Arbeit, die sich mit einer gewissen Stetigkeit durch die Wochen hinzog. Schnelle Lösungen wurden nicht angestrebt. Sie fragen nach den zündenden Momenten, Initialzündungen?

JK: Ja, ich denke an Schlüsselerlebnisse, wie auch ich selbst sie wiederholt erfahren habe.

BG: Eine Erkenntnis, die gewissermaßen explosionsartig in den ersten Stunden über mich hereinbrach: nämlich wie wichtig es ist, ein kleiner Dirigent, ein kleiner Komponist und ein Allroundmusiker zu werden. Mir fielen Schuppen von den Augen, und der damit verbundene Lernprozess wurde gestützt durch die Erlebnisse in jeder einzelnen Stunde. Ich habe Michelangeli im Übrigen nie widersprochen, ich habe nicht mit ihm diskutiert, nachdenken konnte ich ja dann zu Hause. – Manchmal habe ich natürlich nachgehakt. Zum Beispiel in *op. 111.* Da war ich päpstlicher als der Papst; es ging um die Stelle, an der Beethoven ein poco ritenente verlangt, nach dem Neapolitaner (Takt 99), und die Frage war, wie man zurückfindet ins eigentliche Tempo. Michelangeli wollte den Triolenauftakt schon im Tempo haben, eventuell etwas spät kommend, aber doch mit dem gleichen Gestus wie im Hauptthema. Ich wandte ein: „Das *poco ritenente* geht doch bis zum Taktstrich, deshalb müsste der Auftakt eigentlich noch miterfasst sein – könnte er nicht noch gebremst erscheinen?“ Seine Antwort war: „Das kannst du machen, aber das ist dann eine andere Schule!“ Und das kam etwas knurrend… – Sie fragten nach den besonderen Momenten meiner Zeit bei Michelangeli. Das schönste Erlebnis hatte ich ein paar Jahre nach den Kursen. Ich erwähnte ja schon, dass wir uns später nur noch privat trafen, in größeren und unregelmäßigen Abständen. Der Unterricht fand auch nicht immer am selben Ort statt, die Treffpunkte wechselten. Als ich eines Tages zu ihm nach San Bernardo kam, sagte er: „Ich habe hier kein Klavier“. Ich glaube, das stimmte gar nicht, aber er wollte an diesem Ort nicht bleiben. „Wir müssen nach Verona fahren.“ Dort haben wir dann zwei Wochen in einer Familie gelebt.

JK: Beide gemeinsam?

BG: Ja, und seine Partnerin war auch dabei. Sie hieß Marie José Gros-Dubois, eine Französin, die aus Nizza zu ihm gezogen war. Sie lebte bei ihm, unterstützte ihn in allen organisatorischen Dingen und war eine Art Mädchen für alles. Sie war in meinem Alter, hatte eigens seinetwegen Italienisch gelernt und ist bis zum Ende seines Lebens bei ihm geblieben. Mir schien – wenn ich das sagen darf –, dass sie so etwas wie Stabilität in sein Leben gebracht hat. – Damals wohnte er noch in einem Chalet – genauer gesagt war das ein Holzhäuschen, eine Art Datscha – in den Bergen in San Bernardo di Rabbi. Ein Tal in der Nähe von Trento heißt Rabbi-Tal, und in dieser Gegend liegt San Bernardo di Rabbi, der Ort, in dem er lebte. Übrigens hatte er dort ein zweites, leicht versetzt zum Wohnhaus stehendes Gebäude errichten lassen, in dem er übte – Wohn- und Übebereich waren getrennt. Vor einigen Jahren bin ich noch einmal in San Bernardo gewesen. Ich gab einen Meisterkurs in Bozen und fuhr von dort mit meinem Kollegen Andrea Bonatta hinaus, der tief gerührt war, so lange nach Michelangelis Tod herauszufinden, dass sie fast Nachbarn gewesen waren. Ich habe das Haus wiedergefunden, doch mittlerweile sah dort alles anders aus. Wo sich früher eine richtige Alm befunden hatte, standen inzwischen hohe Bäume, der Garten war verwildert, von Unkraut überwachsen, und das Haus schien nicht bewohnt zu sein. – Sein Altersdomizil hatte Michelangeli später in Pura. Dahin ist er wohl vor allem auf Betreiben von Marie José gezogen, die sich um seine fragile Gesundheit sorgte und ihn aus den Bergen herauslotsen wollte, weil von Lugano aus die ärztliche Versorgung besser gewährleistet war. Nach seiner Herzattacke in Bordeaux ist er nur dadurch gerettet worden, dass es dort eine gute Klinik gab, und es wäre nicht auszudenken gewesen, wenn er in San Bernardo einen weiteren Herzanfall erlitten hätte. Wenn ich ihn richtig verstanden habe, wollte er trotzdem nicht so gerne aus den Bergen wegziehen. Er hat sich fast entschuldigt dafür, dass er dort einen Fernseher hatte. Er habe ihn eigentlich nur für Marie José angeschafft, sagte er mir. Ich glaube, er war nirgendwo glücklicher als da oben.

JK: Einen „Mann der Berge" nannte er sich selbst.

BG: Ja, so hat er sich bezeichnet. – Wir drei sind also eines Tages mit seinem Range Rover von San Bernardo nach Verona gefahren. Er wollte nicht zu Hause arbeiten, sondern mit uns lieber in einer Familie leben, in der jemand anderer kocht, wo man lockerer ist und mehr Zeit hat für alles Mögliche. So sind wir zu der mit ihm befreundeten Familie Faes gefahren, die ein Klaviergeschäft führte. Übrigens erzählte er mir auf dieser Fahrt die Hintergrundgeschichte von Beethovens *Sonate op. 90*, nachdem ich ihm gesagt hatte, dass ich diese nun mit ihm arbeiten wolle. Er war nicht darauf vorbereitet, kannte aber die Umstände der Entstehung des Werkes genau. Zwischendurch musste er immer mal das linke Seitenfenster herunterkurbeln und den Arm raushalten, wenn wir links abbiegen mussten. Der Blinker an seinem Auto war kaputt. Im Landhaus der Familie Faes haben wir zwei Wochen lang gewohnt. Wir haben alle Mahlzeiten, die Frau Faes stets für uns zubereitet hat, zusammen eingenommen. Im Hause gab es einen ziemlich schlechten Flügel, an dem Michelangeli und ich jeweils einen halben Tag übten, und zwischendurch oder im Anschluss gab's Unterricht, täglich. Und am Sonntag ging er in die Kirche. Das ging zwei Wochen lang so – unglaublich eigentlich, nicht wahr? Das war meine schönste Zeit mit ihm. Im Alter von 26, 27 Jahren – ich hatte geheiratet, unsere Kinder kamen zur Welt – hatte ich dann das Gefühl, ich solle keine Stunden mehr nehmen. Ich dachte mir: Wenn ich jetzt nicht langsam selbst klarkomme, habe ich den falschen Beruf gewählt. Seitdem haben wir uns seltener getroffen, fast immer anlässlich seiner Konzerte. Ich reiste nach wie vor sehr viel zu seinen Auftritten, wenn sie in erreichbarer Nähe stattfanden, einmal fuhr ich sogar nach Paris. In Hamburg und München war ich meistens dabei, aber ich habe ihn auch in Wuppertal und Düsseldorf gehört, mit Celibidache übrigens, in Köln und in Bremen, wo Sie auch waren. Er hatte dann immer ein Ticket für mich. Und nie hat er eines dieser Konzerte abgesagt. Das erwähne ich, weil man immer nur von seiner Neigung zum Absagen spricht.

JK: Als Sie in Verona bei Familie Faes wohnten, haben Sie ihn sicherlich auch üben hören.

BG: Ja, Standardsachen aus seinem Repertoire, aber er hat in dieser Zeit für seine Verhältnisse sehr wenig geübt. Immer, wenn wir uns getroffen haben, war das für ihn ja eine Art Feriensituation. Wenn er unter Stress gestanden hätte, wäre kein Unterricht zustande gekommen. In Verona war er locker und spielte auch einmal etwas einfach für sich. Ich erinnere mich, dass er damals gerade Beethovens *Bagatellen op. 126* und die *Sonate op. 101* dabei hatte. Er sprach davon, dass er überlege, *op. 90* und *op. 101* in einem Programm miteinander zu kombinieren – die beiden Werke passen ja auch tatsächlich fantastisch zusammen. Er hat sich in seinen späten Jahren immer stärker mit Beethoven auseinandergesetzt, er ist ihm immer näher gekommen und hat ihn häufiger gespielt. Es war wohl sein Traum, diese beiden Werke auch noch aufzuführen, aber leider ist es nicht dazu gekommen. Jedenfalls hatte er eine neue Henle-Ausgabe der *Bagatellen* und der *A-Dur-Sonate* dabei, als wir in Verona waren.

JK: Da schließen sich gleich mehrere Fragen an. Sein Üben bestand in diesen Tagen offenbar mehr aus einem Sichbeschäftigen mit der Musik und dem Durchspielen von Repertoirestücken?

BG: Genau, aber immerhin war etwas Neues dabei – das glaube ich zumindest. An den *Bagatellen* arbeitete er noch, sie waren noch nicht fertig.

## Blicke in die Werkstatt

### *Vom Üben*

JK: Wie war denn seine Übeweise, wenn er intensiv gearbeitet hat? Gab er im Unterricht Anweisungen zum professionellen Üben? Ich vermute, er hat empfohlen, zunächst sehr langsam zu spielen?

BG: Ja, sehr langsam. Als ich *Im Freien* von Bartók einstudierte, riet er mir, den wilden letzten Satz in einem langsamen Tempo und pianissimo zu üben. Er wollte jedes Drauflosspielen verhindern, wollte, dass ich die Ohren aufsperre, um die Gedanken zu entzünden, hielt mich dazu an, gleichsam am Nullpunkt zu beginnen und nicht das vermeintliche Endresultat der Interpretation vorwegzunehmen. Der Geist sollte bestimmen, was die Hände tun – nicht umgekehrt. Bei einer anderen Gelegenheit hat er mich beim Üben unterbrochen. Er hatte von draußen zugehört und konnte anscheinend nicht mehr ertragen, dass ich so drauflos spielte. So kam er herein und rief mir zu: „Du musst klare Ideen haben!" An diese Situation kann ich mich aus einem anderen Grund sehr genau erinnern, denn sie bedeutete das Ende unserer französischen Kommunikation. Ich genoss das Privileg, mit ihm Französisch sprechen zu dürfen. Er beherrschte die Sprache gut, wenngleich er mit starkem Akzent sprach. Aber in diesem Augenblick machte er einen kleinen Fehler; er sagte: „Il faut avoir d'idées claires!", doch es muss ja heißen: „Il faut avoir des idées claires." Er hat den Fehler bei der Pluralbildung sofort bemerkt und sich korrigiert, ich musste ein bisschen lächeln, und das war das letzte Mal, dass er Französisch mit mir sprach.

JK: Es wird berichtet, dass er selbst sogar Triller in Super-Zeitlupe geübt habe.

BG: Er hat langsam geübt, das stimmt, und er hat mit Unterbrechungen geübt. Er hat kleine Fragmente sehr oft wiederholt. So jedenfalls habe ich ihn üben hören. Bei kürzeren Trillern gibt es ja viele Varianten: 5, 6, 7 Töne etc. Dafür benutzten wir immer ausgeklügelte Fingersätze mit etlichen Wechseln, und eine solche Folge will geübt werden wie z. B. ein Lauf. Jeder Einzelton muss kontrolliert werden, jeder Finger muss wissen, was er zu tun hat. Der Fingerwechsel gewährleistet am besten, dass man immer die gleiche Zahl von Tönen spielt und nicht fest wird. Und dann gibt es oft noch die Übergangsphase in einen Nachschlag, der immer organisch integriert werden musste. Heute höre ich oft freie Triller, die irgendwann abstoppen, woran sich ein abgekoppelter Nachschlag anschließt. Dann gibt's Ärger...

JK: Und zwischen diesen zahlreichen Wiederholungen hat er Pausen eingelegt, reflektiert...

BG: ... reflektiert, abgesichert, nochmals wiederholt, wieder und wieder. Er konnte sich ewig damit beschäftigen. Das hat Yoko Kono gut beschrieben – sie hat ja lange genug bei ihm gelebt und war auch dabei, wenn er sich auf ein Konzert vorbereitete. Typisch für ihn war, Risiken zu vermeiden. Denken Sie an die Oktavenstelle in der *Chopin-Fantasie*, über die wir schon sprachen: Niemals hätte er den Zielklang mit vollem Risiko gespielt, sondern er hat ihn vorbereitet, einen winzigen Augenblick gewartet, bis er sich ganz sicher fühlte.

JK: Dieses Abwarten ist tatsächlich eine gewisse Manier bei ihm gewesen, eigenartigerweise. Manchmal erzeugt es einen regelrechten Störeffekt, es klingt wie ein kleiner Schluckauf.

BG: Das stimmt, ja.

JK: In anderen Zusammenhängen hat eine solche Verzögerung natürlich ausdrucksmäßig eine sehr starke Wirkung. Mir ist aufgefallen, dass Michelangeli schon als junger Mann dieses Kunstmittel sehr oft eingesetzt hat.

BG: Man kommt der menschlichen Stimme oder den Ausdrucksmöglichkeiten des Gesangs manchmal ein bisschen näher, wenn man Spitzentöne dehnt oder vorbereitet.

JK: Sicher, denn der überraschende, plötzliche, laute Ton wirkt natürlich immer hart, der vorbereitete dagegen, der leicht verspätet kommt, erwartbar und abgefedert, weicher, kantabler, so dass der Zuhörer auf das Besondere vorbereitet ist. Und schließlich braucht das Ohr ja oft auch mehr Zeit, um die große Distanz eines Sprunges zu überbrücken. Allerdings ist es ein erheblicher Unterschied, ob dieser Effekt einem Ausdrucksbedürfnis oder dem Sicherheitsdenken geschuldet ist.

BG: Einen Hang zur Stilisierung von Ausdruckselementen hat er sicherlich besessen, was manche dann als eine gewisse Manieriertheit empfanden. Andererseits können solche Stilmittel dazu beitragen, auch in Phasen großer Anspannung und in weniger inspirierten Momenten ein professionelles Spiel zu gewährleisten, und gewisse Übertreibungen helfen dann mitunter, rasch wieder empfänglich zu werden für die Vibrationen der Musik.

JK: Sie haben davon gesprochen, welche Ausgaben Michelangeli bei seinen Beethoven-Einstudierungen in Verona verwendet hat, und der Wahl einer guten Edition wird nicht erst heute ein besonderes Gewicht beigemessen. Von Heinrich Neuhaus weiß man, dass er alle seinerzeit verfügbaren Chopin-Ausgaben besessen und bis ins letzte Detail miteinander verglichen hat. Interessierte Michelangeli sich auch dafür?

BG: Er hat mir immer empfohlen, eine Urtext-Ausgabe zu verwenden. Aber in meiner Studienzeit spielte dieses Thema noch keine so große Rolle wie heute. Ich hatte anfangs fast nur schlechte Ausgaben zur Verfügung, die ich heute meinen Schülern um die Ohren schlagen würde. Aber es gibt auch historische Ausgaben, die durchaus von Interesse sind und gute Anregungen enthalten. Ich besaß damals die Lamond-Ausgabe der *Beethovensonaten*, die gar nicht so übel ist, weil hier die meisten der „Zutaten" als solche markiert sind. Aber wenn ich die Schnabel-Ausgabe aufschlage, stolpere ich doch immer wieder über irgendetwas, was er am Urtext geändert hat, ohne es als seine eigene Sicht auszuweisen.

JK: Wobei Schnabel gar nicht immer das spielte, was in seiner Ausgabe steht…

BG: Das ist das Sympathische daran.

JK: Aber instruktiv ist diese Ausgabe allemal, oft zum Widerspruch herausfordernd, aber doch auch zum Nachdenken anregend.

BG: Im Unterricht wurden immer die Ausgaben benutzt, die ich mitgebracht hatte – Michelangeli hat nicht viel dazu gesagt. Aber er wurde in dieser Hinsicht immer strenger im Laufe seines Lebens, und er hat sich selbst die Urtexte besorgt. Allerdings gibt es einen merkwürdigen Fall, der anders zu liegen scheint. In seinen letzten Jahren hat er das *erste Scherzo* von Chopin in sein Repertoire wieder aufgenommen und es im Konzert gespielt – davon liegt auch eine Aufnahme vor, die ich jedoch für leider nicht sehr gelungen halte. Der eher stilisierte Ausdruck wirkt künstlich, und im Mittelteil spielt Michelangeli gehaltene Noten, die offenbar auf eine alte Ausgabe, vielleicht aus seiner Jugend, zurückgehen. Das ist nicht unmusikalisch, aber im philologischen Sinne wohl doch falsch. Mir ist das nicht recht verständlich, denn damals gab es ja längst einen zuverlässigen Urtext.

JK: Ich kenne die Aufnahme dieses Werkes und bin auch ziemlich befremdet davon.

BG: Es scheint mir, dass er ein wenig stolz darauf war, noch einmal ein Werk zu präsentieren, das niemand von ihm erwartet hatte. Er schickte mir sogar ein Programm aus Bregenz, 1988, wo er das Stück spielte, sogar am Schluss des Programms. Ich war ganz perplex. Aber vermutlich hat er dann doch unter erheblichem Druck gestanden, und wenn er Angst hatte, so glaube ich zumindest, fing er an zu „meißeln". Dann war jeder Ton wie ein Befreiungsschlag aus der Zwangsjacke, in die er sich selbst gesteckt hatte.

JK: Bestimmt war der Druck sehr hoch, denn er hatte stets den Anspruch, etwas Äußerstes zu erreichen. Manche Beobachter meinen, er sei vor Konzerten nicht nervös gewesen, doch seine Schülerin Yoko Kono bezweifelt das. Zwar sei er im Umgang mit anderen Menschen an den Tagen vor seinen Auftritten „wie ein Engel" gewesen, freundlicher, gelassener als sonst…

BG: Er war schon „woanders".

JK: … aber er habe sogar die Ernährung umgestellt. – Selbst in Aufnahmesitzungen, in denen gar kein Grund für eine besondere Nervosität besteht, da jeder Missgriff und jede Unebenheit sofort korrigiert werden können, schien er sich Rückzugsräume zu sichern, für den Fall, dass etwas missglücken würde. Sein Produzent Cord Garben konstatierte solche Verhaltensweisen immer wieder: Auch wenn der Flügel bereits herrlich klang, wurde weiter an ihm gearbeitet, und es dauerte oft tagelang, bis Michelangeli sich zur Einspielung bereitfand. Offenbar suchte er irgendeinen Rückhalt, eine mögliche Ausflucht für den Fall des Scheiterns. Es scheint mir ein plausibles Erklärungsmodell für sein Verhalten in Extremsituationen zu sein, dass ein solcher Rückzugsort gesucht wird.

BG: Ich denke das auch. Stellen Sie sich nur einmal die Situation vor, in der er lebte. Er galt damals als der perfekteste Pianist überhaupt, und er verlangte von sich, diesem Anspruch jederzeit zu genügen. Er selbst hätte übrigens niemals das Wort Perfektion in den Mund genommen. Perfektion hätte er nur akzeptiert als Nebenprodukt einer gewissenhaften Arbeit, das natürlich schon. Wenn man richtig arbeitet, ergibt sich dabei unter anderem auch ein bestimmtes Maß an Perfektion, aber Perfektion war zumindest nicht das erklärte Ziel, wenn er uns unterrichtete. Aber er wusste natürlich, welchen Ruf er hatte, und er spürte selbstverständlich auch den Druck, diesem Ruf gerecht werden zu müssen, dessen bin ich mir ganz sicher. Und ich wüsste nicht, wer einem vergleichbaren Druck ausgesetzt gewesen wäre. Ich weiß nicht, wie man es aushalten kann, in einer so einsamen Höhe zu schweben – man muss dieses Niveau ja halten und ständig von Neuem bestätigen. Jederzeit kann man abstürzen, jedes Konzert birgt dieses Risiko.

JK: Und dies eben gerade deshalb in besonderem Maße, weil die Perfektion sein Markenzeichen war, weil sie ihn als Spielertyp besonders kennzeichnete. Ein Horowitz spielte brillant und dabei mit vollem Risiko, doch Fehler, die ihm besonders in seinen späteren Jahren häufiger unterliefen, stellten sein spezifisches pianistisches Profil in keiner Weise in Frage. Das Gleiche gilt für Richter. Bei einem Interpreten, der im Ruf steht, niemals Fehler zu machen, sieht das anders aus. Im Bewusstsein der Öffentlichkeit hatte sich eine Vorstellung verfestigt, die der Kritiker Harold Schonberg in die Worte gefasst hat: „So wenig eine abgefeuerte Kugel von ihrer Bahn abweichen kann, vermögen seine Finger einen falschen Ton zu treffen oder eine Passage zu verwischen." (Schonberg:414) Die durch solche Formulierungen geschürte Erwartungshaltung des Publikums muss eine ungeheure Belastung dargestellt haben.

BG: Natürlich habe ich ab und an auch einmal einen falschen Ton von Michelangeli gehört. Wenn das vorkam, runzelten die Experten die Stirn... Eine hübsche Geschichte ereignete sich in Paris. Auf dem Programm standen die *Paganini-Variationen* von Brahms, und er spielte tatsächlich einen falschen Ton – allerdings zwischen zwei Variationen. Als er nämlich nach seinem Tuch griff, kam er mit dem Ellenbogen versehentlich an die Tasten. Das stand so nicht in der Partitur... Wie dem auch sei: Ich denke schon, dass er in bestimmten Situationen sehr angespannt war, und wahrscheinlich hat er deshalb manchmal ein Reizklima provoziert.

JK: Was den Anspruch an sich selbst angeht: Die deutsche Sprache kennt die wunderbare Unterscheidung zwischen Perfektion und Vollkommenheit. Die Vollkommenheit, menschenunmöglich in letzter Konsequenz, steht auf der höheren Ebene.

Ist die Perfektion ein unverzichtbarer Bestandteil auf der letzten Stufe des Weges zur Vollkommenheit? Wir kennen Interpretationen höchsten künstlerischen Ranges, die keineswegs perfekt sind. András Schiff äußerte sich in einem Interview zwar mit Anerkennung, aber nicht vorbehaltlos über Michelangeli; er nannte ihn einen „fantastischen Musiker", schränkte aber ein, er habe dessen Spiel „nie gerne gehört", weil es ihn „paralysiert" habe. Manchmal formuliert Swjatoslaw Richter trotz seines großen kollegialen Respektes in seinen Aufzeichnungen ähnliche Vorbehalte. Eine zu große Perfektion kann etwas Bedrohliches ausstrahlen.

BG: Durchaus, weil sie dem Menschen so fern liegt. Ganz dünne Luft sozusagen, aber das ist bei einem „Mann der Berge" eben so, dass er in etwas dünnerer Luft lebt.

### *„Flexible Transportbewegungen": Geschmeidigkeit und Stabilität*

JK: Bei einem Techniker von Gottes Gnaden stellt sich die Frage nach der Behandlung technischer Aspekte im Unterricht. Sie haben davon berichtet, dass er unglaublich genau gearbeitet hat, immer wieder die speziellen Bewegungen zur Erzeugung bestimmter Klänge demonstriert hat. Die fundamentale Voraussetzung aller spieltechnischen Prozesse ist eine korrekte Körperhaltung, die richtige, natürlich individuell entsprechend angepasste Position vor dem Instrument. Michelangelis Spiel zeichnete sich durch eine unglaubliche Flexibilität aus, war geprägt vom Bewusstsein der Funktionalität aller Bewegungsabläufe, angefangen bei der freien Schulter, die für Lernende ja oft eine besondere Problemzone darstellt, wie wir alle wissen. Hat er im Unterricht zu Fragen der Haltung, der Sitzhöhe, der korrekten Distanz zum Klavier Stellung genommen – und zu Methoden zur Erarbeitung der Flexibilität? Wenn ich es richtig verstehe, hat er großen Wert gelegt auf die Verbindung der Flexibilität im Bewegungskontinuum mit der Stabilität der Finger bei der Kraftübertragung – er verlangte ausdrücklich diese Stabilität der Finger.

BG: Stabilität, ja, aber eben niemals im Sinne von Starre. Alles musste im Fluss bleiben. Ich glaube, eines der Geheimnisse der Natürlichkeit seiner Flexibilität war seine Fähigkeit zur Antizipation. Er konnte sehr deutlich *vorausempfinden*, natürlich die Musik, aber eben auch die Bewegung, und wenn man das kann, ist man in gewissem Sinne immer schon dort, wo man in Wirklichkeit erst hingelangen muss, so dass ruckhafte Bewegungen nicht nötig sind. Die Hand „riecht" sozusagen schon den nächsten und übernächsten Akkord, alle Bewegungen werden mental sehr frühzeitig vorbereitet, und die Hand macht sich sozusagen innerlich schon auf den Weg. Man könnte hier von „flexiblen Transportbewegungen" sprechen. Geändert hat sich in meinem Spiel durch sein Vorzeigen insbesondere die

Art der Kraftübertragung: Das Energiezentrum verschob sich weit nach vorne. Das ist innerhalb vernünftiger Grenzen relativ unabhängig von der Höhe des Sitzes und vom Abstand zur Tastatur, aber es handelt sich um eine sehr wichtige, grundlegende Sache.

JK: All das bedarf einer sorgfältigen Beobachtung der individuellen Konstitution eines Schülers.

BG: Bei mir gab es in Bezug auf die Haltung wohl nichts Besonderes zu beanstanden. Michelangeli hat nicht gesagt, man müsse genau seine Sitzhöhe übernehmen. Wir waren zum Beispiel gleich groß, aber er hatte andere Proportionen. Übrigens: Viele, die ihn nur von der Bühne kannten, sahen vor allem das Aristokratische an seiner Erscheinung, er wirkte schlank und elegant, fern, „ätherisch". Tatsächlich war er ein kraftvoller athletischer Typ. Und er war mehr der Typ des „Sitzriesen". So sitze ich ein bis zwei Zentimeter höher als er. Und seine Hand war riesig, ich sagte immer: „wie ein Wiener Schnitzel". – Die inneren Prozesse, das Erschließen von Kraftquellen, die in den vorderen Bereichen des Spielapparates liegen, vermittelte er hauptsächlich durch das demonstrierende Vorspielen. Diese Methode war sehr effektiv – sein Vormachen war derart suggestiv, dass er wirklich nicht mehr viel zu sagen brauchte. Die Grundposition meines Handgelenks hat er nach unten korrigiert. Er war erst zufrieden, wenn das Handgelenk leicht unter der Knöchelreihe stand, nicht etwa darüber. In besonderen Fällen weicht man dann natürlich auch mal davon ab. Die Hand durfte gerne offen sein, mit leicht gestreckten Fingern, nicht zusammengezogen, wie es von vielen Klavierlehrern verlangt wird. Das war eigentlich alles. Ergänzend hat er, wie gesagt, technische Übungen empfohlen, von Pischna und Clementi zum Beispiel.

JK: Er bestand also nicht auf der schulmäßigen, gerundeten Fingerstellung, die in der Regel empfohlen wird.

BG: Nein, nein, gar nicht.

JK: Was Sie da beschreiben, wurde u. a. auch von Arrau als eine Tradition der Liszt-Schule überliefert. Er erläuterte, dass Liszt verlangt habe, die Knöchel höher zu stellen als das Handgelenk, wobei die Finger häufig relativ gestreckt zu halten seien, um eine große Stützkraft zu entwickeln.

BG: Michelangeli machte das nicht ganz so extrem, aber ich glaube auch, dass sich die offene Hand für das moderne Klavier und den Konzertsaal besser eignet, wenn es darum geht, Kraft aus dem Arm zu übertragen. Je krummer die Finger sind, desto mehr sind sie auf sich alleine gestellt. Es ist möglicherweise noch eine Cembalotradition, aus der das kommt. In der älteren Musik ist eine besondere

Kraftübertragung ja auch nicht nötig, und wenn eine Skala in einer *Mozartsonate* zu spielen ist, kann man ja die Position wieder verändern.

JK: Und das Jeu perlé bei Mozart gelingt sehr gut, wenn der Impuls für den runden Finger aus dem Knöchelgelenk kommt.

BG: Genau, natürlich. Aber auch dafür sehe ich Alternativen.

JK: Hat er sich über diese Unterschiede tatsächlich niemals verbal geäußert?

BG: Schauen Sie, wenn eine Unterrichtseinheit drei Stunden dauert, und in diesen drei Stunden spielt er vielleicht 30 Minuten vor, dann braucht er eigentlich nichts mehr zu sagen.

JK: Hat er gelegentlich auch längere Abschnitte aus Werken vorgespielt?

BG: Nein, wir haben uns detailliert Abschnitt für Abschnitt vorgenommen. Längere Stücke hat er mir nicht vorgespielt. Ich weiß aber von Schülern, die bei ihm gewohnt haben, dass er sich an langen Abenden in den Bergen, wo man im Winter das Haus kaum verlässt, ans Klavier gesetzt und mitunter recht viel vorgespielt hat. Yoko Kono hat dann oft dabeisitzen dürfen. So heißt es, bei einer solchen Gelegenheit habe er alle *Chopin-Nocturnes* nacheinander durchgespielt. Jedenfalls erzählte sie die lustige Geschichte, dass sie froh war, als er endlich zum Ende kam, denn sie hatte ordentlich Hunger bekommen…

JK: Ich hörte eine ähnliche Geschichte, die ich aber nicht verifizieren konnte: Er soll im Schülerkreis mehrere *Beethoven-Sonaten* hintereinander vorgespielt haben.

BG: Ich kann mir das zwar nicht so recht vorstellen, aber ob das nun im Einzelnen stimmt oder nicht: Wir wissen ja, dass er sehr viel mehr Werke studiert als öffentlich aufgeführt hat. Sein Lieblings-*Nocturne* war übrigens das in *Es-Dur op. 55, Nr. 2*. Das hat er mir sogar einmal „verordnet“, obwohl er mir normalerweise keine Stücke aufgab.

JK: Noch eine Frage zur Haltung: Es gibt Pianisten, die für Musik unterschiedlicher Stile und unterschiedlichen technischen Anspruchs eine abweichende Sitzhöhe wählen: für spätromantische und moderne Werke, die eine besonders große Kraftübertragung erfordern, wegen der besseren Körperstütze eine etwas höhere Position, für barocke und klassische Musik, in der das Fingerspiel im Vordergrund steht, eine niedrigere.

BG: Dazu hat er nichts gesagt. Ich habe auch nicht beobachtet, dass er es selbst gemacht hätte.

JK: Bei der Analyse seiner Videoaufnahmen ist es mir auch nicht aufgefallen, aber die Frage ist naheliegend, da er ja auch kraftraubende Werke wie das *4. Rachmaninow-Konzert* gespielt hat.

BG: Ich rate meinen Schülern bei solchen Stücken gelegentlich, sich ein wenig höher zu setzen, doch ohne dabei zu übertreiben. Aber bei ihm habe ich das, wie gesagt, nicht beobachtet. Er hatte ja eine enorme Kraft in den Fingern und arbeitete mehr mit Schnelligkeit des Anschlags als mit „Masse", wenn es auf den großen Klang ankam.

*Vom Fingersatz*

JK: Für angehende Pianisten dürften seine Fingersätze von besonderem Interesse sein. Repetierte Töne hat er grundsätzlich mit Fingerwechsel gespielt, soweit ich sehe.

BG: Ja, und Triller auch.

JK: Ist er darin absolut konsequent verfahren, oder kennen Sie Ausnahmen? Der Fingerwechsel garantiert natürlich eine große Deutlichkeit, kann aber auch zum Forcieren verleiten.

BG: Im Grunde ist der Fingerwechsel ein typisches Merkmal seiner Flexibilität – die Hand verlangt dabei nach einer kleinen Veränderung der Position, so dass sie sich niemals verhärtet…

JK: … weil der Fingerwechsel immer dann, wenn eine Taste wieder freigegeben wird, eine solche Positionsänderung provoziert.

BG: Das ist sicher ein Grund.

JK: Auch wenn der Fingerwechsel in einigen Situationen fast zwingend nötig und ja auch hinreichend historisch beglaubigt ist, empfinde ich vor allem dann, wenn die Repetition sich über einen langen Zeitraum erstreckt, das Spiel mit einem einzigen Finger bisweilen als wesentlich angenehmer und zuverlässiger, ein gutes Gespür für den Druckpunkt der Taste vorausgesetzt. Ich denke in diesem Zusammenhang u. a. an die tiefen, oft wiederholten Töne in der Durchführung der *Appassionata* – das tiefe C und Des –, oder an den Beginn von „Scarbo".

BG: Bei „Scarbo“ habe ich dafür auch Sympathie.

JK: Und zwar spielen Sie mit dem dritten Finger?

BG: Ja. Ich habe ein gutes Gefühl dabei, versuche, den Druckpunkt genau zu spüren – und vor allen Dingen erzieht dieser Fingersatz auch dazu, das Tempo nicht zu schnell zu nehmen. Es wird hier ja immer viel zu schnell gespielt. Ravel wollte hier Tempo MM 100 für die Achtel haben. Es sollte wie ein „tambour“ klingen, sagte er. Und Tempo 100 ist überhaupt nicht schnell. Außerdem geht es um den Tempozusammenhang mit allem, was folgt.

JK: Hat Michelangeli diese Stelle mit einem Fingerwechsel gespielt?

BG: Ja. Ich glaube, er wechselte zwischen Mittelfinger und Daumen.

JK: Und in der *Appassionata*?

BG: Welchen Fingersatz er nahm oder genommen hätte, weiß ich nicht. Ich spiele die Dreiton-Gruppen am liebsten mit einem „hemiolischen“ Fingersatz, 1-2. Bei Schülern höre ich oft Ungleichmäßigkeiten, wenn sie drei Finger für die Dreiergruppe nehmen, was bequem und „logisch“ erscheint, aber nicht ohne Anfälligkeit für die Tonkontrolle ist. Ich sehe mir immer die jeweilige Hand an und lasse verschiedene Lösungen ausprobieren, bis es gut klingt. Den entsprechenden Fingersatz nehmen wir dann.

JK: Ein ähnlicher Fall liegt in der *d-Moll-Toccata* von Scarlatti vor. Hier sind in einem Dreiachteltakt sehr rasche Sechzehntelrepetitionen zu bewältigen. Wegen des Tempos empfiehlt sich der Fingersatz 3-2-1, der aber dazu führen kann, gegen den Takt zu spielen, es sei denn, man fasst immer sechs Noten zu einer höheren Einheit zusammen.

BG: Ja, in solchen Sechsergruppen, die eine besondere Regelmäßigkeit erfordern, lasse ich bewusst beide Varianten üben: 3x2 und 2x3 Noten. Nach einiger Zeit ergibt sich dann meistens ein recht ebenmäßiger Ablauf.

JK: Auch Triller spielte Michelangeli mit einem Fingerwechsel.

BG: Ja, über kürzere Triller sprachen wir ja schon. Bei langen Trillern benutzte er hauptsächlich 1-3-2-3. Irgendwo habe ich gelesen, das sei auch Mozarts Lieblingsfingersatz gewesen.

JK: Hat er die Folge 4-2-3-1 auch verwendet?

BG: Das habe ich nicht bei ihm gesehen. Jedenfalls war die Form 1-3-2-3 bei längeren Trillern dominant bei ihm. Das führte bei ihm zu dieser „elektrischen“ Gleichmäßigkeit und Kontrolle. Ich kenne aber sehr gute Pianisten, die das überhaupt nicht können.

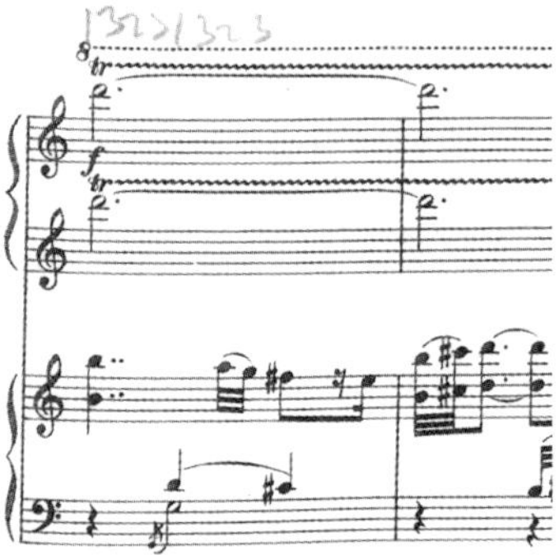

Michelangelis Fingersatz für lange Triller

Bartók, *Konzert für Klavier und Orchester Nr. 3 Sz 119*, 1. Satz, T. 19.

JK: Glissandi waren für ihn wahrscheinlich überhaupt kein Problem. Ich denke jetzt natürlich an die Oktavenglissandi in den *Paganini-Variationen*, die ihm anscheinend so viel Spaß gemacht haben, dass er sie in Abweichung von der Brahms'schen Partitur gleich noch ein wenig verlängert hat.

BG: Natürlich, die fielen ihm leicht, bei seiner Spanne, seiner Kraft. Seine Oktaven sahen so aus wie bei mir die Sexten. Spielkram für ihn…

JK: Pollini sagte über die Oktavenglissandi in der *Waldsteinsonate*, sie seien ganz leicht, wenn man keine Angst davor habe. Sicher spielt der psychologische Faktor auch hinein, doch wer so große Hände besitzt, hat leicht reden! – Lassen Sie uns jetzt über die Tonbildung sprechen, über die Klanggestaltung bei Skalen: Wir wissen ja, es gibt eigentlich gar keine Tonleitern bei Mozart, sondern nur tonleiterähnliche Melodien in größerer Geschwindigkeit –

BG: Das ist schön gesagt.

JK: Casals hat in einem Interview darauf hingewiesen, wie wichtig es sei, jeden Ton in seiner Eigenbedeutung, gemäß seiner Funktion im Spannungsverlauf, im harmonischen Gefüge und in seiner Beziehung zum Grundton wahrnehmen zu können, so dass es eigentlich keine zwei aufeinanderfolgenden, ganz gleich klingenden Töne in der Musik gibt. Wenn man Michelangeli zuhört, kann man das sehr stark spüren. Er vertrat sicherlich auch diese Auffassung. Hat er das im Unterricht thematisiert?

BG: Er hat niemals Prinzipien in den Raum gestellt und gesagt: „So, jetzt wollen wir das mal lernen!“, sondern er hat immer nur dasjenige korrigiert, was ihm nicht gefiel. Ein klangliches Differenzierungsvermögen und das Gespür für Nuancierungen waren mir in meinem vorherigen Unterricht bereits sehr gut vermittelt worden, so dass ich nicht als jemand zu Michelangeli kam, der mechanisch spielte. Deshalb musste er da vielleicht nicht so viel eingreifen. Kämmerling hat immer sehr auf ein melodisch ausdrucksvolles Spiel geachtet. Man durfte nicht hacken, klopfen, schlagen oder alles gleich spielen.

JK: Sie haben vorhin über Michelangelis Ratschlag gesprochen, intensiv die Theorie der Musik zu studieren. Und ich meine mich zu erinnern, dass seine Schülerin Lidia Kozubek irgendwo gesagt hat, für ihn war der entscheidende Ausgangspunkt, die „Gesetze der Musik“ zu befolgen. Das berührt sich natürlich.

BG: Er hatte einen glasklaren Blick für die Grundlagen.

JK: Und der erstreckte sich sowohl auf den technischen als auch auf den musikalisch-strukturellen Bereich?

BG: Ja. Immer müssen zunächst einmal die Grundlagen stimmen. Was muss als Erstes erlernt werden, bevor man weitergehen kann? Das gilt natürlich auch für die Einstudierung von Bewegungen. Ein gutes Beispiel dafür ist der Sport. Ich betreibe zwei verschiedene Sportarten, Boule und Billard. Dabei habe ich eines gelernt: Wenn man sich eine neue Bewegung erarbeiten will, dann kann man gar nicht gut genug die *Ausgangsposition* für diese Bewegung studieren. Am Klavier betrifft das übrigens keineswegs nur das Spiel auf der Tastatur, sondern auch die Pedalisierung. Erst muss die Ausgangsposition bewusst gemacht werden: Was passiert vor dem entscheidenden Moment? Das muss dem Spieler vollkommen klar sein. – Als ich zu Michelangeli kam, fehlte mir – das hat er völlig richtig gesehen – ein tieferes musiktheoretisches Verständnis, das ja in Deutschland den Jugendlichen, außer in Glücksfällen, auch nicht so stark vermittelt wird. Wie gesagt, ich bin seinem Rat gefolgt, und heute sind Aspekte aus diesem Bereich – Harmonielehre, Kontrapunkt etc. – eine der vollkommen unverzichtbaren Grundlagen auch meines Unterrichts.

JK: Hat Michelangeli sich denn selbst auch tiefer mit musiktheoretischer Literatur beschäftigt?

BG: Genaues hierüber weiß ich nicht. Als ich zu ihm kam, war er ja 49. Ich habe aber erlebt, dass er ein Virtuose des Solfège war. Das muss er in der Kindheit gut studiert haben, wie das in Italien immer üblich war, natürlich auch in Russland,

Frankreich, Japan… Vergessen wir nicht, dass er auch ziemlich viele Noten geschrieben hat, denken Sie nur an seine *Liedbearbeitungen*.

JK: Haben Sie die Noten dieser *Lieder*, sind Sie daran interessiert? Im Katalog zur Gedenkausstellung, die ein Jahr nach seinem Tod 1996 in Brescia stattfand, „Il Grembo del suono", sind sie teilweise wiedergegeben.

BG: Nein, die Noten habe ich nicht, aber ich kenne die Bearbeitungen natürlich vom Hören. – Leider habe ich als Student fast nichts dokumentiert. Heute finden meine Schüler alles Mögliche im Internet, was sich um Michelangeli dreht, und schicken mir dann zum Beispiel ein Foto, auf dem man ihn Tischtennis spielen sieht. Das schaue ich mir dann doch ganz gerne an und erfahre dabei manches, was ich früher gar nicht wusste. Seine *Liedbearbeitungen* sind ja schon ein wenig kühn. Der Chor hat sich zuerst schwer damit getan. Die Sänger hatten die alten, originalen Fassungen im Gefühl, und nun kam er daher mir seinen ungewohnten Harmonisierungen, den Ravel-Anklängen…

JK: Ja, er verwendet nach Herzenslust die artifizielle Harmonik des Ästhetizismus der Fin-de-siècle-Epoche, in wirklich origineller, reizvoller Weise allerdings.

BG: Diese Bearbeitungen sind mit Liebe gemacht.

JK: Wissen Sie eigentlich, ob er früher auch Kadenzen zu Klavierkonzerten selbst geschrieben hat?

BG: Nein, ich glaube nicht, dass er das gemacht hat. Er sprach einmal von einem ehemaligen Schüler, der etwas für ihn geschrieben hätte.

### *Zur Pedalisierung*

JK: Sie haben eben schon etwas sehr Wichtiges angesprochen, nämlich die Pedalisierung – für Klangästheten sicher eines der wichtigsten Themen. Viele der großen Alten der Klavierkunst haben das Pedal als die Seele des Instrumentes bezeichnet. Michelangelis Pedalisierungen sind besonders bemerkenswert, u. a. deshalb, weil sie niemals die Klarheit des Klangbildes gefährden, aber auch, weil sie, wie auch Yoko Kono unterstrichen hat, oft viel länger sind als üblich.

BG: Ja, aber es ist nicht die ganze Wahrheit, wenn man sie als besonders lang bezeichnet. Sie waren jedoch immer sehr kompliziert. Wenn man das rechte Pedal beobachtete, sah man ein ständiges „Trillern" mit dem Fuß. Sein Fuß war ständig in Bewegung, so wie das nur möglich ist, wenn man ununterbrochen seinem Ohr folgt. Durch die schnellen, feinen Wechsel entstanden Klangmischungen, die dem Eindruck eines lang gehaltenen Pedals nahe kamen und trotzdem, auf geheimnisvolle Weise, „sauber" klangen.

JK: Was Sie sagen, erinnert mich an Giesekings schönes Wort, das Pedal werde mit dem Ohr getreten. In diesem Zusammenhang ergeben sich nun sehr viele ganz konkrete Fragen, z. B. zur Stilistik. Anhand der Scarlatti-Aufnahmen kann man erkennen, dass Michelangeli bei der Wiedergabe alter Musik das Pedal nicht grundsätzlich eliminiert hat.

BG: Nein.

JK: Aber natürlich hat er es sehr vorsichtig eingesetzt, etwa wie mein Lehrer Aloys Kontarsky, der zu sagen pflegte: „Spielen Sie diese Musik ruhig mit Pedal, aber lassen Sie es niemanden merken!" Damit war gemeint, das Pedal dezent dort einzusetzen, wo es für Bindungen erforderlich ist, aber es eben niemals zur Erzeugung größerer Klangflächen oder romantisierender Wirkungen zu verwenden. Sie können dazu sicher etwas sagen, da Sie ja sowohl Sonaten von Scarlatti als auch Werke Bachs unter Michelangelis Anleitung erarbeitet haben.

BG: Da war Pedal im Spiel, aber sehr kontrolliert und geschickt dosiert. Ich erinnere mich, dass er mir in einer Scarlatti-Sonate ein Arrangement von Akkordtönen dergestalt empfohlen hat, dass für die Hände aus einer engen eine weite Lage wurde, und der betreffende Akkord wurde dann harfenartig angerissen – darauf kam schließlich noch ein kleines Akzentpedal, so dass alle weit voneinander entfernten Töne ganz kurz zusammenklingen konnten – ein sehr schöner Effekt. Grundsätzlich nahm er in dieser Musik sehr wenig Pedal – hauptsächlich eben solche eingestreuten Akzentpedale. Einmal irritierte er mich mit dem Ausruf: „pieno, pieno!" Das bedeutet „voll". Ich fragte mich, was er wollte – ich spiele doch schon „voll", dachte ich. Dann aber zeigte er mir genauer, was er meinte, nämlich ein kleines Arpeggio. Er sagte also nicht, ich solle – „technisch" – ein Arpeggio spielen oder den Akkord anreißen, sondern er nannte den *Grund* für das Arpeggio. Es ging ihm um die Fülle des Klanges, weshalb den inneren Stimmen des Akkordes auch eine besondere Bedeutung zukam. Dabei spielte ferner das Halten des Klanges mit den Fingern eine Rolle, soweit das möglich war – bis zur Dezimenspannung kann ich das ja auch – und zu guter Letzt kam noch ein Akzentpedal dazu. Das ergab eine schwingende Impulswirkung. – Mir fällt dabei seine Pedalisierung am Ende des zweiten Satzes von Schuberts großer *a-Moll-Sonate op. 42* ein: Ich sollte das Pedal kaum wechseln, wodurch sich ein subdominantischer Schimmer in das C-Dur-Pianissimo mischte. Darin steckt natürlich die Erfahrung des Konzertierens in großen Sälen. Er wusste genau, was alles möglich ist, wenn der Klang subtil abschattiert wird und alle Stimmen unter Kontrolle bleiben.

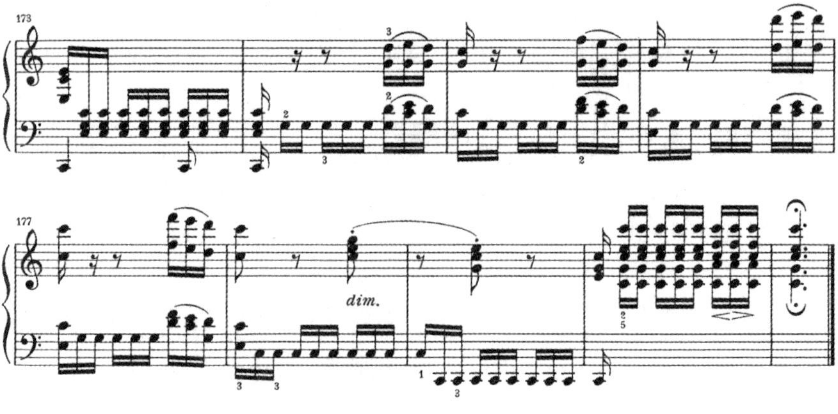


Schubert, *Sonate a-Moll op. 42 (D 845)*, 2. Satz: Schluss

JK: Das hat auch mein russischer Lehrer Leonid Brumberg wunderbar praktiziert und vorgezeigt. Wenn er seine Pedalisierungsvorschläge in die Noten eintrug, hielt man ihre Realisierbarkeit mitunter kaum für möglich, aber man kann Pedalangaben eben nicht lesen, ohne auch die dynamische Differenzierung und die jeweilige klangliche Absicht genau zu kennen.

BG: Selbstverständlich hängt die Pedalwirkung ganz davon ab, was die Finger machen. Beide Faktoren gehören untrennbar zusammen.

JK: Ja, es kommt ganz wesentlich auf die dynamische Schichtung an – und natürlich auf das Tempo, was auch nicht vergessen werden darf.

BG: Manchmal tut die klinische Sauberkeit weh. Wenn der Klang im Schubert-Beispiel am Ende des Werkes zart entschwebt, mit nicht plötzlich abgestoppten Vibrationen beider Harmonien, ist das gerade das Richtige.

JK: Vielen ist nicht bewusst, was man mit Hilfe einer feinen Dosierung der Dynamik alles erreichen kann, z. B. bei Rachmaninow, der so oft lange Haltenoten im Bass vorschreibt, die ein lang gehaltenes Pedal erfordern, oder was bei Debussy möglich ist, wenn die Mittelstimmen eben nicht zu stark gespielt werden und noch schichtenweise differenziert sind.

BG: Manche Schüler setzen das mittlere Pedal ein, wo es nur irgendwie geht. Das klingt dann oft wie Musik auf dem Operationstisch, wie unter einer Lampe mit zu grellem Licht. Gerade die Mischungen sind doch das Wichtige.

JK: Es gibt natürlich Sonderfälle. Im zweiten Stück der *Valses nobles* von Ravel gibt es einen Basston, der zwei Takte lang gehalten werden soll, während in den Oberstimmen starke Akkordreibungen vorkommen. Dabei soll eine leichte, sehr raffinierte Melange entstehen.

BG: Das geht aber, wenn in der linken Hand die Oberstimme der Akkorde gut geführt wird. Man verträgt ja wesentlich mehr Pedal, wenn die Führung der Stimmen gut dosiert wird und das Ohr Prioritäten noch wahrnehmen kann.

JK: Genau. Nun kann man aber an dieser Stelle den Bass mit dem mittleren Pedal halten und trotzdem das rechte Pedal verwenden. Dadurch ergibt sich die Chance zu reagieren, wenn der Klang zu schmutzig wird, ohne den Bass zu verlieren.

BG: Das stimmt, aber es ist gar nicht nötig, wenn man sich geschickt anstellt. In einem kleinen Übe-Studio klappt so etwas manchmal nicht, aber im Konzertsaal auf einem D-Flügel macht das sogar Spaß. Michelangeli hätte das dritte Pedal in so einem Fall nie benutzt.

JK: Hat er es überhaupt verwendet?

BG: Ich kann mich an keinen Fall erinnern. Die gekonnte Mischung war das Entscheidende, und die erreichte er mit dem rechten Pedal.

JK: Es ist eine grundsätzliche Frage, inwieweit die Komponisten der Zeit um 1900, als das dritte Pedal gerade erst erfunden worden war, eigentlich damit rechnen konnten, dass es zur Verfügung stehen und jemand es auch einsetzen würde. Es gab ja noch nicht so viele Instrumente, die damit ausgestattet waren.

BG: Ich denke, die meisten hatten noch keine Ahnung davon. Bei Debussy findet man jedenfalls keinen Hinweis darauf.

JK: Will sagen: Die Musik dieser Zeit ist weitgehend so geschrieben, als wäre das Sostenuto-Pedal noch gar nicht vorhanden.

BG: Ja, und ich wäre mit seiner Verwendung ohnehin sehr vorsichtig. Auch das „Prélude“ aus Debussys *Pour le piano* mit dem langen A in der linken Hand ist so ein schwieriger Fall. Da greife ich manchmal auf die Lösung zurück, die Sie eben erwähnt haben, lasse den Bass ausnahmsweise doch mit dem mittleren Pedal halten und rate, gleichzeitig mit dem rechten Pedal, „schön schmutzig“ zu spielen. Ich meine dann natürlich „schmutzig, aber schön“, d. h. mit sensibel ausgehorchter Mischung. Leider steht uns dann das linke Pedal nicht mehr zur Verfügung, doch oft klingen alle anderen Lösungen eben nicht überzeugend.

JK: *Pour le piano* ist nun aber ein Extremfall, weil es darin um einen ziemlich langen Abschnitt geht. In *Valses nobles* kommt man leichter zum Ziel, da die Stelle sehr kurz ist.

BG: Die Erkenntnis, dass es auf die Führung der Stimmen ankommt, ist unglaublich wichtig. Obwohl es hier, im „Prélude" aus *Pour le piano*, sogar etliche chromatische Spannungen gibt, wodurch besonders starke Reibungen entstehen, ist eine überzeugende Realisierung bei durchgetretenem Pedal möglich, aber eben nur dann, wenn die Führung der Linie sensibel genug gestaltet wird. Wenn aus Angst vor Klangmischungen diese Stelle einfach nur so leise wie möglich gespielt wird, geht diese Führung verloren, es entsteht ein unschöner Gesamtklang, und dann heißt es, der Pianist habe eine schlechte Pedalisierung. Tatsächlich hätte man den Grund aber vor allem in einer mangelhaften Klanggestaltung suchen sollen.

JK: Michelangeli hatte ganz sicher ein ungewöhnliches Vermögen, komplexe Klangschichtungen in dieser Weise auszubalancieren. – Wenn wir gerade beim rechten Pedal sind: Sie haben gesagt, der Fuß war immer in Bewegung, Michelangeli benutzte das sogenannte Vibratopedal.

BG: Ja, das war wirklich unglaublich, das setzte er extrem viel ein, allerdings doch zumeist ganz gezielt, eine jede kleine Fußbewegung für jeweils eine Wirkung, und dies gegebenenfalls auch in schneller Folge. Es war nicht so sehr ein automatisiertes Vibrieren. Übrigens habe ich nach meiner Zeit bei Michelangeli ein paar Kurse nur für Pedalisierung gegeben. Offenbar war ich da sehr inspiriert worden.

JK: Ich konnte das Vibratopedal sehr eindrucksvoll auch bei dem Wiener Pianisten Hans Graf erleben, der leider schon lange nicht mehr lebt. Ich hörte ihn in einem Konzert mit seiner Tochter vierhändig eine Mozart-Sonate spielen. Er saß links und war folglich für die Pedalisierung zuständig, beide spielten mit wunderbarer Durchsichtigkeit, trotz permanenten Vibratopedals auch bei Skalen. Alle Tonleitern wurden auf diese Weise pedalisiert, und das in Wien! Aber es funktionierte einwandfrei.

BG: Natürlich, das kann funktionieren. Ich sage auch oft, ganz ähnlich wie Ihr Lehrer Aloys Kontarsky: „Spielt alles mit Pedal, aber mit einem Pedal, das niemand als solches erkennt." Das Cembalo klingt ja auch nicht trocken. Ich glaube, es gibt kein Instrument, das so trocken sein kann wie ein moderner Flügel. Eine Trockenheit, die verletzen kann.

JK: Schönberg verlangte in der Regel, so wenig Pedal wie möglich einzusetzen. Im Vorwort der *Suite op. 25* sagt er, derjenige Fingersatz sei der beste, der ein pedalfreies Spiel erlaube, und zwar selbst bei Bindungen weit voneinander entfernt liegender Töne. Doch Eduard Steuermann, sein Hauptinterpret, soll in einem Kurs, natürlich im Scherz, geäußert haben: „Hören Sie mal, entweder mit Pedal, oder kein Schönberg." Bleiben wir noch ein wenig bei diesem Thema. Es gibt Spezialfälle wie denjenigen im ersten Satz der späten *C-Dur-Sonate* von Haydn, wo ein langes Pedal über Harmoniewechsel hinweg gehalten werden soll – haben Sie dieses Stück zufällig mit Michelangeli besprochen?

BG: Nein. Aber er hätte das Pedal hier sicher voll durchgehalten.

JK: Das gilt bestimmt auch für das berühmte Rezitativ in Beethovens *Sturmsonate*, die Sie bei ihm studiert haben. An dieser bemerkenswerten Schlüsselstelle der Komposition soll das Pedal in den beiden mit „Largo" überschriebenen Phrasen trotz der dabei selbst im Pianissimo entstehenden, enormen Reibungen volle sechs Takte hindurch ausgehalten werden. In der ersten Phrase verschmelzen alle sieben Töne der harmonischen Mollskala zu einem verschleierten Gesamtklang, und die zweite, auf einer anderen harmonischen Ebene stehende Phrase wirkt noch kühner, weil die schärfste Dissonanz besonders exponiert platziert ist. Beethoven strebt damit eine zu seiner Zeit im wörtlichen Sinne noch „unerhörte", höchst poetische Wirkung an.

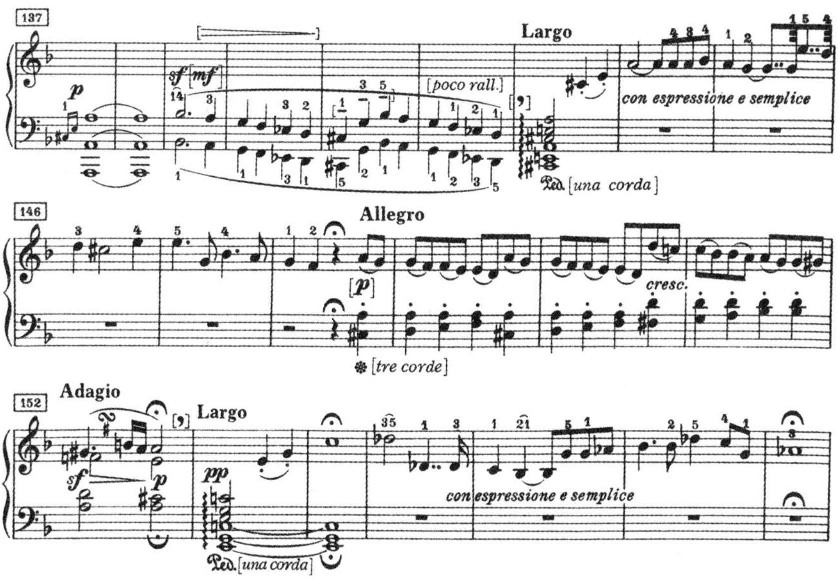


Beethoven, *Sonate d-Moll, op. 31, Nr. 2*, 1. Satz: das berühmte Rezitativ

BG: Richtig, und gerade deshalb verlangte auch Michelangeli, das Pedal voll durchzuhalten. Man kann einen Klang finden, der das zulässt und durch den das Espressivo erst vollständig zur Geltung kommt. Dabei entsteht eine besondere

Hallwirkung, die Beethoven sicher beabsichtigt hat. Es gibt ja so viele Tricks, die manche Pianisten hier anwenden, weil das Ineinanderklingen aller Töne sie stört: Die einen greifen einen stummen Cluster, so dass nur wenige Obertöne wirksam werden. Andere halten die Akkordtöne der linken Hand mit den Fingern und wechseln danach unaufhörlich das Pedal. Neulich hörte ich jemanden, der die Stelle vollkommen sauber gespielt hat – das ist für mich absurd.

JK: Es widerspricht ja auch der Idee Beethovens. Czerny hat in seiner lesenswerten Schrift *Über den richtigen Vortrag der sämtlichen Beethoven'schen Klavierwerke* dazu geschrieben: „Beim wiederkehrenden Thema (*Largo*) wird das *Pedal* während dem *Recitativ* fortgehalten, das, wie aus weiter Ferne klagend, ertönen muss." (Czerny:55) Eine andere Überlieferung besagt, Beethoven habe sich einen Klang vorgestellt, wie er entsteht, wenn man in eine Höhle hineinspricht.

BG: „In ein Gewölbe" oder „wie aus weiter Ferne"..., das sind sicher gute und zulässige Bilder. Leider wird oft einfach behauptet, man könne das Pedal nicht halten, aber natürlich kann man das doch.

JK: Und das Argument, auf einem alten Instrument habe das alles vollkommen anders geklungen, wird oft von Musikern angeführt, die solche Stellen niemals auf einem alten Flügel ausprobiert haben.

BG: Es gibt tatsächlich beträchtliche Klangmischungen auf den alten Instrumenten.

JK: In guten Sammlungen alter Instrumente lässt sich übrigens auch nachvollziehen, warum Beethoven den Wechsel *una corda – due corde – tre corde* schreiben konnte, eine Vorschrift, die heute unausführbar ist. Auf dem modernen Instrument haben die tiefsten Basstöne nur eine Saite, die darüber liegenden zwei, und nur die Töne in der Mittellage und im Diskant haben drei Saiten. Auf manchen alten Flügeln ist aber der gesamte Saitenbesatz dreichörig gewesen.

BG: Immerhin können wir doch ein bisschen variieren, indem wir das linke Pedal tiefer oder weniger tief treten.

JK: Ein anderer, nicht weniger faszinierender Fall ist der Beginn des langsamen Satzes im *c-Moll-Konzert op. 37.* Nur geht es hier nicht darum, einer weit ausgedehnten Melodie einen klanglichen Zauber zu verleihen, sondern voll ausgesetzte, kontrastierende Harmonien ineinanderklingen zu lassen.

BG: Da wechselt Michelangeli ein bisschen, aber die Stelle ist ja wirklich besonders problematisch.

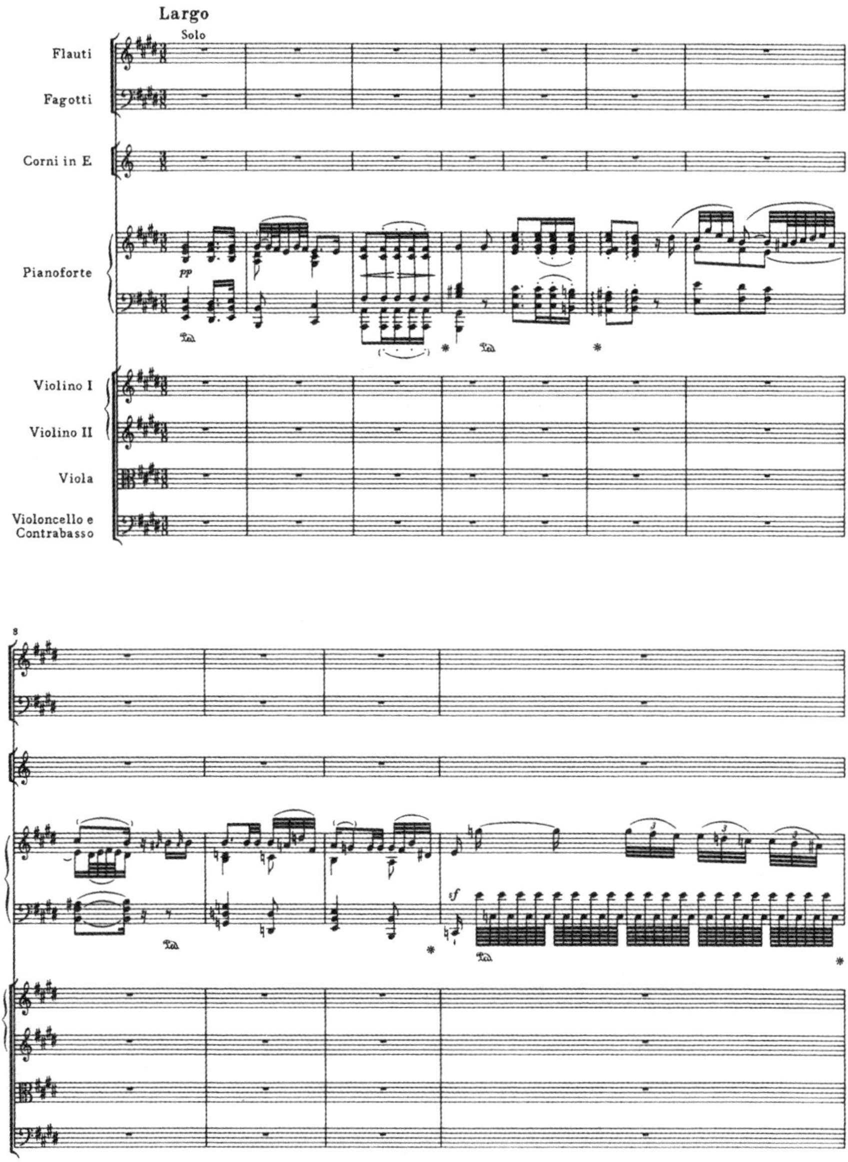


Beethoven, *Konzert für Klavier und Orchester Nr. 3 c-Moll op. 37*, 2. Satz: Anfang

JK: Auch hier hilft uns Czerny weiter: „Beethoven, (der dieses *Concert* 1803 öffentlich spielte,) liess das *Pedal* durch das ganze Thema fortdauern, was auf den damaligen schwachklingenden *Clavieren* sehr wohl anging, besonders, wenn auch das Verschiebungspedal dazu genommen war. Aber jetzt, wo der Ton weit kräftiger geworden, würden wir rathen, das Dämpfungspedal bei jedem bedeutendern Harmoniewechsel immer wieder von Neuem zu nehmen, jedoch so, dass im Klange keine Lücke merkbar sei. Denn das ganze Thema muss wie eine ferne, heilige und überirrdische [sic!] Harmonie klingen." (Czerny:109f) Das schrieb er 1842. Wie man heute damit umgeht und sinnvolle Mischungen herstellt, ist natürlich eine andere Sache.

BG: Da spielen auch sehr viele persönliche Überzeugungen hinein. Ich unterstelle Beethoven eine geradezu revolutionäre Experimentierfreude. Er hat doch immer versucht, die von der Tradition überlieferten Grenzen zu sprengen, etwas vollkommen Neues zu probieren, einen Schritt weiter zu kommen.

JK: Wobei Czerny ja ehrlich darauf hinweist, dass Beethoven selbst das Pedal durchgehalten hat. Damals war der Instrumentenbau stark im Umbruch, so dass seine Argumentation nachvollziehbar ist.

BG: In diesem Thema und auch in der Coda des ersten Satzes, in der ebenfalls ein sehr langes Pedal vorgeschrieben ist, wechsle ich schon ganz leicht, gerade wenn Halbtonschritte aufeinander folgen. Sonst wird die Musik auf eine Weise schmerzlich, von der ich glaube, dass sie sich nicht mit dem Charakter der Stelle vereinbaren lässt. Aber wie schon gesagt: Es ist ein unaufdringlicher Wechsel, den wiederum niemand als solchen wahrnimmt. Schwebungen, sozusagen vorimpressionistische Mischungen möchte ich aber unbedingt hervorrufen. Man muss sich jedenfalls Mühe geben, eine Lösung zu finden, und Sauberkeit ist nicht die Lösung.

JK: Der Pianist Max Pauer hat in seinem weit verbreiteten Klavierauszug des *Konzertes* die originale Pedalangabe in der Coda des Eingangssatzes einfach ignoriert und taktweise Pedalwechsel sogar ausdrücklich vorgeschrieben. Michelangeli hätte das sicher für indiskutabel gehalten, das Gebot der Genauigkeit im Respektieren des Textes galt für ihn auch hinsichtlich der vorgeschriebenen Pedalisierung.

BG: Ja. Da, wo der Komponist etwas hinschreibt, respektiert er das in der Regel. Und bei Beethoven handelt es sich immer um besondere Stellen; die normalen Pedalwechsel hat er gar nicht notiert. Sehr viele seiner Pedale beziehen sich auf ganz spezielle Ideen. Bei Chopin ist es etwas komplizierter. Aber auch hier empfiehlt es sich, immer nach einer beabsichtigten besonderen Wirkung zu schauen.

JK: Kontrovers diskutiert wird auch der erste Satz der *Mondscheinsonate*.

BG: Ja, dieses *senza sordino*...

JK: Sie sprechen Italienisch viel besser als ich – können Sie da helfen?

BG: Leider nicht, es bleibt unklar.

JK: Es gibt doch einen Unterschied zwischen „immer mit Pedal“ und „ununterbrochen mit Pedal“.

BG: „Mit Pedal“ kann natürlich heißen „stets mit Pedal“, aber auf welche Weise? Wobei ich zugeben muss, dass die leichte Mischung auch hier hin und wieder ihren Reiz hat und bei allem, was wir sonst von Beethoven wissen, gewissermaßen authentisch wirken kann. Aber mit einem „Bleifuß“ würde ich das nicht durchspielen können. Der Satz ist ja so viel länger als alle anderen berühmten Pedalstellen bei Beethoven, in der *Sturmsonate*, der *Waldsteinsonate*, länger als die genannten Stellen im *dritten Klavierkonzert* oder auch im letzten Satz des *vierten Konzerts*. Mir scheint, manche Pianisten sind auf der Suche nach einem Alleinstellungsmerkmal, ständig bemüht, in berühmten Stücken etwas zu versuchen, was bisher noch kein anderer gemacht hat. Es ist dann natürlich willkommen, wenn eine Anweisung des Komponisten eine solche Ausdeutung zulässt. Das Ergebnis wirkt spektakulär, und Beethoven kann nicht mehr widersprechen.

JK: Ich hatte einen italienischen Lehrer, der aufgrund der sprachlichen Form die Auslegung, das Pedal sei permanent zu halten, für möglich hielt. Angesichts dessen wäre zu fragen, wie es überhaupt zu einer solchen Formulierung kommen konnte, und ob Beethoven das Italienische wirklich gut genug beherrschte, um derartige Irritationen von vornherein auszuschließen. Wichtig sind dabei auch die Gepflogenheiten seiner Epoche – was war üblich, und wie wurden Ausnahmen vom Üblichen gekennzeichnet? Czerny formuliert zu diesem Fall ganz unmissverständlich: „Das vorgezeichnete *Pedal* ist bei jeder Bassnote von Neuem zu nehmen.“ (Czerny:51) Wahrscheinlich hätte die heutige Diskussion bei Beethoven ein Kopfschütteln ausgelöst. Der Pedalwechsel beim Eintreten einer neuen Harmonie war das Normale, die genannten Ausnahmen hat er eindeutig bezeichnet, und gewisse Freiheiten zur Erzielung besonders raffinierter Effekte bleiben dem Spieler überlassen. Auch Schumann hat sich häufiger auf den Hinweis „Mit Pedal“ beschränkt, der am Anfang eines Stückes vermerkt, aber später nicht weiter spezifiziert wird.

BG: Schumann ist wunderbar: Seine Pedalnotation signalisiert z. B. „Spiel meine *Kreisleriana* mit Pedal.“ So großzügig! Aber ein paar besondere Wirkungen hat er dann doch mal gefordert. Beethovens Notation für das Pedal entwickelte sich ja auch gerade erst, eben in dieser Zeit. Später hätte er wohl eindeutiger notiert. Im letzten Satz der *Mondscheinsonate* gibt es auch einmal einen Wechsel von „senza“ und „con sordino“, was oft übersehen wird. Hier kann es aber wenigstens keinen Zweifel geben. Das Italienisch-Verständnis vieler Komponisten ist sowieso ein Kapitel für sich. Was hat Brahms unter „Andante“ verstanden, und was bedeutet dann „Andante molto“? In der *dritten Sonate* gibt es sogar einmal die Anweisung „sempre les deux pédales“ – Italienisch und Französisch in einem Satz. Debussy und Strawinsky haben auch so ihre Fehler im Italienischen gemacht. Aber solange man versteht, was gemeint ist…

JK: Wie ist Benedetti Michelangeli mit dem linken Pedal umgegangen? Viele Spieler sind damit recht verschwenderisch.

BG: Er hat es durchaus benutzt. Aber er hatte ja seinen unglaublichen Saalklang, er konnte einen Saal wunderbar damit füllen, und dabei muss man doch ziemlich vorsichtig sein mit dem linken Pedal. Er war auf jeden Fall in der Lage, es punktuell einzusetzen, immer wieder mal. Ich weiß nicht, ob ich das von ihm übernommen habe, aber ich verwende manchmal das linke Pedal für einen einzelnen Ton, z.B. für die Auflösung eines ausdrucksvollen Vorhalts. Ich glaube, die Methode, das linke Pedal so gezielt einzusetzen, habe ich von ihm. Leider wird es so oft missbraucht…

JK: … und als eine Art Allheilmittel verwendet.

BG: Wenn die Not am größten, ist das Pedal am nächsten, eben auch gerade das linke – das erlebt man oft. Michelangeli hätte jedoch niemals das linke Pedal seitenlang eingesetzt, das gab es natürlich nicht.

JK: Er hatte es nicht nötig, mit Hilfe des Pedals die Mängel der Hand mit dem Mantel der Nächstenliebe zu bedecken.

BG: Richtig!

JK: À propos „einzelner Ton“: Sie erwähnten vorhin am Beispiel Scarlattis die kurzen Akzentpedale und die Pedaltupfer auf arpeggierten Akkorden. Von schöner Wirkung ist auch der kurze Pedaleinsatz für Schlussakkorde, um eine Art von winzigem, kurzem Nachhall zu erzielen. Besonders positiv macht sich das in trockenen Räumen bemerkbar, mit dem kleinen, schönen Nebeneffekt, dass dadurch die Dämpfer auch wirklich gleichmäßig aufsetzen.

BG: Ja, das gleichmäßige Abdämpfen ist einer der Vorzüge des Pedals bei Schlüssen.

JK: Wurde im Unterricht darüber gesprochen?

BG: Ich kann mich daran nicht genau erinnern, aber es ist möglich, dass ich in meinen Noten entsprechende Pedaleinzeichnungen von Michelangeli finde. Er hat dabei übrigens die Kästchen-Schreibweise gepflegt. Er schrieb nicht „Ped." und dann ein Sternchen für das Aufheben des Pedals, sondern trug kleine Kästchen in die Noten ein.

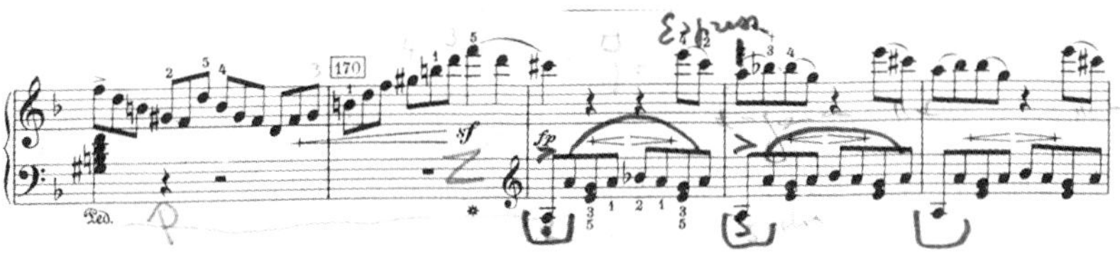

Beethoven, *Sonate d-Moll, op. 31, Nr. 2*, 1. Satz: Michelangelis Pedalbezeichnung

JK: Wie Bartók das gemacht hat?

BG: Ja, genau wie Bartók. Das ist eine Schreibweise, wie sie Debussy noch vermisst hat, weshalb er dann völlig auf Pedalanweisungen verzichtete. Debussy sagte noch, man müsste ein neues und vermutlich graphisches Mittel finden, um die Pedalisierung exakter angeben zu können. Bartók hat sich darum mehr gekümmert, und heute ist seine Bezeichnungsweise gang und gäbe. Die alte Art der Pedalnotation ist ja tatsächlich ziemlich primitiv. Und überdies nimmt man doch zehnmal mehr Pedal, als zumeist angegeben wird.

JK: Und dann kommen Leute mit dem Zentimetermaß und messen nach, wo genau das Sternchen steht.

BG: Wem's Spaß macht…

JK: Aus allem, was Sie sagen, geht hervor, dass Michelangeli auch jenes Ausdrucksmittel eingesetzt hat, das man – fachlich nicht ganz korrekt – „halbes Pedal" nennt.

BG: Ich spreche immer vom „Mikropedal", und spaßeshalber auch mal vom „Zwanzigstelpedal". Auf einem guten Flügel können wir das Pedal erstaunlich oft wechseln, ohne dass der Basston völlig verloren geht. Vom halben Pedal kann man da nicht mehr reden. Ich mache das oft mit Schülern als Übung. Aufgabe: 20 Mal wechseln, ohne den – nicht mit dem Finger gehaltenen – Bass zu verlieren.

JK: Der Begriff kommt daher, dass zur Erzielung der erwünschten Wirkung das Pedal nur ungefähr bis zur Hälfte des möglichen Weges heruntergetreten wird. Ich zeige meinen Schülern gerne durch ein einfaches Experiment, wie unsinnig diese Bezeichnung eigentlich ist. Wenn das Pedal vorsichtig getreten wird, gibt es zunächst ein leeres Spiel, und nichts passiert. Treten wir es dann zwei Millimeter tiefer, schwingt der volle Saitenchor mit. Es geht also um diese winzige Spanne, in der sich entscheidet, ob die Dämpfer mit vollem Gewicht auf den Saiten ruhen, ob sie auf die Saiten mit mehr oder weniger Druck noch minimal einwirken,...

BG: ... so dass Vibrationen möglich sind, ohne dass die Saiten voll mitschwingen...

JK: ... oder ob sie keine Berührung mehr mit den Saiten haben, so dass diese voll ausschwingen können. Das macht in der Fußbewegung tatsächlich nur ein bis zwei Millimeter aus, um die wir das Pedal effektiv bewegen müssen. Und danach gibt es wieder ein Spiel, das auf den Klang keine Auswirkung mehr hat. Das kann man sehr schön zeigen, wenn man bei voll durchgetretenem Pedal einen Klang anschlagen und das Pedal dann sehr vorsichtig und ganz langsam anheben lässt.

BG: Das Schöne ist – und darum funktioniert das meistens auch gut –, dass es dabei in aller Regel um tiefe Basstöne geht, die weiterklingen sollen. Deren Saiten sind dick, produzieren große Schwingungen und lassen sich durchaus in vielen kleinen Abstufungen abdämpfen. Hier kann die Konstruktion musikalisch wunderbar hilfreich sein. Da kann man ein bisschen Orchester auf dem Klavier spielen.

JK: Umgekehrt klingen die Töne im Diskantbereich ohnehin nicht allzu lang, so dass für die Saiten der allerhöchsten Töne überhaupt keine Dämpfer mehr benötigt werden. In diesem Register ist es meistens unproblematisch, wenn das Pedal lange Zeit voll durchgetreten bleibt.

BG: Wie gesagt: Das Ohr entscheidet alles. Es geht um Schnelligkeit, Bewusstheit, eine feine Abstufung und Varianten von Pedalwechseln. Dass Michelangeli hierfür u. a. die „Zweckentfremdung" einer Clementi-Übung empfahl, die eigentlich für gebrochene Oktaven geschrieben ist, erwähnte ich ja schon.

JK: Bei Neuhaus gibt es eine in methodischer Hinsicht ganz ähnliche Empfehlung für das Oktavenspiel. Er riet, Bachs *Zweistimmige Inventionen* in Oktaven zu üben, aus den *Inventionen* eine Oktavenstudie zu machen und zu versuchen, sie dennoch schön klingen zu lassen. Auf den ersten Blick ist das merkwürdig und künstlerisch auch ein wenig fragwürdig angesichts des von Bach geforderten gesanglichen Spiels, aber unter rein handwerklichen Gesichtspunkten ist es sehr nützlich. – Sie erwähnten, dass Sie die *Sturmsonate* sowohl mit Michelangeli als auch im Kurs mit Arrau und Kempff durchgearbeitet haben. Ich bin furchtbar neugierig zu erfahren, wie diese drei Persönlichkeiten, die doch sehr unterschiedliche künstlerische Ansätze verfolgt haben, an das Werk herangegangen sind.

*Kempffs Humor und Arraus Noblesse*

BG: Bei Kempff und Arrau ist im Grunde nicht so viel dabei herausgekommen, Kempff unterrichtete im engeren Sinne eigentlich kaum. Ich hatte die *Sonate op. 90* vorgespielt, und er sagte mir: „Irgendwie liegt Ihnen die *Sonate* nicht so, das klingt ja alles ein bisschen wie Debussy bei Ihnen“. Ich muss gestehen, es kann damals durchaus so gewesen sein. Dann forderte er mich auf, eine andere Sonate zu spielen, und das war eben die *Sturmsonate.* „Das ist besser.“ Dann lobte er noch einige Details. Aber hier war ich ja durch Michelangeli auch schon ganz gut vorbereitet gewesen... Dann ging's weiter mit *op. 31,3.* „Und wer ist der Nächste?“ Das war mein Unterricht bei Kempff. Dazu muss man nun allerdings wissen, dass es bei seinen Kursen in Positano mehr um Beethoven ging als um uns Teilnehmer. Man wollte durch die *32 Sonaten* durchkommen und einen Blick auf das Gesamtwerk werfen, deshalb ging es dabei gar nicht so sehr um den einzelnen Schüler.

JK: Hat Kempff selber etwas vorgespielt?

BG: Ja, er hat immer wieder einzelne Sätze vorgespielt. Wie gesagt: Wir wollten durch alle *Sonaten* und *Konzerte* durchkommen. Jeder Teilnehmer musste sechs *Sonaten* und zwei *Konzerte* mitbringen – zwölf Schüler: Dann ist die Wahrscheinlichkeit sehr hoch, dass alle *Sonaten* und *Konzerte* dabei sind. Die wurden nach Möglichkeit chronologisch durchgegangen. Manche Sonaten waren natürlich doppelt und dreifach besetzt, aber es kam wohl auch vor, dass beispielsweise niemand die *Hammerklaviersonate* vorbereitet hatte. Da fällt mir ein, dass in meinem Jahr Mitsuko Uchida dabei war und den ersten Satz der *Hammerklaviersonate* spielte, wenn ich mich recht entsinne. Jedenfalls spielte Kempff dann ganz wunderbar das „Adagio“ aus dieser *Sonate.* Dabei bemerkte er eine Japanerin, die tränenüberströmt am Fenster saß, und als er zu den letzten Takten kam, sagte er, während des Spielens: „Übrigens, hier nehme ich immer das linke Pedal!“ Das trocknete die Tränen. An der heiligsten Stelle so etwas zu sagen... Aber so war der Humor von Wilhelm Kempff: entmystifizierend. Köstlich!

JK: Spielten die Schüler in diesen Kursen eigentlich alles, was sie vorbereitet hatten, oder wurde jede Sonate nur einmal durchgenommen?

BG: Es konnte nicht jeder alles spielen, soviel Zeit stand nicht zur Verfügung. Manchmal haben wir Sonaten aufgeteilt, und nur ab und zu kam eine Sonate doppelt vor. Ich hatte die Ehre, später diese Kurse in Positano als Nachfolger John O'Connors vier Jahre lang selbst fortzusetzen, in Kempffs Haus, an seinem alten, wunderbaren Flügel, und ich war gehalten, es auf genau die gleiche Weise zu machen: Auch ich sollte chronologisch vorgehen. Ich hätte mir das auch ganz anders vorstellen können, aber ich habe es dann letzten Endes doch gemacht. Und siehe da, die Studenten empfanden das dann in der Rückschau als sehr gutes Konzept. Nur konnte ich nicht so großzügig sein wie Kempff und wollte am Spiel der Teilnehmer doch auch immer wieder konkrete Dinge verändern. Das liegt mir halt so im Blut. – Arrau hat versucht, einen starken Einfluss zu nehmen. Er hat ja kaum Kurse gegeben, aber im Beethovenjahr 1970 wurde ihm eine Medaille der Stadt Bonn verliehen, und im Rahmen seines Besuches in der Stadt hat er doch einen Kurs gehalten. Er hat mich dann für das Abschlusskonzert ausgewählt, in dem ich die *Sturmsonate* spielte. Während des Unterrichts spielte er keinen einzigen Ton vor, sondern unterrichtete ausschließlich verbal, in mehreren Sprachen. Er saß drei Meter entfernt von mir und achtete hauptsächlich darauf, alle Arrangements, die ich vorgenommen hatte, vollkommen zu eliminieren. Er wollte nicht, dass ich irgendetwas auf zwei Hände verteilte, was bei Beethoven in einem System notiert ist. Überhaupt hätte ihn wohl niemand an Seriosität übertreffen können. Ich bin seinen Vorschlägen im Unterricht gefolgt, konnte sie aber innerlich nicht immer akzeptieren. Der größte Streitpunkt zwischen uns war das Tempo des 3. Satzes. Gut, ich war noch ein dummer Bengel, und ich hätte natürlich alles übernehmen müssen, was er sagte, und in den Stunden habe ich das auch getan. Er ließ mich den letzten Satz wirklich außergewöhnlich langsam spielen, höchstens Allegretto molto moderato. Das konnte ich kaum durchhalten. Natürlich steht da Allegretto, und wahrscheinlich habe ich anfangs tatsächlich zu schnell gespielt. Aber sein Tempo empfand ich als eine viel zu starke Rücknahme, und so habe ich im Konzert wieder schneller gespielt. Hinterher hat er mir gratuliert und gesagt: „Ja, das Tempo... Aber es ist ja nichts passiert!" Ein nobler Mensch.

JK: Ich habe ihn in Hamburg noch hören können, als er schon hoch betagt war, und dieses Konzert hat mich kolossal beeindruckt. Er spielte ein Beethoven-Liszt-Programm: *Les Adieux*, die *Appassionata*, Liszts *h-Moll-Sonate* und die *Dante-Sonate*, alles an einem Abend, und das im Alter von 78 Jahren, wenn ich mich nicht täusche. Obwohl das gesamte Programm sehr überzeugend war, fesselten mich an diesem Abend doch vor allem seine Liszt-Interpretationen. Ich hatte dabei den Eindruck, ich würde Liszt später nie wieder derartig authentisch hören können. Man spürte gleichsam den Atem der Liszt-Schule, aus der er hervorgegangen war. Sicherlich nahm er damals die Tempi etwas langsamer als in seinen jungen Jahren, aber sein Spiel war von ungeheurer Größe und Tiefe. Seine Wiedergabe war so meilenweit entfernt von allem vordergründigen virtuosen Geklingel, das in vielen Lisztaufführungen so sehr stört, dass es einem den Atem verschlagen hat. Wenn ich mich richtig erinnere, unternahm er mit 80 Jahren eine Tournee, auf der er beide Brahmskonzerte an einem Abend spielte.

BG: Das ist schon unglaublich.

JK: Wie hat sich denn Michelangeli hinsichtlich Ihrer Arrangements geäußert? Hat er sie mehr oder weniger toleriert oder möglicherweise sogar angeregt?

BG: Ja, er akzeptierte sie, allerdings nicht im Hauptthema der *Sturmsonate*. Da wollte er doch, dass ich permanent die Positionen wechsle, also nicht übergreife.

JK: Gut, da wird es auch sehr heikel, weil die rechte Hand eine chromatische Figur spielt, dazu noch in der Mittellage, so dass die Linie schnell verschmiert. Ganz früher habe ich das auch übergreifend gespielt, bin aber davon abgekommen.

BG: Gegen eine Aufteilung der Dreiklangstellen unmittelbar nach dem Rezitativ hatte er nichts. Mein Arrangement in *op. 90*, von dem schon die Rede war, war ihm aber dann doch zuviel.

JK: Cord Garben teilt in seinem Buch mit dem schönen Untertitel „Gratwanderungen mit einem Genie“ einen interessanten Fingersatz Michelangelis für den Beginn des ersten Satzes der *B-Dur-Sonate op. 22* mit; er übernimmt im Aufstieg der rechten Hand eine einzelne Note mit der linken Hand. Diese überraschende Lösung hilft wirklich und reduziert das Risiko kleiner Unsauberkeiten, die einem am Anfang eines Stückes ja leicht unterlaufen können, wenn sich im Konzert die Nervosität noch nicht gelegt hat. In dieser Beziehung war er offenbar nicht kleinlich, während Arrau sich an diesem Punkt doch recht dogmatisch verhalten hat.

BG: Kompromisslos, ja. Dogmatisch war Michelangeli nicht. Aber bei Arrau war diese Seite besonders stark ausgeprägt, dieser ungeheure Ernst, den Anweisungen des Komponisten eben in allem und jedem zu folgen, wobei wir ja gar nicht so sicher sein können, dass die Notation wirklich immer eine Spielanweisung impliziert. Ich liebe Debussys Kommentar im Vorwort zu seinen *Etüden*, der uns doch Mut macht, selbst nach dem besten Fingersatz zu suchen.

JK: Vielleicht waren Arraus Grundsätze noch in einer alten Lehrtradition verwurzelt, und mit seinen sehr großen, geschmeidigen, durchtrainierten Händen dürfte es ihm relativ leicht gefallen sein, auch die kompliziertesten Verteilungen und Fingersätze der Komponisten zu übernehmen. Für Spieler mit kleineren Händen sieht die Welt oft ganz anders aus.

BG: Joachim Kaiser hat Arrau in seinen Interpretationsvergleichen in dieser Hinsicht auch einmal kritisiert, wobei, wie wir sicher annehmen dürfen, sein Respekt völlig unangetastet blieb. Er monierte, dass dieses übermäßig Ernste manchmal den Blick verstellt auf eine Leichtigkeit und einen Humor, die es bei Beethoven doch auch gibt. Manches wirkt wie mit dem erhobenen Zeigefinger vorgetragen.

JK: Wir haben uns bereits ein wenig über Scarlatti unterhalten. In den Jahren, in denen Sie Michelangelis Schüler waren, erlebte die historische Aufführungspraxis einen großen Aufschwung. Zwar interessierte man sich auch schon zu Beginn des 20. Jahrhunderts wieder stärker für die alte Musik und begann, sich intensiver mit ihr zu beschäftigen. Die Pioniertaten einer Wanda Landowska sind bis heute unvergessen, auch wenn ihr Spiel nicht viel damit zu tun hat, wie die Cembalomusik des 18. Jahrhunderts inzwischen aufgefasst wird. Hat Michelangeli sich mit der aufführungspraktischen Strömung auseinandergesetzt, oder hat er sie mehr oder weniger ignoriert? Ich frage das aus einem ganz bestimmten Grund. Michelangelis viel gerühmte Scarlatti-Interpretationen fußen noch auf einer älteren pianistischen Tradition. Sie haben in einem Interview für den Norddeutschen Rundfunk darauf hingewiesen, dass er eine wesentlich größere Anzahl von Sonaten des Barockmeisters studiert hat, vermutlich an die 50, ohne die meisten davon jemals öffentlich zu spielen.

BG: Das wurde mir berichtet über die Zeit, bevor ich ihn kennengelernt habe. Er soll sich für eine Art Klausur in ein Kloster zurückgezogen haben, wo er sehr viel Scarlatti geübt habe.

JK: Sie erwähnten weiter, er habe eines Tages geäußert, er brauche diese Werke jetzt nicht mehr in seinen Konzerten zu spielen, da es inzwischen so viele Spezialisten gäbe.

BG: Ja, das hat er gesagt und diese Werke dann tatsächlich nicht mehr aufgeführt.

JK: Hat er mit diesen Spezialisten andere Pianisten gemeint oder eher an die Cembalisten gedacht, Fachleute auf dem Gebiet der alten Musik, die sich ganz auf dieses Repertoire konzentriert hatten?

BG: Das kann ich nicht genau sagen, aber ich vermute, die Äußerung ist allenfalls in Teilen respektvoll gemeint gewesen. Er dachte wohl, seine Auffassung passe nicht mehr in die neue Zeit, in der die historische Aufführungspraxis bereits einen ziemlich starken Widerhall gefunden hatte. Und er hat ja vieles gemacht, was man nicht mit dieser Aufführungspraxis vereinbaren kann. In der *h-Moll-Sonate* fügt er am Ende sogar einen Akkord hinzu, der nirgendwo in den Noten steht.

JK: Ja, zudem verwendet er gelegentlich Oktav-Verdopplungen, und natürlich setzt er das Pedal immer wieder ein, wenn auch verhältnismäßig sparsam. Besonders auffällig sind die wirklich breit angelegten, riesigen Schluss-Ritardandi.

BG: Ein wenig opernhaft.

JK: Ein Brahms-Ritardando könnte manches Mal kaum breiter sein. Stilistisch ist das in der Hochphase der historischen Aufführungspraxis sehr angreifbar geworden, obwohl es auf seine Weise überzeugend geklungen hat und von der einschlägigen Kritik damals noch hoch gelobt worden ist.

BG: Es klang wunderbar. Ich vermute, er wollte dem Konflikt mit der neuen Zeit ausweichen. Deshalb sprach er von „Spezialisten": „Die Leute, die jetzt alles besser wissen, sollen heute Scarlatti spielen. Ich lasse sie in Ruhe und konzentriere mich auf anderes." Sicher hat er phasenweise als Italiener auch eine Mission in sich gespürt, die alte italienische Musik zu spielen. Er hat Galuppi oder Tomeoni geliebt und in sein Repertoire aufgenommen.

JK: Er hatte ganz offenkundig eine gewisse Vorliebe für die – sagen wir jetzt nicht Kleinmeister, dass klingt zu abwertend, sagen wir lieber: für die weniger bekannten Komponisten, die teilweise bereits in Vergessenheit geraten, dem breiteren Publikum zumindest im Ausland jedenfalls nicht mehr bekannt waren, wie eben Galuppi oder Tomeoni – vielleicht muss man auch Clementi noch dazu rechnen. Übrigens wissen wir, dass er der Auffassung gewesen ist, ein Zeitstil lasse sich durch die Beschäftigung mit den Komponisten der zweiten und dritten Reihe besser erfassen als durch die Beschränkung auf die Heroen der Tonkunst, für die ja gerade charakteristisch ist, dass sie die Fesseln der Tradition und des Stils immer wieder gesprengt haben – ein Gedanke, den Ernst Jünger in ähnlicher Weise mit Blick auf die Literatur formuliert hat.

BG: Diese Stücke sind natürlich zauberhaft, und er spielte sie so außergewöhnlich schön. Da war dann so etwas Ritterliches in seinem Spiel. Er hat sicherlich dazu beigetragen, diese Musik wieder etwas höher zu schätzen, auch in Pianistenkreisen.

JK: Wissen Sie, ob er mehrere Werke aus diesem Repertoire gespielt hat, oder kennen Sie auch nur das, was von ihm aufgenommen wurde?

BG: Ich kenne zwei *Galuppi-Sonaten* in B-Dur und C-Dur – die in C-Dur ist die bekanntere von beiden. Von Bach-Busoni spielte er in den frühen Jahren außer der *Chaconne*, die lange ein Grundpfeiler seines Repertoires geblieben ist, auch noch die *Toccata und Fuge in d-Moll.* Aber das sind natürlich keine „italienischen" Kompositionen.

JK: Es gibt eine eigentümliche Aufnahme von der Bearbeitung eines Vivaldi-Konzertsatzes, allerdings in einer Bearbeitung, die so dick gesetzt und so romantisierend angelegt ist, dass man sie heute wohl kaum spielen könnte, ohne rot zu werden. Er hat das Stück aber in seinen sehr jungen Jahren, als solche Arrangements gerade noch vorzeigbar waren, mit großem Schwung und Feuer vorgetragen. – Von Mozart hat er fünf Konzerte in der Öffentlichkeit gespielt, die er fast alle bis in die letzten Jahre hinein in seinen Programmen berücksichtigt hat und die größtenteils in mehreren Aufnahmen vorliegen. Am bekanntesten dürften die späten Einspielungen mit Cord Garben und dem NDR-Sinfonieorchester sein, die nach der Genesung von seiner schweren Erkrankung entstanden und von der Deutschen Grammophon Gesellschaft herausgebracht worden sind. Haben Sie ihm eigentlich auch einmal Sonaten von Mozart oder Haydn vorgespielt?

BG: Leider nicht.

JK: Aber andere Schüler haben diese Literatur bei ihm erarbeitet?

BG: Ja sicher. Ich bin komischerweise sehr an Beethoven hängen geblieben. Vielleicht lag das daran, dass ich in der Zeit der damaligen Beethoven-Jubiläumsjahre 1970 und 1977 bei ihm war. Durch eine entsprechende Nachfrage lag im Repertoire zwangsläufig ein sehr starker Akzent auf Beethoven, vor allem auf den Klavierkonzerten und Sonaten, und so musste ich mich unweigerlich intensiv mit Beethoven auseinandersetzen. Ich hatte in dieser Zeit Mozart gegenüber sogar eine gewisse Phobie und länger nichts von ihm gespielt. Ich hätte natürlich gern etwas von Haydn unter seiner Anleitung studiert, aber es kam nicht dazu.

JK: Chopin hat er relativ viel und häufig aufgeführt und auch vergleichsweise viel von ihm aufgenommen. Leider ist keines der beiden Konzerte darunter, aber doch etliche der bedeutenden Werke. Wahrscheinlich verhielt es sich hier ähnlich wie bei Scarlatti und Beethoven, dass er nämlich wesentlich mehr studiert als im Konzert gespielt hat.

BG: Ja, offensichtlich hat er sehr viele, wenn nicht alle *Nocturnes* gespielt. Ich erwähnte das ja schon. Und ganz nebenbei: Die sind so unglaublich, die muss man doch auch spielen!

JK: Es gibt eine Eigentümlichkeit, die viele hassen, die aber gerade in seinen Chopin-Interpretationen eine besondere Rolle spielt –

BG: – das Klappern.

JK: Bei Michelangeli handelt es sich in Wirklichkeit gar nicht um ein Klappern im üblichen Sinne, wobei die Finger rein zufällig mehrere Töne nicht gleichzeitig, sondern nacheinander anschlagen – das ist eher ein typisches Schülerproblem. Er

## Einige bemerkenswerte Eintragungen Michelangelis in Beethoven-Sonaten

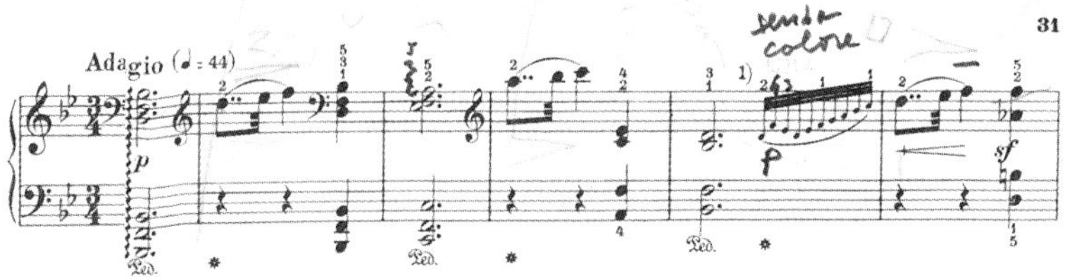


Beethoven, *Sonate d-Moll op. 31*, Nr. 2, 2. Satz, T. 5: „senza colore“

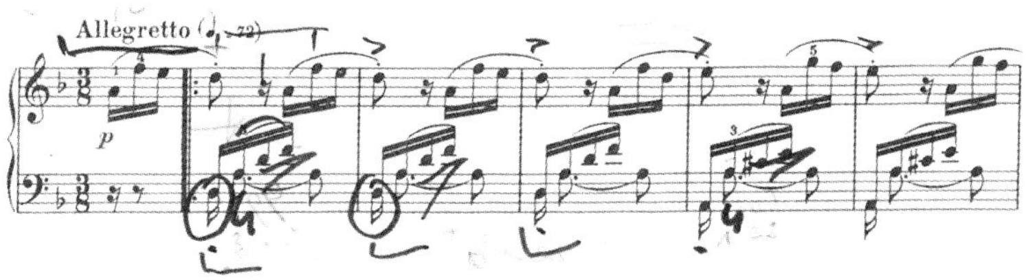


Beethoven, *Sonate d-Moll op. 31*, Nr. 2, 3. Satz: Tempo, Pedalbezeichnung, Akzente, Fingersatz

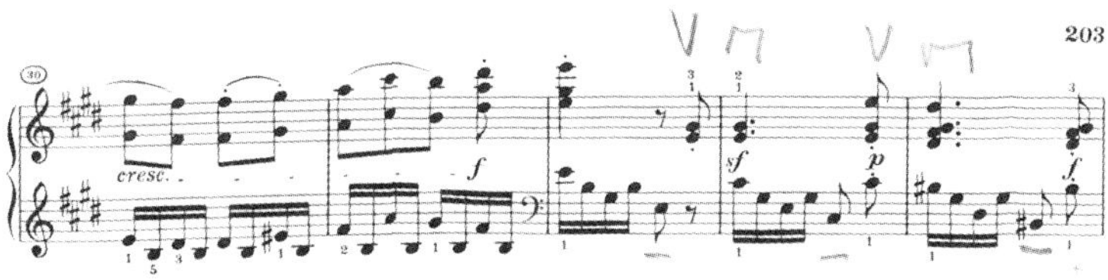


Beethoven, *Sonate e-Moll op. 90*, 2. Satz, T. 33–35: Aufstrich- und Abstrichbezeichnungen

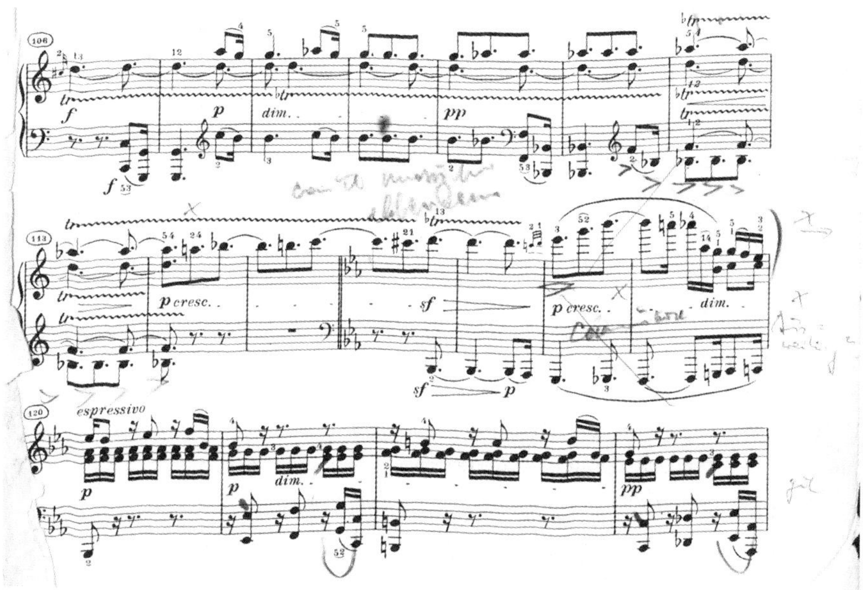


Beethoven, *Sonate c-Moll op. 111*, 2. Satz, T. 115–117: „con il massimo abbandono“

folgte mit dem absichtsvollen Vorausnehmen der Bassnote einer im 19. Jahrhundert weit verbreiteten Aufführungstradition, deren Funktion es war, Basslinien zu verdeutlichen, den Ausdruck zu intensivieren oder Melodienoten besser hervorzuheben.

BG: Das Gegenteil dessen, was in Russland meist gemacht wird. Dort wird der Bass oft später gespielt.

JK: Ist er darauf im Unterricht eingegangen? Das steht immerhin zu vermuten, da er sich dieses Ausdrucksmittels so häufig bedient hat.

BG: Nein, und er hätte das vielleicht sogar moniert. In diesem Punkt gingen manchmal die Pferde mit ihm durch. Dieser ungleichzeitige Anschlag war für ihn ein vor allem im Konzert bewusst eingesetztes Stilmittel, und manchmal hat er damit übertrieben, dann ging das fast ins Demonstrative. Ich erinnere mich an eine als Zugabe gespielte Chopin-Mazurka, in der kein Ton mehr über dem anderen war. Er hätte das natürlich nicht Klappern genannt, sondern *espressivo.* – Ich benutze dieses Verfahren in Maßen nach wie vor auch, aber ich warne meine Schüler, so etwas automatisch zu machen. Bei herausgehobenen Tönen einer Melodie eingesetzt, z. B. bei Synkopen, höchsten Tönen, Vorhalten etc. kann es ein schönes Ausdrucksmittel sein, für dessen Verwendung es im 19. Jahrhundert ja auch genügend historische Belege gibt. Es darf aber keine Gewohnheit werden, die müsste man bekämpfen. Eine Gewohnheit war es bei ihm nicht, sondern ein Stilmittel, das er einsetzte, aber manchmal eben reichlich exzessiv. Ich erinnere mich an eine Studentin, die den Anfang der zweiten *Kreisleriana*-Fantasie durchklapperte. Ich fragte sie dann: „Kannst du überhaupt noch zusammen spielen?" Antwort: „Natürlich". Das versuchte sie dann zu demonstrieren, und… es klang genau wie zuvor. Urkomisch. Hier hatte sich dieses Ausdrucksmittel verselbständigt.

JK: Erwähnenswert scheint mir, dass er durch den nicht ganz gleichzeitigen, haarscharf vom exakt synchronen Zusammenspiel von Akkordtönen abweichenden Anschlag in der Musik des Impressionismus außergewöhnliche Klangreize hervorzurufen vermochte, deren Ursache beim ersten Hören kaum zu erkennen ist. – Zu etwas ganz anderem: Können Sie sich die merkwürdige Wahl der Schubert-Sonate erklären? Er spielte öffentlich nur ein einziges Schubert-Werk – warum ausgerechnet diese kleine *a-Moll-Sonate*? Natürlich kann man sich darüber freuen, dass er dem oft vernachlässigten Stück zu einer größeren Bekanntheit verholfen hat, aber auf den ersten Blick verwundert es doch, dass er keines der späten und bedeutenderen Werke gewählt hat.

BG: Wir haben nicht darüber gesprochen, aber ich vermute, dass er davor zurückscheute, sich auf die langen Werke einzulassen. Die sind ja auch ungeheuerlich!

Wie schwer sind die! Die liebt man zu Hause – sie auf der Bühne zu bewältigen, ist eine ganz andere Sache. Ich habe Schubert fürchten gelernt auf der Bühne! Einer meiner Schüler, der den Van-Cliburn-Wettbewerb gewonnen hat, spielte dabei u. a. die große *c-Moll-Sonate*. Wir haben sehr viel an dieser Sonate gearbeitet, bis sie eine überzeugende Form annahm. Schließlich hat sich die Wahl aber wohl sogar als günstig erwiesen, denn eine solche Jury wie hier in Texas weiß, was diese Leistung bedeutet.

JK: Ich erinnere mich daran, wie einer der Juroren, wohl im Pauseninterview der Rundfunkübertragung eines Wettbewerbsfinales, in diesem Zusammenhang sinngemäß sagte, um mit Schuberts *G-Dur-Sonate* ins Finale zu kommen, müsse man schon ein außergewöhnlicher Künstler sein. Musikalisch verlangen Schuberts Sonaten dem Interpreten das Äußerste ab, technisch gelten sie im Allgemeinen, und durchaus nicht immer zu Recht, als vergleichsweise einfach. So etwas lässt sich nur behaupten, wenn ein sehr eingeschränkter Begriff von Technik zugrundegelegt wird.

BG: Ich habe einmal in der Jury eines Wettbewerbs gesessen, bei dem die 10 Semifinalisten ausschließlich eine der großen Schubert-Sonaten zu spielen hatten. Glauben Sie mir: Wir hatten Schwierigkeiten, die Finalisten zu finden. Michelangeli war so klug. Er hat bestimmt das Risiko gesehen und gescheut, hatte vielleicht auch in seiner Jugend hierfür nicht die Grundlagen gelegt. Und: Eine kürzere Sonate lässt sich noch kombinieren mit einem weiteren Werk in der jeweiligen Programmhälfte.

JK: An seiner Schumann-Auswahl ist kurios, dass er neben den beiden Karnevalswerken ausgerechnet auch einige wenige Stücke aus dem *Jugendalbum* gespielt und sogar aufgenommen hat. Wissen Sie etwas darüber?

BG: Nein. Vielleicht waren das gelegentliche Zugaben.

JK: Bei einem Pianisten, der von keinem Geringeren als Alfred Cortot als neuer Liszt apostrophiert worden ist, erstaunt es, dass er – und auch das nur als junger Mann – lediglich den *Totentanz* und das *erste Konzert* gespielt hat.

BG: Und zwar unglaublich gut.

JK: Mögen Sie den *Totentanz*?

BG: So wie er ihn spielt – ja. Ich unterrichte ihn auch immer wieder einmal, übrigens auch die Soloversion.

JK: Alfred Brendel findet ihn sogar noch faszinierender als die beiden Konzerte, wie seinen Gesprächen mit Martin Meyer zu entnehmen ist. Das Werk macht natürlich einen enormen Eindruck, wenn der Spieler diese Tour de force souverän und mühelos bewältigt. Es ist so wie bei vielen anderen Werken Liszts: Wenn auch nur der kleinste Verdacht besteht, der Spieler habe technische Probleme, geht die Wirkung weitgehend verloren.

BG: Über Liszt haben wir nie gesprochen, ich habe ihm auch nichts von Liszt vorgespielt.

JK: Außer den beiden genannten Werken hat Michelangeli nur noch *Églogue* aufgenommen. Hat er zu Hause für sich allein später noch Liszt gespielt?

BG: „Heimlich" vielleicht schon, er hat sicher überall mal hineingeschnuppert, aber ich habe das nicht erlebt. Man hätte so gerne die *Bénédiction* von ihm gehört, ich glaube, Joachim Kaiser spricht auch davon. Oder die *Petrarca-Sonette.*

JK: Diese Überlegungen sind leider müßig. Freuen wir uns an dem, was wir haben, statt zu beklagen, was es alles nicht gibt. Sonst überwiegt am Ende das Bedauern, denn das Klavierrepertoire ist so unendlich groß.

BG: Ich nehme an, dass ich von vielem, was er gespielt hat, gar nichts weiß. Ich hörte z. B., er soll als ganz junger Mann die *Telemann-Variationen* von Reger gespielt haben, die aber später in seinen Programmen nie vorgekommen sind. Ein Konzert kam wohl deshalb einmal nicht zustande, weil der Konzertagent ihn gerade mit diesem Werk verpflichten wollte: „Kommen Sie mal, und spielen Sie den Reger". Das war dann das Ende der Verhandlungen. Aber er muss sich damit beschäftigt haben.

JK: Zu seinen umstrittenen Interpretationen gehören die beiden Haydn-Konzerte, die er auch aufgenommen hat. Es kam zu dieser Einspielung, weil er offenbar vor dem Wechsel von der EMI zur Deutschen Grammophon Gesellschaft noch eine vertragliche Verpflichtung zu erfüllen hatte.

BG: Dazu muss man wissen, dass diese Aufnahme unter größtem Stress zustande gekommen ist. Er hat gegen seinen Willen gespielt, ich vermute, die sonst fällige Konventionalstrafe wäre zu hoch ausgefallen. Er hat es dann doch gemacht, aber für den Ablauf der Aufnahme eine ganze Reihe besonderer Bedingungen gestellt. Er war in bitterer, aggressiver Laune wegen dieser vertraglichen Angelegenheiten. Das ist es, was ich darüber gehört habe. Die Aufnahme ist sehr uncharmant, nicht wahr? Ich mag sie auch nicht gerne hören, ich kenne ihn doch ganz anders.

JK: Sie haben angemerkt, dass er das *3. Bartók-Konzert* sehr liebte und genau kannte. Man sagt, er habe als junger Mann auch das *Schönberg-Konzert* gespielt, ich konnte für diese Aussage aber keine verlässliche Quelle finden. Doch die Aufführung einiger Solowerke Schönbergs zu Beginn seiner Karriere ist belegt. Hat er sich Ihnen gegenüber zur Musik des 20. Jahrhunderts geäußert, hat er vielleicht bestimmte Komponisten oder Werke besonders geschätzt? Oder kam diese Thematik, von Bartók abgesehen, in Ihren Stunden nicht zur Sprache?

BG: Wie gesagt, er hat mich weder belehrt noch über meine Interessen ausgefragt, sondern immer nur praktisch reagiert auf das, was ich mitgebracht habe. Deshalb kann ich dazu nichts Konkretes sagen. In grundsätzlicher Form haben wir über solche Fragen nicht gesprochen.

JK: Wissen Sie, welche Werke ihm sonst, abgesehen von denen, die er aufgeführt hat, noch besonders nahestanden? Eventuell hatte er ausgefallene, der Öffentlichkeit unbekannte Vorlieben? Regers Sammlung *Aus meinem Tagebuch* soll er gemocht haben.

BG: Ich wollte ihm nicht mit Fragen auf die Nerven gehen, die er eventuell nicht so gerne beantwortet hätte. Und wenn er von sich aus über die Vergangenheit sprach, dann kaum einmal über sich selbst – jedenfalls in unseren Gesprächen. Zu beobachten war, dass in späteren Jahren Beethoven immer mehr ins Zentrum seines Interesses rückte. Sein allerletzter Klavierabend galt jedoch ausschließlich Debussy. Das hatte ich vorher noch nicht erlebt. Er hat in seinen früheren Auftritten Debussy zwar schon häufig eine ganze Konzerthälfte gewidmet, in diesen Konzerten aber immer auch Werke anderer Komponisten berücksichtigt. Doch der allerletzte Abend seines Lebens gehörte nun ganz Debussy. Michelangeli hat mir einmal gesagt, das sei von Anfang an „seine" Musik gewesen, von allem Anfang an.

JK: Als Sie in Ihrer Jugend *Children's Corner* in einem Schulkonzert gespielt haben...

BG: ... da wurde ich offiziell gerügt. Obwohl Gieseking Debussy schon überall gespielt hatte, konnten viele mit seiner Musik damals immer noch wenig anfangen, vorsichtig ausgedrückt.

JK: Ein Wiener Kollege, der von Debussys Klangwelt begeistert war, erzählte mir aus seinen Studienjahren, es habe lange geheißen: Das ist ja alles ganz hübsch, aber bedeutend ist es nicht. Zu meiner Zeit hatte sich die Einstellung bereits stark verändert – ich bin schon in einem Milieu mit ganz anderen ästhetischen Prämissen aufgewachsen.

BG: Ich stieß da, wie gesagt, noch auf erhebliche Schwierigkeiten. Die breite öffentliche Wertschätzung Debussys setzte relativ spät ein. Das war Teil meiner Motivation, immer wieder besonders für ihn einzutreten. Mich hat einfach zu sehr gewurmt, was ich im Laufe meines Lebens alles über ihn hören musste. Als ich mit der Herausgabe der Briefe Debussys an seine Verleger beschäftigt war, fielen mir gewisse Parallelen zwischen ihm und Michelangeli auf. Debussy war eigentlich in vielerlei Hinsicht ein Autodidakt. Er hatte eine große Sympathie für seinen Kompositionsprofessor, der sehr viel für ihn getan hat, den er zwar auch schockiert und überrascht hat mit seinen kühnen Ideen, mit dem er sich aber unterhalten konnte, stundenlang, der Verständnis für ihn hatte und ihn liebte. Doch das Allermeiste hat er sich selbst beigebracht. Er hat gelesen, studiert, Partituren analysiert. Ich schätze Michelangeli ähnlich ein. Er hat das Konservatorium bekanntlich schon im Alter von vierzehn Jahren mit dem Diplom verlassen.

JK: Haben Sie Einblick in die Welt seiner Interessen nehmen können? Hat er viel gelesen, sich außer mit Klaviermusik auch mit Opern, Orchestermusik und Kammermusik beschäftigt? Hatte er dabei besondere Vorlieben? Oder hatte er schlicht keine Zeit, sich damit auseinanderzusetzen? Er sagte ja einmal, entweder er übe oder unterrichte, und das Leben reiche gerade eben aus, um eine einzige Sache gut zu machen. Cord Garben wies darauf hin, dass er viele Kunstbücher besessen und sie seinen Besuchern gerne gezeigt habe, auch von einer Vorliebe für die Dichtung d'Annunzios ist die Rede. Irgendwo las ich, er habe sich sogar in Herrigels *Zen in der Kunst des Bogenschießens* vertieft.

BG: Darüber haben wir kein Wort gesprochen. Wir hätten eigentlich eine gute Gelegenheit dafür gehabt. Ich habe ihm von meinem Boulespiel erzählt, da kommt man ja auf die gleichen Gedanken.

JK: Hat sich Michelangeli über andere Künstler vernehmen lassen? Es heißt, dass er darin sehr zurückhaltend war, aber Sie erwähnten gelegentlich, er habe Horowitz einen „Experten" genannt – ein Versuch, sich respektvoll und doch distanziert zu äußern…

BG: … und sich mit einer gewissen Eleganz aus der Affäre zu ziehen. Er kam nicht umhin, die Bedeutung des Konkurrenten zu akzeptieren, auch wenn sie beide in verschiedenen künstlerischen Welten lebten. Richter und Michelangeli haben sich gegenseitig sehr respektiert, und auch Lipatti hat er sehr geschätzt. Ich weiß, dass er sich dessen Aufnahme aus Besançon mit den *Chopin-Walzern* sehr aufmerksam angehört und keinerlei Kritik daran geäußert hat – da war offensichtlich große Anerkennung.

JK: Es handelt sich dabei um den Mitschnitt von Lipattis letztem Konzertauftritt im September 1950. Im Dezember desselben Jahres ist er dann in Genf viel zu jung verstorben – ein unersetzlicher Verlust für die Musikwelt. – Auch die Kunst einer Alicia de Larrocha soll Michelangeli überzeugt haben.

BG: Ein Lächeln huschte über sein Gesicht, wenn ihr Name erwähnt wurde. Er mochte sie ganz offensichtlich, was ich sehr gut verstehe. Dieses so ursprüngliche Klavierspiel! Er hat auch Gieseking gehört und lachte noch nachträglich darüber, dass diesem großen Pianisten in *Feux d'artifice* ein Lesefehler unterlaufen war – er soll irgendwo die Schlüssel verwechselt und falsch gespielt haben. Das hat ihn amüsiert. Ich habe nicht geprüft, ob dieser Fauxpas in irgendeiner Aufnahme dokumentiert ist. So etwas kann ja durchaus passieren, besonders, wenn jemand derartig schnell lernt und dabei auch noch Neuland betritt wie Gieseking.

JK: Hat Michelangeli sich zu anderen Größen des Musiklebens geäußert?

BG: Schon, aber das muss man nicht breittreten. Vielleicht mochte er mich gerade deshalb, weil ich Fragen dazu nie gestellt habe. Wir haben eher über chinesisches Essen gesprochen oder über die Formel 1. Ich hatte eine Scheu, bestimmte Themen anzureißen, über die ich jetzt nun doch gerne mehr Informationen hätte. Damals dachte ich ja auch noch, es gehe immer so weiter mit uns – was ich heute nicht frage, kann ich morgen fragen. – Inzwischen hat sich vieles geändert: Die Kurs-Studenten aus Asien nehmen heutzutage fast jede Unterrichtsstunde auf.

JK: Das erlebe ich auch immer wieder, und manchmal frage ich mich, wann sie all dieses Material je wieder hören werden. In meiner eigenen Studienzeit habe ich genau wie Sie nicht sehr viel notiert, abgesehen von den Anmerkungen im Notentext selbst. Ich sagte mir immer, ich müsse die Hinweise meiner Lehrer zuerst einmal in vollem Umfang verstehen und verinnerlichen. Wenn das nicht gelingt, hat ja auch eine Aufzeichnung wenig Sinn. Sehr nützlich ist die Methode allerdings für diejenigen Studenten, die sprachlich noch mit Schwierigkeiten zu kämpfen haben. Sie gehen die Stunde anhand ihrer Aufnahme zu Hause noch einmal durch und schlagen unbekannte Ausdrücke im Lexikon nach. Das ist natürlich hilfreich.

BG: Dass sie das wirklich abhören, das weiß ich. Aber selbst, wenn es damals schon so leicht und normal gewesen wäre wie heute, den Unterricht aufzuzeichnen, hätte ich das nicht gemacht. Ich hätte Michelangeli noch nicht einmal um die Erlaubnis gefragt. Ihm wäre das auf die Nerven gegangen, und ich hätte mich ein bisschen wie ein Dieb gefühlt.

JK: Sie erwähnten vorhin sein letztes Konzert, das er am 7. Mai 1993 in der Hamburger Laeiszhalle, der damaligen Musikhalle, gegeben hat und das zur Gänze

Debussy gewidmet war. Auf dem Programm standen *Children's Corner*, beide Serien der *Images* und der erste Band der *Préludes*.

BG: Er war nach seiner Erkrankung wieder Michelangeli, er war noch Michelangeli, er war der Alte. Aber es war auch noch etwas anderes mit im Spiel. Er hatte, ich glaube zum ersten Mal, seinen Frack nicht mehr an, er kam im Rollkragenpullover und im dunklen Anzug. Er hat den ganzen Abend laut mitgesungen, auf der Bühne, was er sein Leben lang nicht getan hatte. So hat er geübt, bei sich zu Hause, in seinem Wohnzimmer – da hat er immer mitgesungen. Aber dass er auf der Bühne mitgesungen hätte, wie man das von anderen Pianisten kennt, das war undenkbar. Stichwort Wohnzimmer: Er fühlte sich vielleicht in der Musikhalle ein bisschen wie in seinem Wohnzimmer, er hat da sehr gerne gespielt. Und vielleicht hatte er auch das Gefühl, die Konzerte, die er jetzt nach seiner Herzoperation gab, seien so etwas wie eine Art Zugabe in seinem Leben. Und aus diesem Gefühl heraus war er den Menschen in gewisser Weise vielleicht ein bisschen zugewandter, er war vielleicht ein bisschen weicher geworden, er fing an zu singen, und es war wohl alles nicht mehr so wichtig. Hinterher sagte er, er würde jetzt gerne nochmal spielen. Auf dem Cover der CD dieses Konzertes gibt es ein Foto, das ihn zeigt, wie er die Arme hebt und sich beim allerletzten Applaus verabschiedet – es *ist* ein Abschied gewesen, dieses Konzert. Und: Wenn er aus irgendeinem Grunde gewusst hätte, dass dieses sein letztes Konzert sein sollte, dann hätte er sich genau so verhalten müssen.

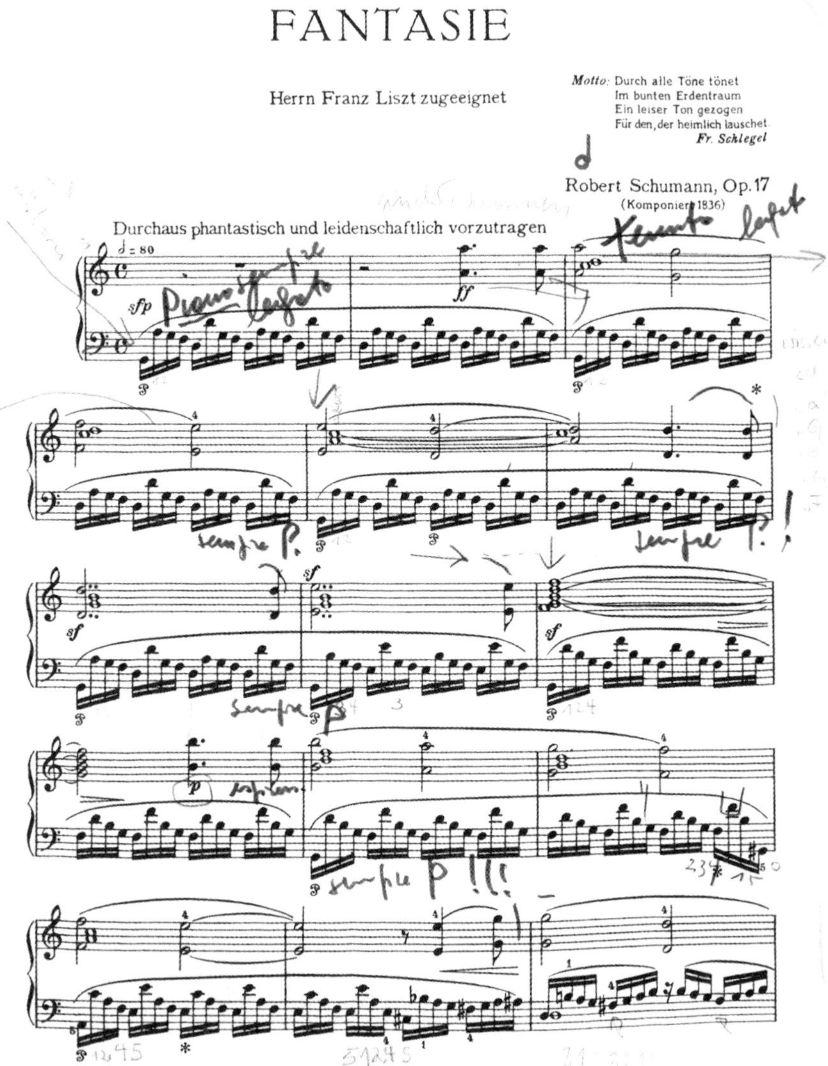


Schumann, *Fantasie C-Dur op. 17*, 1. Satz: Durchaus phantastisch und leidenschaftlich vorzutragen, Beginn

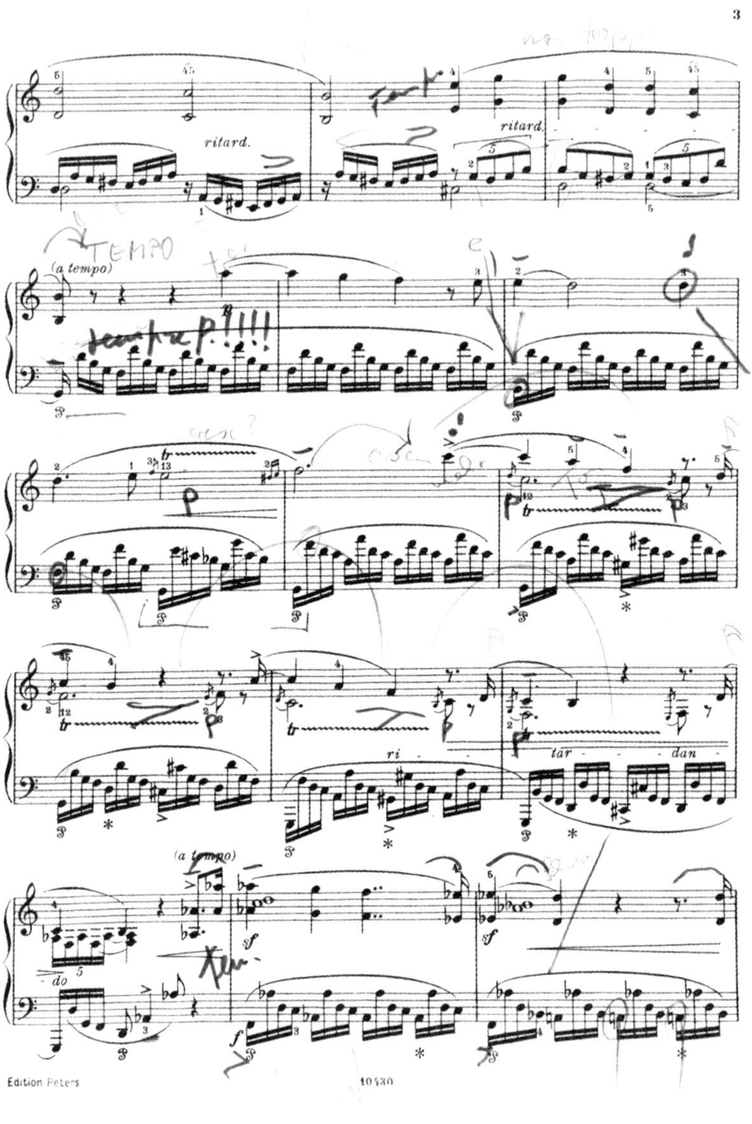


Schumann, *Fantasie C-Dur op. 17*, 1. Satz: Durchaus phantastisch und leidenschaftlich vorzutragen, Fortsetzung (Seite 2)

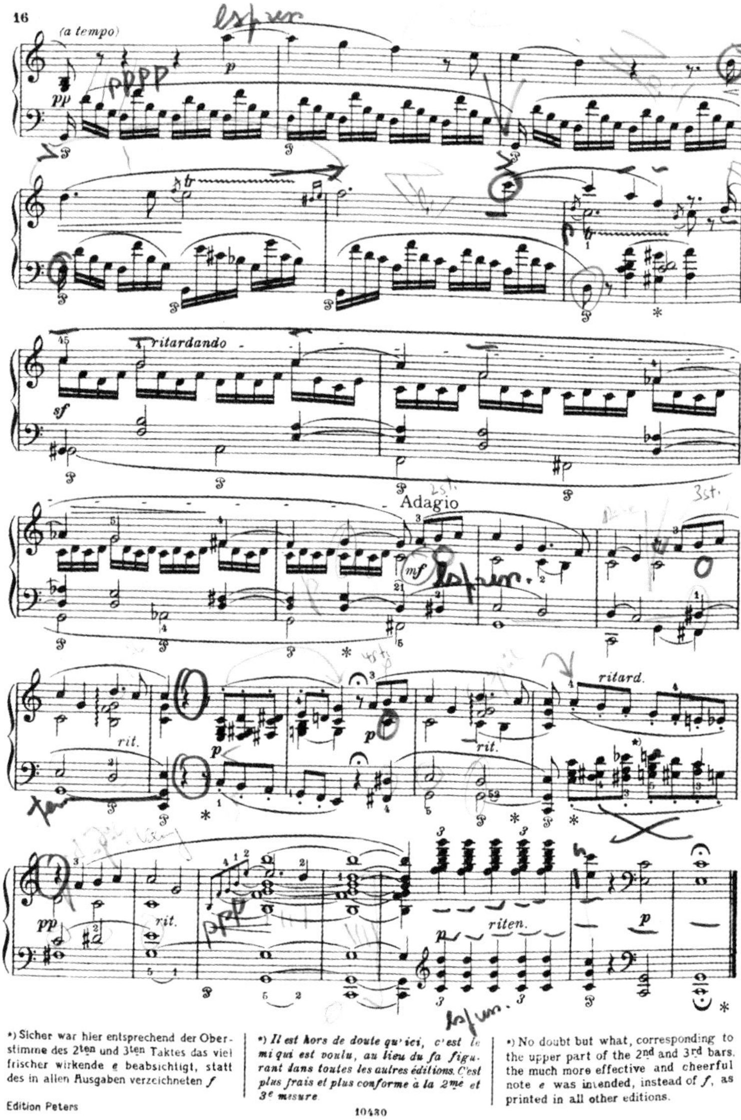


Schumann, *Fantasie C-Dur op. 17*, 1. Satz: Durchaus phantastisch und leidenschaftlich vorzutragen, Schluss

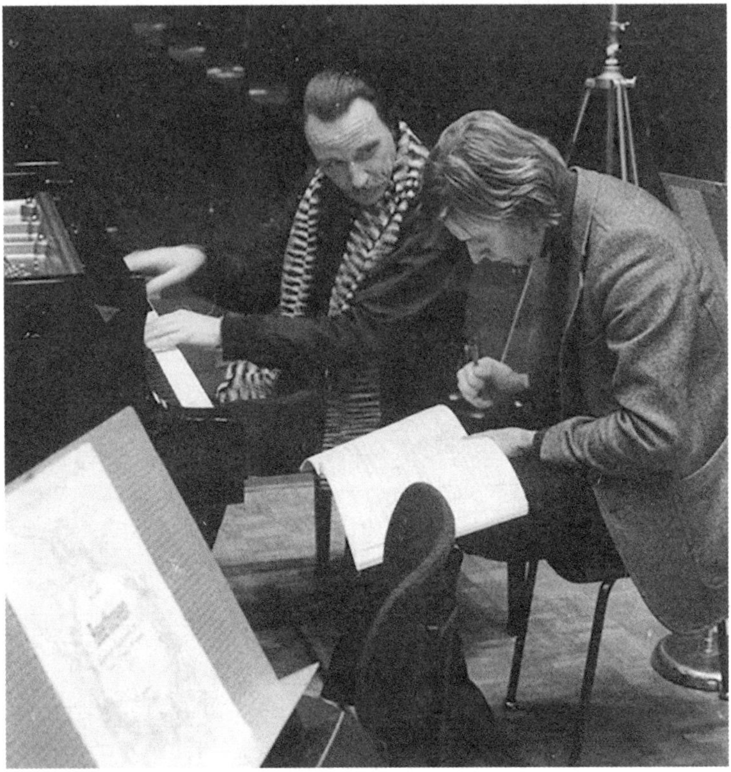

Michelangeli mit Cord Garben vor der gescheiterten Aufnahme des *fünften Beethoven-Konzertes* mit Carlos Kleiber, 1975

## Eine Vergötterung fand nicht statt

Produzent Cord Garben über die Zusammenarbeit mit
Arturo Benedetti Michelangeli

Cord Garben, geboren 1943 in Bad Homburg, studierte an der Staatlichen Hochschule für Musik in Hannover Schulmusik, Klavier und Dirigieren. Anschließend wirkte er als Repetitor am Niedersächsischen Staatstheater in Hannover und spezialisierte sich auf Liedbegleitung. Als Klavierpartner konzertierte er mit zahlreichen bedeutenden Künstlerpersönlichkeiten, darunter Edith Mathis, Brigitte Fassbaender, Anne-Sophie von Otter, Peter Schreier, Dietrich Fischer-Dieskau und Kurt Moll. Weit über 100 CDs, unter denen die Gesamtaufnahmen der Liedwerke von Alexander Zemlinsky, Hector Berlioz sowie Carl Loewe herausragen, legen Zeugnis von seiner künstlerischen Tätigkeit ab. Cord Garben erhielt dafür den Deutschen Schallplattenpreis und wichtige internationale Auszeichnungen, u. a. 1989 den Preis des französischen Kulturministers für die beste kulturelle Initiative. Als Dirigent arbeitete er u. a. mit dem NDR-Sinfonieorchester Hamburg, dem Deutschen Sinfonieorchester, der Radiophilharmonie Hannover, dem NHK-Symphony Orchestra und Tokyo Philharmonic (Neuinszenierung *Tannhäuser*).

Mehr als zwei Jahrzehnte war Cord Garben Schallplattenproduzent der Deutschen Grammophon Gesellschaft. In dieser Zeit betreute er Mstislaw Rostropowitsch, Dietrich Fischer-Dieskau, Arturo Benedetti Michelangeli sowie Herbert von Karajan und war Leiter der Vokalproduktionen. Sieben Grammy-Awards, darunter vier für die Produktion von Wagners „Ring" an der MET mit James Levine, belegen den Rang dieser Arbeit.

Cord Garben verfasste ein Lehrwerk für Liedbegleiter (*Zur Interpretation der Liedzyklen von Franz Schubert*), legte mit dem Band *Arturo Benedetti Michelangeli – Gratwanderungen mit einem Genie* die erste größere Buchpublikation über den italienischen Pianisten vor und schrieb eine Studie zu Fragen der Klavierinterpretation (*Auf die Finger geschaut. Von der Werktreue großer Pianisten*). In den Verlagen Sikorski und C. F. Peters ist er auch als Herausgeber hervorgetreten. Zum Zentenarium erschien im Januar 2020 im Noetzel-Verlag – zeitgleich mit einer arte-Produktion – ein weiteres Buch über den italienischen Meister, das sich besonders mit den persönlichen, psychischen Spuren in seinen Interpretationen auseinandersetzt: *Arturo Benedetti Michelangeli. Die kühle Kunst der Perfektion.*

Cord Garben ist Präsident der Johannes-Brahms-Gesellschaft Hamburg und Ehrenmitglied der Internationalen Carl-Loewe-Gesellschaft.

Das Gespräch fand am 24. Juni 2019 im Institut für Musik, Medien- und Sprechwissenschaften der Martin-Luther-Universität Halle-Wittenberg statt.

JK: Als Benedetti Michelangeli sich entschloss, zur Deutschen Grammophon Gesellschaft zu wechseln, stand er noch bei EMI unter Vertrag. Wissen Sie, wie der Kontakt zur DGG zustande kam?

CG: Michelangeli war bei seinem alten Label nicht mehr zufrieden, und ich nehme an, dass Karl Faust, sein erster Produzent bei der DGG, die neue Verbindung angebahnt hat. Michelangeli versuchte wohl eine Art Neustart, und vermutlich waren auch die finanziellen Konditionen besser. Ich selbst war mit diesem Vorgang aber nicht befasst. Die Aufnahmen mit Haydn-Konzerten, die er noch der EMI schuldete, wurden recht lustlos abgeliefert und zählen nicht zu seinen Sternstunden.

JK: Sie haben den Künstler 17 Jahre lang begleitet, ihn in den unterschiedlichsten Situationen erlebt, ihm gegenüber als Produzent, als Dirigent seiner späten Mozartaufnahmen und als vertrauter Gesprächspartner auch sehr verschiedene Rollen gespielt. Welchen Stellenwert hatten Ihrer Einschätzung nach die Schallplatten für Michelangeli – etwa im Vergleich zu seinen Konzerten? Hatten Sie den Eindruck, dass er diese Aufnahmen als ein Vermächtnis ansah, sie als eine Art Legat betrachtete? Hatte er die Intention, die Werke seines Repertoires in modellhafter Interpretation möglichst vielen Menschen zugänglich zu machen, wie man das von anderen Interpreten kennt? Es waren sicher auch kommerzielle Aspekte mit im Spiel. Können Sie sagen, was für ihn im Vordergrund stand?

CG: Die kommerziellen Aspekte sind die einzigen, die ich verstehen kann und die ich für realistisch halte. Dass die anderen Gründe eine Rolle gespielt haben, glaube ich eher nicht. Ein Künstler, der über Jahrzehnte ein derart limitiertes Repertoire aufführt, kann damit nicht irgendwelche kulturpolitischen oder aufnahmepolitischen Gedanken verbunden haben. Ich sehe das ganz nüchtern und rational. Er wird sich gesagt haben, die Deutsche Grammophon ist ein anspruchsvolles Label und macht gute Aufnahmen – warum soll ich mich nicht mit ihr verbinden? Eine kulturelle oder sonstige Absicht konnte ich da nicht beobachten.

JK: Wie hat die Vorbereitung der Aufnahmen ausgesehen? Wenn ein Künstler im Ruf steht, ein ausgesprochener Perfektionist zu sein, sind ein langer Vorlauf und eine akribische Planung zu erwarten, doch die Aufnahmesitzungen mit Benedetti Michelangeli kamen mitunter anscheinend relativ spontan zustande.

CG: Ja, aber das war die Ausnahme.
JK: Andere Produktionen waren dagegen von langer Hand geplant. Wie hat sich das abgespielt?

CG: Sobald das Repertoire festgelegt war und Michelangelis Assistentin den vom Meister gewünschten Aufnahmetermin übermittelt hatte, haben wir einen Saal gesucht – der Rest war Routine. Lag der Termin Monate voraus, besuchte ich ihn manchmal – es gab immer etwas zu besprechen, besonders zukünftige Aufnahmepläne. Manchmal lohnte sich der Besuch allein wegen der erlesenen Mahlzeiten von seiner Hand. Und ganz besonderer Weine! Sonst war das alles ganz unspektakulär.

JK: Unspektakulär?

CG: Ja. Nur in Fragen des Repertoires lief nicht immer alles glatt. So wollte er einmal ganz spontan Beethovens *Sonate op. 111* aufnehmen, aber die Firma hatte diese kurz zuvor Maurizio Pollini zugesagt. Ich war damals schon Produzent – vorher war ich „nur“ Aufnahmeleiter –, und so war es nun meine Aufgabe, ihm das auszureden. Das war eine heikle Situation, die noch eine Weile nachwirkte.

JK: Diese Angelegenheit war sicher pikant, zumal Pollini ja eine zeitlang Unterricht bei Michelangeli genommen hat.

CG: So sagt man, aber ihn oder auch Martha Argerich als seine Schüler zu bezeichnen, wie es oft geschieht, ist etwas irreführend.

JK: Das ist richtig: Argerichs Biograph Bellamy gibt an, die damals zwanzigjährige Künstlerin habe immerhin eineinhalb Jahre bei Michelangeli in Moncalieri verbracht, „um am Ende gerade einmal vier Unterrichtsstunden von ihm bekommen zu haben“. (Bellamy:111) Michelangeli war wohl der Auffassung, dass sie damals bereits keinen Unterricht mehr benötigte. Pollini hat offensichtlich stärker von der Unterweisung des Meisters profitiert und sich auch selbst in einem Interview zu seiner Zeit bei Michelangeli geäußert: „Meine Situation nach dem Wettbewerb in Warschau [gemeint ist der Chopin-Wettbewerb 1960] war nicht ganz einfach. Der Sieger dieses Wettbewerbs ist natürlich in der ganzen Welt gefragt. So geht es jedem Wettbewerbssieger. Also begann ich, Konzerte zu geben. Aber schon bald merkte ich: Ich war noch nicht bereit für das anstrengende Leben eines Konzertpianisten. Ich wollte studieren, mir mehr Repertoire erarbeiten […]. Also sagte ich für 18 Monate alle Konzerte ab und nahm Unterricht bei Benedetti Michelangeli. Die ersten Stunden bekam ich in seinem Haus in der Nähe von Bozen. Dann zog ich in die Villa in Arezzo, wo alle seine Studenten lebten. Dort blieb ich eine Weile.“ Auf die Frage des Interviewers, wie die Stunden bei Michelangeli waren, erläuterte er: „Ich spielte, und er gab mir interessante, äußerst nützliche Ratschläge. Er brachte mir eine fantastische Fingertechnik für Triller bei. Die verwende ich heute noch. Oder am Anfang der *Waldstein-Sonate* sollte ich die doppelte Auslösung nutzen, für ein sehr dichtes Legato, bei dem die Taste nicht ganz nach oben kommt. Michelangeli benutzte im Pianissimo oft die doppelte Auslösung, um den Klang so zart wie irgend möglich zu gestalten.“ (Monsaingeon: Filmporträt Pollini) – Übrigens soll Michelangeli Pianisten, die nur sehr kurze Zeit bei ihm waren, ausdrücklich untersagt haben, sich als seine Schüler zu bezeichnen. Ob sich alle daran gehalten haben, ist eine andere Frage.

CG: Das erinnert mich an Celibidache, der eigentlich keinen systematischen Dirigierunterricht gegeben hat, aber es laufen immer wieder so genannte Dirigenten herum, die sich als seine Schüler bezeichnen, obwohl sie nur einige seiner Vorträge gehört oder einmal an einem Kurs teilgenommen haben, in dem der Meister auch noch überwiegend aus seinem Leben erzählte.

JK: Bei Michelangeli gilt es zu differenzieren. Viele Musiker haben lediglich einen seiner Kurse besucht, aber eine ganze Reihe junger Pianistinnen und Pianisten wurde über mehrere Jahre hinweg von ihm unterrichtet, einige Schüler haben sogar in seinem Haus in den Bergen gewohnt. Die japanische Pianistin Yoko Kono lebt vier Jahre dort und hat in einem Rundfunkinterview ausführlich über diese Zeit Auskunft gegeben. Die Klavierstunden fanden nicht nach einem strengen Zeitplan, aber doch mit einer gewissen Regelmäßigkeit statt. Besonders günstig sei es übrigens gewesen, den berühmten Lehrer spontan anzusprechen: „Maestro, ich habe ein Problem, können Sie bitte mal kommen?“ Das habe er dann oft getan und sei manchmal gleich drei Stunden geblieben.

CG: Schön, das wusste ich gar nicht. Er hat mit mir darüber nicht gesprochen.

JK: Es ist bekannt, dass Michelangeli mit ausgewählten, hoch begabten Schülern, denen er vertraute und zu denen er eine längere Verbindung hatte, sehr intensiv gearbeitet hat. Bernd Goetzke bestätigt das eindrucksvoll. Michelangeli ist sehr ins Detail gegangen, hat sehr viel Zeit investiert, war sehr gründlich und offenbar auch sehr geduldig: er hat nie etwas erzwungen. – Doch kommen wir zurück zu den Aufnahmesitzungen. Der Termin war also anberaumt. Benedetti Michelangeli hat, soweit ich informiert bin, immer mehrere Tage für die Aufnahmesitzungen reservieren lassen. Sie schreiben, dass manchmal ein, zwei Tage lang nur mit den Klaviertechnikern an den Instrumenten gearbeitet wurde und sonst gar nichts passierte. Ich stelle es mir für einen Produzenten und für sein Label schwierig vor, Sitzungen anzusetzen, deren zeitlicher Ablauf derartig unvorhersehbar ist. Normalerweise liegt einer Produktion doch ein gut geplanter, klar bemessener Zeitrahmen zugrunde: Nach einer kurzen Einspielphase für den Interpreten beginnt die Aufnahme, und anschließend gibt es hinreichend Zeit, um die erforderlichen Korrekturen vorzunehmen. Wenn Michelangeli kam, scheinen die vorbereitenden Maßnahmen wesentlich länger gedauert zu haben, und es galt zu warten, bis er eine echte Bereitschaft hatte, ans Klavier zu gehen und die Aufnahme einzuspielen.

CG: Es blieb nichts anderes übrig, als abzuwarten, bis er mit dem Zustand eines Instrumentes zufrieden war. Auf einem Monitor konnten wir die Arbeit des Technikers verfolgen. In der Regel standen zwei Instrumente bereit. Michelangeli prüfte sie zunächst und erläuterte dem Techniker, was noch zu verändern wäre. Es ging dabei natürlich vor allem um die Intonation, weniger um die Regulierung. Sobald die Arbeit am Instrument begann, zog er sich in sein Zimmer zurück, in dem Tee und ein paar Kekse für ihn bereitstanden. Er blieb dort, bis er vom Techniker auf die Bühne gebeten wurde, prüfte dann die Flügel erneut, gab weitere Anweisungen, und innnerhalb von zwei, drei Tagen kristallisierte sich allmählich heraus, welcher Flügel für seine Aufnahme der richtige war. Normalerweise hätte er dann gleich aufnehmen können, aber es dauerte häufig noch eine Weile, bis die innere Bereitschaft da war. Aber es gab auch den Fall, dass eine Aufnahme ganz plötzlich, wie aus einer Laune heraus, begonnen wurde. Die Produktion des zweiten Bandes der *Debussy-Préludes* ist so entstanden. Die Aufnahme sollte im großen Saal der Oetkerhalle in Bielefeld stattfinden, doch er weigerte sich plötzlich, dort zu spielen. Daraufhin warf er einen Blick in den kleinen Saal, schließlich ins Foyer, und ganz plötzlich entschied er sich, ausgerechnet dort die klanglich so heikle Musik einzuspielen – an einem eigentlich ungeeigneten Ort, der ja nach allen Seiten offen war. Die Klaviere wurden ins Foyer geschoben und gestimmt, und sofort begann die Aufnahme. Diese Unberechenbarkeit war typisch für Michelangeli. Anders verlief eine Aufnahmesitzung in La Chaux-de-Fonds in der Schweiz. Er hatte bereits ein paar Stunden geübt, dann aber festgestellt: „Es ist zu feucht, ich spiele nicht“. Und so sind wir abends essen gegangen. Im Grunde genommen war er in nichts berechenbar, in gar nichts. Die erheblichen Kosten, die der DGG entstanden waren, interessierten ihn nicht.

JK: Ihre Schilderung der Aufnahmen in Bielefeld überrascht. Jemand, der so perfektionistisch ist, der über eine schier unglaubliche Fähigkeit des analytischen Hörens, des Wahrnehmens kleinster Unebenheiten des Klanges verfügt, der jedes Instrument akribisch testet, bevor er darauf spielt, verwendet aufgrund eines spontanen Entschlusses einen Flügel, der in der Kürze der Zeit allenfalls noch durchgestimmt und leicht nachintoniert, aber nicht mehr detailliert vorbereitet werden kann? Haben Sie für dieses unterschiedliche Verhalten eine Erklärung?

CG: Ja, ich denke, das ist eine psychologische Frage. Hinter derartig spontanen Entscheidungen stand ganz sicher kein Plan, sie wurden von einer anderen Ebene aus gesteuert. Ich frage mich, ob in dieser Unberechenbarkeit eine gewisse Unsicherheit zum Ausdruck kommt, ob sie die Konsequenz des Verweilens in seiner ganz eigenen Welt ist. Manche beobachten gar autistische Züge in seiner Person.

Michelangeli lebte abgeschieden in seinem Haus, er spielte nur das, was er spielen wollte, und irgendwann entschied er sich vielleicht, ein Werk einzuspielen, das er schon früher dreimal aufgenommen hatte. Dann begann er zu üben, wochenlang vorher, nahm diese Arbeit aber so ernst, als spielte er die Stücke zum ersten Mal. Folglich übte er manche Stücke „tot", so dass er letzten Endes mit einer Aufnahme von – sagen wir 1978 – nicht weiter gekommen ist als mit einer früheren des Jahres 1963. Das erinnert mich erneut an Celibidache. Celibidache ist ein erstklassiger Probierer gewesen, er führte in der Probe die verschiedenen Instrumentengruppen zusammen, verkettete die Stimmen miteinander – ich habe das genau beobachtet, als er viele Jahre nach seinem letzten Auftritt mit den Berliner Philharmonikern noch einmal zu diesem Orchester zurückkam, um Bruckners *Siebte* zu dirigieren. Er veranstaltete in den Proben ein Riesentheater mit dem Orchester: 20 Minuten brauchte er nur für das Tremolo zu Beginn. Einige sollten langsam spielen, einige schnell, alle mussten etwas anderes machen, um einen runden Klang zu bilden. Endlich hatte er alles Schritt für Schritt zusammengefügt, das Orchester spielte musikalisch exakt so, wie er wollte, doch das gelang zur Überraschung des Aufnahmeteams am besten in der Hauptprobe. Die Musiker waren, als alles fertig geprobt war, irgendwie unbeweglich geworden, es war alles verzahnt, organisiert, penibel geplant, doch nach der Hauptprobe erfolgte im Konzert keine Steigerung zu größerer Wirkung. Es fehlte die Frische und – vor allem – die Spannung. Vieles wirkte irgendwie blutleer. Die Hauptprobe war ganz eindeutig am besten, was das Publikum natürlich nicht spüren konnte. Mit dieser Probentechnik stand er in einem starken Gegensatz zu zahlreichen anderen Dirigenten. Abbado etwa war das Gegenteil. Er hat den Musikern viel Freiheit gelassen. Obwohl er kein großer Probierer war, kamen abends, wenn seine Topmusiker die Regie übernahmen, großartige Aufführunge zustande.

JK: Wir sprachen über die Vorbereitung der Aufnahmen Michelangelis, über das Aufarbeiten der Instrumente und die Wahl des geeigneten Flügels. Hat er im Künstlerzimmer noch geübt, hat er sich speziell vorbereitet, während der Techniker am Flügel arbeitete? Und wie ging es weiter während der eigentlichen Aufnahme?

CG: Nein, im Künstlerzimmer spielte er nie. Die dort angebotenen Instrumente waren dazu kaum geeignet. Wenn die Aufnahme startete und das rote Licht anging, hat er das Programm einmal durchgespielt, und während er spielte, musste ich neben der Konzentration auf sein Spiel fortlaufend notieren, welche Passagen nicht perfekt gelungen waren und später wiederholt werden mussten. Falsche Töne gab es natürlich äußerst selten, manchmal waren klangliche Korrekturen in seinem Spiel erforderlich. – Er hat also einmal alles durchgespielt und mich dann gefragt, was er noch tun müsse. Ich habe daraufhin die betreffenden Passagen benannt – erste Seite, 3. Zeile usw. –, und er hat sofort korrigiert. Innerhalb von zehn Minuten waren alle Korrekturen erledigt, und die Aufnahme war zu Ende. Ein zweites Mal hat er nicht gespielt.

JK: Das ist bemerkenswert, denn Michelangelis Vollkommenheitsstreben scheint doch ein häufiges Wiederholen und Verbessern viel eher nahezulegen. Aber offensichtlich war seine technische Meisterschaft so groß, dass ihm fast alles schon im ersten Anlauf gelang.

CG: Ja. Das vollkommene Gegenteil praktiziert Pollini, wie mir ein Kollege berichtete: er habe den ersten Satz einer Schubert-Sonate zehnmal nacheinander gespielt, ohne dass dazwischen über irgendwelche Einzelheiten gesprochen worden wäre.

JK: Es ist faszinierend zu sehen, wie unterschiedlich bei Aufnahmen verfahren wird. Während Glenn Gould dafür bekannt war, zahllose Schnitte vornehmen zu lassen, kam also Michelangeli in seinen Solo-Aufnahmen mit wenigen „Takes" aus. Bei den Orchesterkonzerten scheint es teilweise jedoch etwas anders gewesen zu sein. Sie haben berichtet, dass Sie gelegentlich Material aus mehreren Aufführungen oder Aufnahmesitzungen zusammengesetzt haben.

CG: Ja, im *dritten Beethoven-Konzert* standen wir vor einem wirklich heiklen Problem, weil Michelangeli die erste Aufnahme gesperrt hatte. Wir haben sie geschnitten, dabei Material sowohl aus dem Live-Konzert als auch aus der Probe verwendet und eine Probeplatte – eine Langspielplatte, Vinyl – gepresst. Dann haben wir uns in einem Studio in Hamburg getroffen, und alle Beteiligten hörten die Aufnahme in großer Spannung, neugierig, was wohl der Meister dazu sagen würde. Am Ende der Einleitung des 1. Satzes nahm Michelangeli den Tonarm hoch, setzte ihn vorne wieder auf und fragte uns vorwurfsvoll, wie er in diesem extrem langsamen Tempo denn spielen solle. Auch das Tempo des zweiten Satzes war so schleppend wie auf wohl keiner anderen Aufnahme. Außerdem waren die Pizzicati nicht zusammen, da mussten wir viel eingreifen und korrigieren. Es ist nicht so einfach für den Tontechniker, die ersten und letzen Töne der klappernden Pizzicati so zu kappen, dass das Solo des Fagotts nicht beschädigt wird. Ein Laie hört das natürlich nicht, doch dem Kenner des Werkes mag es auffallen, und es musste folglich so kommen, dass Michelangeli die Aufnahme nicht freigeben konnte. Ein Jahr später wurde deshalb in Wien am selben Ort ein weiteres „Außerordentliches Gesellschaftskonzert" anberaumt, mit demselben Klavierkonzert. Alles wurde nochmals aufgenommen, doch diesmal war der Meister beim Abhören des ersten Schnittes mit dem Zustand des Flügels nicht zufrieden. Nach einem halben Jahr rief er an und sagte, er würde sich diese zweite Aufnahme gerne doch noch einmal anhören. Und weil ich wusste, was er daran zu beanstanden hatte, habe ich vorher die betreffenden Stellen aus der ersten Aufnahme kopiert und eingefügt, alles streng geheim. In dieser hybriden Form wurde die Aufnahme dann schließlich veröffentlicht, aber wirklich zufrieden war er damit nicht. Bevor wir auseinandergingen, sprach er bedeutungsvoll: „Wir machen das alles noch einmal." – Nach der Aufnahme der Mozart-Konzerte 1989 bedeutete er mir, er wolle die fünf Beethoven-Konzerte noch einmal aufnehmen, mit mir! Dazu kam es bekanntlich nicht.

JK: Mit welchen Aufnahmen war er denn einverstanden? Er war ja notorisch unzufrieden und strebte immer nach dem Unerreichbaren.

CG: Mit den *Debussy-Préludes*, Band II, war er sofort zufrieden, mit den *Brahms-Balladen* auch. Zu Schubert hat er sich nicht geäußert, da war ich es, der unzufrieden war. Ich halte nicht nur sein grobes Spiel, sondern auch den ganzen künstlerischen Ansatz für bedenklich. Er selbst hat sich dazu nicht geäußert.

JK: Wie verhielt es sich mit seinen älteren Aufnahmen? Sie schreiben, dass er über die Schumann-Aufnahme der BBC – es handelt sich dabei um den *Carnaval op. 9* und den *Faschingsschwank aus Wien op. 26* – besonders glücklich war.

CG: Ja, die fand er besonders gut und forderte mich wiederholt auf, sie zu veröffentlichen.

JK: Das ist dann ja auch geschehen.

CG: Das ist passiert, ja.

JK: Gab es in diesem Zusammenhang Probleme mit den Rechten?

CG: Nein, das war überhaupt kein Problem, das ging ganz schnell. Ich musste mich nicht darum kümmern, das hat ein Anwalt gemacht. Die Angelegenheit wurde sehr schnell abgewickelt und war für Michelangeli sicher auch in kommerzieller Hinsicht von Interesse.

JK: Ich hörte diese Aufnahme erst vor kurzem wieder und war sehr beeindruckt von zahlreichen Details, die mir noch besser gelungen zu sein schienen als auf der anderen Studioaufnahme.

CG: Gibt es noch eine?

JK: Ja. Sie wurde 1975 von EMI Records in der Johanneskirche im schweizerischen Thun aufgenommen, enthält allerdings nur den *Carnaval* und drei Stücke aus dem *Album für die Jugend.* Die CD, die später bei der Deutschen Grammophon erschienen ist, geht auf eine Aufnahme der BBC vom März 1957 in London zurück. Außerdem liegt noch ein Live-Mitschnitt eines Klavierabends vor, den Michelangeli am 4. März 1957 in der Royal Festival Hall in London gegeben hat. In diesem Konzert spielte er sowohl den *Carnaval* als auch den *Faschingsschwank*, ferner Werke von Debussy und Chopin.

CG: Übrigens vergleiche ich vor den Aufnahmesitzungen ungern verschiedene Aufnahmen desselben Interpreten, ich möchte unbeeinflusst ins Studio gehen.

JK: Die Gefahr einer Beeinflussung besteht immer, aber für Studenten in der Ausbildung ist es natürlich wichtig, viel zu hören, Interpretationen zu vergleichen und ein sicheres Urteilsvermögen auszubilden.

CG: Das natürlich, ja.

JK: Ihre Skepsis hat selbstverständlich eine gewisse Berechtigung: Die Beurteilung einer Interpretation muss sich in erster Linie immer am Werk und am Text orientieren, nicht daran, was andere Interpreten daraus machen. Insofern ist es auch so unsinnig, zu fragen: Wer spielt ein Werk am besten, wer ist Zweiter, wer ist Dritter? Der Text, selbst wenn er noch so genau notiert vorliegt, ist auslegungsbedürftig und eröffnet stets mehrere Interpretationsmöglichkeiten, die natürlich in sich stimmig sein müssen. Ich erinnere mich an einen Interpretationsvergleich des *Schumann-Konzertes* in einer Fachzeitschrift, in dem die damals berühmtesten Aufnahmen des Werkes einander gegenübergestellt wurden. Nach dem Anhören einer sehr großen Anzahl von Schallplatten schien die Verwirrung des Kritikers enorm gewesen zu sein, denn schließlich gefiel ihm keine einzige mehr – in jeder Version hatte der Rezensent eine Fülle an Details zu bemängeln. Doch auch das Imitieren und Zusammenstückeln der in diesen Aufnahmen am besten realisierten Abschnitte der Komposition würden niemals eine zwingende, in sich konsistente Gesamtdarstellung des Werkes ergeben. Die Versuchung, dennoch Einzelheiten aus der Interpretation eines bewunderten Künstlers unreflektiert zu übernehmen, ist natürlich für Lernende groß – ihr gilt es vorzubeugen. – In den *„Gratwanderungen mit einem Genie“* schildern Sie ausführlich, wie Michelangeli sich in der Aufnahme des ersten Bandes der *Debussy-Préludes* eines besonderen Effekts bedient. Durch das Festklemmen des rechten Pedals eines zweiten Flügels provozierte er er einen hauchzarten Klang, der an eine Äolsharfe erinnern mag. Sie suggerieren, dass der Maestro selbst das Pedal blockiert hat. Oder kam das von der Tontechnik?

CG: Natürlich nicht von ihm selbst, sondern von seinem Techniker. Der Tonmeister Klaus Hiemann wunderte sich, dass der zweite Flügel offen war. Normalerweise wird ja das nicht für die Aufnahme ausgewählte Instrument von der

Bühne entfernt oder wenigstens an die Seite geschoben und zugedeckt, bevor die Aufnahme beginnt. Aber in diesem Fall stand dieser Flügel nur ein paar Meter nach rechts hinten versetzt und blieb geöffnet. Als Hiemann ahnungslos den Deckel schließen wollte, sah er plötzlich, dass das Pedal des Instrumentes nach unten gedrückt und mit einem Holzkeil blockiert war. Dadurch wurde erreicht, dass die Saiten zart mitschwingen konnten, wenn auf dem anderen Flügel gespielt wurde. Das war gut zu hören, stellte man sich neben das manipulierte Objekt. Auf der Aufnahme haben wir es zunächst nicht erkannt, achtete man aber gezielt auf diese Phänomen, bemerkte man, dass da etwas mitklang. Es ist gar nicht lange her, dass mich ein Fan aus den USA angerufen und gefragt hat, warum diese Aufnahme so besonders klänge, er könne sich das nicht erklären. Daraufhin habe ich ihm die Geschichte erzählt. Er war begeistert. Michelangeli hat diesen Trick offenbar früher schon einmal angewendet – seine Mitarbeiterin sprach davon. Näheres konnte ich nicht herausfinden.

JK: In einer Aufnahme oder in einem Konzert?

CG: Angeblich in einer Aufnahme, aber ich kenne leider keine Details.

JK: Er hat Sie alle damit überrascht?

CG: Natürlich. Wir waren total verblüfft und sagten uns: schön, warum nicht?

JK: Durch diesen Trick entsteht sicherlich eine atmosphärische Wirkung, die zumindest einen Einfluss auf den Spieler hat, denn er nimmt diese Klänge ja sehr zart wahr.

CG: Das glaube ich eigentlich nicht. Der Spieler ist doch voll darauf konzentriert, was er unmittelbar macht, und dazu kommen noch die Reflexionen des Klavierdeckels, so dass ich überzeugt bin: Was drei Meter weiter passiert, kann er während des Spiels nicht hören. Aber die Mikrophone – darunter waren damals auch spezielle Bodenmikrophone – haben wohl das Schwingen der Saiten des drei Meter entfernten Nachbarinstrumentes erfasst. Der Fan aus New York hat es jedenfalls gespürt.

JK: Ich halte das aufgrund meiner Erfahrung auch für möglich. Im Unterricht passiert es manchmal, dass ein Schüler versehentlich das Pedal seines Instruments nicht aufhebt, wenn ich beginne, ihm etwas vorzuspielen. Dabei ist das Mitklingen sehr deutlich zu vernehmen, allerdings stehen die beiden Instrumente auch ziemlich dicht nebeneinander. Wie dem auch sei – wichtiger ist in unserem Zusammenhang, inwieweit dieser Effekt auf einer Aufnahme zu erkennen ist. Vielleicht an den Stellen, an denen es einen Pedalwechsel gibt, oder am Ende des Stückes, wenn der abschließende Klang sehr kurz ist?

CG: Nur dann.

JK: Bei der Wiedergabe auf einer normalen HIFI-Anlage dürfte diese Wirkung wohl nicht erkennbar sein, aber eventuell in sehr dezenter Form auf ganz hochklassigen Geräten?

CG: Nicht ausgeschlossen. Und dann müssen wir noch den Unterschied zwischen Vinyl und CD berücksichtigen. Wir haben in Hannover Vergleiche angestellt; es gibt einen gravierenden Unterschied. Vinyl-Platten sind – soweit es um Klaviermusik geht – tatsächlich klangreicher als die CDs. Man glaubt, das Instrument – heute würde man sagen: „ökologischer" zu hören, naturechter. Wahrscheinlich hat dieser New Yorker Freak eine normale Langspielplatte auf einem sehr guten Plattenspieler abgespielt – und über hochwertige, gute Lautsprecher verfügt.

JK: Es kann natürlich auch ein psychologischer Faktor im Spiel sein. Wenn jemand die Interpretation besonders mag, sich von Michelangelis reicher Klangfarbenpalette, die bekanntlich eine besondere Spezialität des Künstlers war, berauschen lässt, kann allein dadurch eine besondere Wirkung hervorgerufen werden. Aber ich will nicht ausschließen, dass derartige Feinheiten unter idealen Bedingungen tatsächlich zu hören sind. – Es verhält sich damit ähnlich wie mit der Spitze einer Intoniernadel, die nach Michelangelis Insistieren in einem Hammerkopf entdeckt wurde. Es scheint eigentlich kaum möglich, dass durch ein so winziges, tief im Hammerfilz verborgenes Nadelstück ein mit den Fingern wahrnehmbarer Effekt entsteht, aber das Corpus Delicti wurde tatsächlich gefunden.

CG: Im Grunde spielt das gar keine Rolle. Oft wird aus solchen Begebenheiten ein Kult, eine Inszenierung gemacht. Mit der eigentlichen künstlerischen Leistung haben diese Dinge nichts zu tun.

JK: Ich nehme an, in den Aufnahmesitzungen hat Michelangeli immer auswendig gespielt? Oder hat er die Noten verwendet, was im Studio anders als bei Konzertauftritten ja denkbar ist?

CG: Nein, bei seinen Aufnahmen lagen die Noten garantiert nicht auf dem Pult. Er hielt sie zur Orientierung bereit, z. B. wenn ich die Korrekturen erbat.

JK: Waren Zuhörer erlaubt?

CG: Freunde oder Bekannte durften ins Studio. Im Saal habe ich während der Aufnahme nie jemanden gesehen. Und – noch einmal – bei Aufnahmen hat er nie nach Noten gespielt.

JK: Wie verhielt sich ein Perfektionist wie Benedetti Michelangeli bei der Nachkontrolle? Wenn jemand Vollkommenheit anstrebt, erwartet man, dass die Bänder vor einer Veröffentlichung akribisch geprüft werden.

CG: In technischer oder künstlerischer Hinsicht?

JK: In beiderlei Hinsicht. Manche Künstler bringen ja den aufnahmetechnischen Verfahren ein großes Interesse entgegen, und Michelangeli hatte doch gleichfalls ein Faible für technische Dinge. So liegt die Erwartung nahe, dass er sich auch für die Aufnahmetechnik interessierte, die Resultate genauestens prüfte und im Zweifelsfall Aufnahmen verwarf, wenn es zu wenig Korrekturmaterial gab. Doch es wird berichtet, dass er beim Abhören im allgemeinen relativ gelassen war, dabei sogar im Raum herumging, mitunter auch schlechte Wiedergabegeräte dafür benutzt hat. Wie haben Sie das erlebt?

CG: Das alles war ihm relativ egal. Das Abhören war für ihn eher eine reine Pflichtübung. Die Töne mussten stimmen, und musikalisch gab es aus seiner Sicht ohnehin nichts zu verbessern, sonst hätte er es ja im Studio bereits getan. Natürlich wollte er schon hören, wie das Ergebnis ausgefallen ist, hat sich aber in technische Dinge nicht eingemischt. Ob wir am Klang noch etwas verändern konnten, ein paar Höhen zugeben oder herausnehmen – darum hat er sich nie gekümmert. Diese Dinge haben ihm viel weniger bedeutet, als man denkt. Wenn die Grundrichtung stimmte, die Saalakustik gut und das Instrument in Ordnung waren, so dass er spielen konnte – das musste selbstverständlich alles passen –, dann nahm er alles andere nicht so wichtig, wie man vielleicht glauben könnte. Er feilte natürlich an seinem Spiel, aber die Aufnahmen selbst liefen relativ zügig und glatt durch.

JK: Damit nehmen Sie die Antwort auf meine nächste Frage fast schon vorweg. Man weiß von vielen Künstlern, dass sie im Konzert ganz frei spielen, sich aber im Studio irgendwie eingeengt fühlen, in dieser besonderen Situation eine gewisse Kälte empfinden. Konnten Sie an Michelangelis Verhalten einen solchen Unterschied zwischen der Konzert- und der Studiosituation auch bemerken?

CG: Nein, gar nicht.

JK: Hat er das als Problem überhaupt wahrgenommen? Er soll einmal gesagt haben, er spiele immer nur für sich, im Dienste des Komponisten, und die Umgebung spiele für ihn kaum eine Rolle.

CG: Nein, das tat sie wirklich überhaupt nicht. Das Drumherum war ihm vollkommen egal. Dass es sich so verhielt und ich gleichzeitig einen gewissen Abstand bewahren konnte, war vielleicht auch das Geheimnis unserer relativ langen Zusammenarbeit. Er hat seine Arbeit gemacht, ich hatte sie zu dokumentieren. Mir war vollkommen klar, dass er in seiner künstlerischen Überzeugung so stark, in der Professionalität ihrer pianistischen Realisierung so sicher und souverän war, dass es darüber nichts zu diskutieren gab. Man konnte ihn auf kleine klangliche Undeutlichkeiten aufmerksam machen wie bei einem unangenehmen Abgang in der ersten der *Vier Balladen op. 10* von Brahms, der bei ihm mit einem wunderbaren Diminuendo im Nichts verlaufen war. Das ist ein Beispiel dafür, wie ich – der guten Ordnung halber – trotzdem um eine Korrektur gebeten hatte. Obwohl die zweite Version besser gespielt war, hat er hier aus Gründen des Ausdrucks die erste, unpräzise, sich im Nichts verlaufende Fassung bevorzugt.

JK: Von besonderem Interesse sind für mich die späten Aufnahmen der Mozart-Konzerte, die Sie dirigiert haben. Wie kam es zu diesen Aufnahmen?

CG: Wie ich erst später von seiner Mitarbeiterin erfuhr, betrachtete er diese Mozart-Aufführungen als die einzige Chance, nach seinem Zusammenbruch in Bordeaux noch einmal auf die Bühne zu gehen. Sie sagte mir, wenn ich nein gesagt hätte – ich hatte ja seit meinem Examen überhaupt keinen Taktstock mehr in der Hand gehabt –, dann wäre er nicht wieder auf die Bühne zurückgekehrt. Alle Dirigenten, die ich ihm damals vorgeschlagen habe, hatte er der Reihe nach mit den banalsten Begründungen abgelehnt. „Sawallisch?" „Guter Dirigent." „Barenboim?" „Spielt auch gut Klavier!" „Abbado?" Laut: „No!" Plötzlich sagte er: „Du machst das!" „Aber Maestro, ich habe seit dem Examen nicht mehr dirigiert!" „Du machst das!" Was sollte ich tun? Nein sagen? Es wäre absurd gewesen, wenn ich mich da verweigert hätte. Jeder weiß, dass ein so gutes Orchester wie das NDR-Sinfonieorchester Werke des Standardrepertoires im Grunde ganz von alleine spielen kann. Man schiebt es an, und dann trifft man sich bei der Kadenz. Und wenn es gelingt, den musikalischen Fluss zu steuern und die entscheidenden Impulse zu geben, dann funktioniert so etwas – besonders bei der zweiten Aufnahme war das so. Ich hatte natürlich keinerlei Erfahrung im Umgang mit einem solchen Orchester, aber es sind doch etliche Dinge gut gelungen. Wie wichtig dieses Projekt für Michelangeli tatsächlich war, wusste ich damals gar nicht. Ohne auch nur etwas davon zu ahnen, habe ich ihm also dazu verholfen, noch einige Jahre zu konzertieren.

JK: Wie hat Michelangeli Ihnen seine Auffassung der Werke vermittelt? Gab es Klavierproben?

CG: Nachdem die Aufnahme des zweiten Bandes der *Préludes* von Debussy abgeschlossen war, verlangte Michelangeli überraschend die Noten der Mozartkonzerte, um die Werke mit mir durchzugehen. Wir konnten das Notenmaterial jedoch in Bielefeld nicht auftreiben, deshalb wurde es unverzüglich in Hannover gekauft, mit einem Taxi vorbei gebracht, aufgeschlagen – er saß links, ich rechts, und wir spielten los. Pikant war, dass beide Flügel in unterschiedlicher Tonhöhe gestimmt waren. Er hat zuerst ein bißchen auf die Verleger geschimpft, dann haben wir geprobt, und er hat mir an zahlreichen Stellen gezeigt, wie er sich die Werke vorstellte. Dabei konzentrierte er sich besonders auf die Artikulation. Während ich bei vielen Werken seines Repertoires den Eindruck hatte, es fände gegenüber seinen bereits vorliegenden Aufnahmen keine weitere Entwicklung mehr statt, war ich ziemlich überrascht, dass Michelangeli in den Mozartkonzerten auf eine von den frühen Einspielungen stark abweichende Weise artikulierte und auch großen Wert auf diese Änderungen legte. Beispielsweise verlangte er im Eröffnungssatz des *d-Moll-Konzertes*, Mozarts Bogensetzung im Bläser-Thema exakt zu befolgen, anstatt, wie es lange üblich war, über den Taktstrich hinweg zu binden. Besonders Michelangelis Gedanken zur Artikulation haben mich sehr interessiert, und ich hielt die Änderungen gegenüber seinen frühen Mozartaufnahmen für ein schlüssiges Argument, die Werke erneut einzuspielen.

JK: Sind Sie damals beide Konzerte durchgegangen, oder haben Sie sich auf ein Werk konzentriert?

CG: Nein, wir haben beide Stücke gespielt, uns aber besonders intensiv das *d-Moll-Konzert* vorgenommen, vor allem den Anfang. Den Beginn der Bässe hat er immer wieder vorgebrummt. Ein von unten kommendes Rauschen schwebte ihm vor. Und er fluchte über die meistens zu schnell genommenen Tempi des letzten Satzes.

JK: Wie haben Sie sich überhaupt miteinander verständigt?

CG: Italienisch. Ich musste das zu Beginn unserer Arbeit Hals über Kopf lernen. Da ich relativ gut Französisch spreche, konnte ich einigermaßen schnell ins Italienische hineinfinden. Ich spreche bis heute nicht fließend, aber schnell genug, um ein entspanntes Gespräch zu führen.

JK: Wieviel Zeit hatten Sie für die Orchesterproben, wie viele Proben gab es?

CG: Wir haben die Werke ohne den Solisten einmal durchgespielt. Er wartete oben in seinem Zimmer, und nachdem wir die Tutti-Abschnitte durchgegangen waren, kam er bereits dazu. Wir spielten die Werke komplett durch, Michelangeli hat Späße gemacht, gelegentlich auch einmal mit dem Konzertmeister gesprochen – er war engagiert, er hatte Lust, schimpfte auch gelegentlich, wenn ich nicht in seinem Sinne handelte.

JK: Die Bewertung der späten Mozart-Aufnahmen ist sehr unterschiedlich ausgefallen, gerade wegen der Artikulation. Einige mögen sie ganz besonders, andere ziehen die frühen Aufnahmen vor. Artikulationsprobleme sind natürlich ein ewiger Zankapfel: Wie ist Mozarts Schreibweise aufzufassen, wie stark war er beeinflusst von der Notationsweise für die Violine, wann begann er, Bögen auch über den Taktstrich hinweg zu ziehen? Soll deutlich abgesetzt oder die artikulatorische Gliederung nur leicht angedeutet werden? All das sind strittige Punkte, auch in Fällen, in denen die Bezeichnung eindeutig zu sein scheint. Doch das Ausdeuten eines Textes bedeutet ja immer auch, die Notation im Sinne der Schreibgewohnheiten seiner Entstehungszeit zu verstehen, und der erste Eindruck führt manchmal in die Irre.

CG: Es scheint mir sehr plausibel, die Artikulation im *d-Moll-Konzert* so deutlich zu realisieren und zwischen den Motiven wahrnehmbar abzusetzen. Ein anderer Fall: Im *fünften Beethoven-Konzert* lassen viele Dirigenten das Thema ab der zweiten Note – ganz logisch – mit Aufstrich spielen. Carlos Kleiber hat als erster diesen Ton abgesetzt und zweimal „Abstrich" spielen lassen. Doch was ist die Wahrheit? Die Bemühung um Korrektheit ist wichtig, aber dogmatischen Festlegungen stehe ich skeptisch gegenüber. Heute haben wir andere Instrumente, wir haben eine völlig andere Art, die Musik zu zelebrieren, die Orchester sind viel größer, wir haben das 19. Jahrhundert hinter uns. Wenn jetzt ein Purist kommt und sagt, so und so muss das sein, kein Vibrato, kein Atmen – dann lache ich ihn laut aus!

JK: Welche Ausgabe haben Sie verwendet? Die neue Mozart-Ausgabe?

CG: Die Bärenreiter-Ausgabe, ja.

JK: Gab es Besetzungswünsche zur Größe der Streichergruppen?

CG: Nein, gar nicht.

JK: Eine Aufnahme soll sich auch lohnen. Michelangeli war ein Superstar der Klassikszene. In Büchern erfährt man mitunter etwas über die Auflagenhöhe, bei CDs ist das in der Regel aber nicht der Fall. Können Sie etwas darüber sagen, oder sind das Geheimnisse der Firma?

CG: Nein, das sind keine Geheimnisse. Man sagt, mit einer Soloplatte von Michelangeli oder Pollini konnte die Produktion einer kleineren Oper finanziert werden.

JK: Tatsächlich?

CG: Das habe ich aus Marketingkreisen so gehört und in Kenntnis der Budgetlisten auch verifizieren können. Natürlich sprechen wir hier nicht unbedingt über einen *Tristan* in Starbesetzung, aber die Soloaufnahmen waren für die beiden genannten Künstler wirtschaftlich sehr lohnend – und für die Firmen eben auch.

JK: Dann war es vermutlich auch keine Tragödie, wenn einmal eine Produktion abgebrochen wurde?

CG: Nein, das hat keine große Rolle gespielt. Im Klavierbereich gab es nur wenige Künstler, mit denen richtig hohe Umsatzzahlen zu erzielen waren, und bei ihnen war es dann auch kein Drama, wenn einmal etwas schiefging – dann fuhr man eben wieder nach Hause, die Saalmiete und die Transportkosten wurden bezahlt, und die Sache war erledigt.

JK: Bei den Konzerten dürfte das anders gewesen sein. Michelangelis japanische Schülerin berichtet im schon erwähnten Rundfunkporträt des NDR, dass er wahrscheinlich öfter Konventionalstrafen zu zahlen hatte, wenn im letzten Moment eine Absage erfolgte.

CG: Das mag sein. Die Absagen des Meisters waren berüchtigt, aber Michelangeli war Kult in dieser Zeit. Und Kult ist Kult – da geht es eben nicht rational zu.

JK: Sie haben berichtet, dass in seinem Haus mehrere Steinways im Kellerraum standen.

CG: Zwei Steinways, ja, und ein Bösendorfer stand rechts außen, das weiß ich noch. Genauer kann ich mich nicht erinnern.

JK: Bösendorfer auch?

CG: Ja. Ob er den gespielt hat, kann ich nicht sagen, aber er stand jedenfalls da.

JK: In vielen Zeitungsartikeln und Reportagen heißt es, Michelangeli sei mit zwei eigenen Flügeln gereist, was oft zu der falschen Vorstellung führt, er habe immer seine privaten Instrumente mitgenommen, auf denen er auch zu Hause übte. Soweit mir bekannt ist, wählte er die Flügel für Konzertzwecke jedoch meistens in Hamburg.

CG: Genau.

JK: Und die in seinem Privatbesitz befindlichen Flügel blieben in der Regel in seinem Haus.

CG: Ja. Er hat sie nicht von zu Hause mitgebracht, sondern hat – wie Sie schon sagten – vor den Konzerten und Aufnahmen bei Steinway in Hamburg immer eine Auswahl vorgenommen – oder bei seinem Techniker Angelo Fabbrini in Pescara. Die ausgewählten Exemplare wurden dann im Konzertsaal angeliefert.

JK: Und es waren auch nicht immer dieselben Flügel?

CG: Nein, gar nicht. Er wechselte viel.

JK: Das wird oft durcheinandergebracht. Häufig wird unterstellt, es sei so gewesen wie bei Horowitz, der ja tatsächlich auf seinem eigenen Instrument konzertiert hat.

CG: Horowitz musste seinen persönlichen Flügel nehmen, weil er auf dem geringen Tastenwiderstand beharrt hat, der eigens für ihn eingestellt worden war. Man spricht von einem Gewicht von etwas unter 40 Gramm, bei denen sich die Taste senkt, gegenüber 48 bis 52, wie üblich. Aber Michelangeli benutzte immer ganz verschiedene Instrumente und hat sich meistens auch erst im letzten Moment entschieden, auf welchem er spielen wollte. Nicht immer war diese Entscheidung richtig. Er hat bei der Auswahl sehr oft seine Meinung geändert und sich dabei mitunter selbst getäuscht. Gelegentlich nahm er an, eine von ihm verlangte Arbeit sei am Instrument vorgenommen worden, was aber – aus welchen Gründen auch immer – gar nicht der Fall war. Doch der Flügel schien ihm nun schöner zu klingen, obwohl nichts verändert worden war. Natürlich hatte er ein äußerst scharfes Gehör, aber ganz sicher spielen auch psychologische Aspekte bei solchen Vorgängen eine Rolle.

JK: Sie sagten im NDR-Rundfunkgespräch, die schönsten Äußerungen, die sie von Michelangeli im persönlichen Gespräch gehört haben, hätten sich auf ästhetische Aspekte, auf ästhetische Fragen bezogen.

CG: Ja, das habe ich später ja auch weiter ausgeführt. Über seine eigenen musikalischen und ästhetischen Gedanken wurde nicht diskutiert. Er war ein ästhetischer Mensch, und seine Sicht auf die Dinge war, so glaube ich, sehr stark ästhetisch gesteuert, und zwar nicht nur in der Musik, sondern in allen möglichen Bereichen. In seiner Kunst wie in seinem Alltag manifestierte sich ein bestimmtes ästhetisches Denken, bis hin zur geradezu spartanischen Einrichtung. Ich sehe in seinem ganzen Verhalten, in der Art, wie er sich dargestellt hat, in seiner Kunst mit ihren in Marmor gemeißelten Resultaten, seinen plötzlich hervortretenden „Ausdruckssekunden" – aber auch in seinem beinahe zwanghaft langen Üben eine Art Gesamtkunstwerk mit durchaus pathologischen Elementen, auf die ich in meinem neuen Buch näher eingehe.

JK: Aber seine Kunstbücher hat er gerne gezeigt?

CG: Ja, Bildbände hat er viele besessen.

JK: Hat er sich für bestimmte Kunstrichtungen besonders interessiert?

CG: Daran kann ich mich nicht genau erinnern. Er war erklärter Fan von Gabriele D'Annunzio. Man darf nicht vergessen: Immer, wenn ich bei ihm war, hatte ich bestimmte Aufgaben zu erfüllen. Ich musste einerseits ein Gesprächspartner für ihn sein, mich andererseits oft lange gedulden, wenn er gerade etwas anderes zu tun hatte, und am Ende – so war meine Aufgabe – sollte ich ja mit einem Ergebnis, mit einer Entscheidung nach Hause fahren. Manchmal galt es lediglich, seine Wünsche kennen zu lernen, vielleicht waren auch ein neues Repertoire für eine Produktion oder ein weiterer Aufnahmetermin festzulegen, oder wir verabredeten uns, um einen Vertrag auszuhandeln. Einmal sind wir gemeinsam nach Rom geflogen, wo ich in der Kanzlei eines Juristen mit meinem frisch erlernten Italienisch dazu beitragen sollte, einen neuen Vertrag zu formulieren. Das war – was meine Mitwirkung anging – eher eine Szene fürs Kabarett.

JK: Herausfordernd.

CG: Ja. Ich spielte da ein mitunter gefährliches Spiel. Man musste immer sehr genau darauf achten, ob er selbst unter Anspannung stand – dann galt es, ganz vorsichtig zu sein, weich mit ihm umzugehen. Erst wenn sich sein Gemüt erhellte, konnte man die schwierigen Fragen mit ihm besprechen. Es war schrecklich viel Psychologie in Spiel.

JK: Ein Diplomatenjob.

CG: Ja, das ist wirklich wahr.

JK: Ich habe in einem Interview gelesen, dass Sie als junger Pianist Michelangeli sehr bewundert haben sollen und wie jeder junge Künstler versuchten, bestimmte

Dinge, die Sie besonders beeindruckt hatten, auch selbst am Instrument umzusetzen. Heute stehen Sie ihm, wie ich weiß, wesentlich kritischer gegenüber. In welcher Weise hat sich Ihr Bild von Michelangeli im Laufe der Jahrzehnte gewandelt?

CG: Früher habe ich tatsächlich das Meiste, was er machte, bewundert. Im Laufe der Jahre hat sich mit zunehmender Lebenserfahrung durch die Begegnung mit anderen bedeutenden Musikern, durch das eigene Spiel und durch das Vertrautwerden mit einer Fülle von Musik aus verschiedenen Epochen und Repertoirebereichen meine Musikauffassung natürlich weiterentwickelt und in mancher Hinsicht auch verändert. Ich habe neue Erkenntnisse gewonnen, verstehe genauer, was eine Interpretation bedeutend macht und warum das so ist, wo die Stärken und Schwächen eines Künstlers liegen, und so muss ich heute auch feststellen, dass mich vieles an Michelangelis Spiel – besonders der fehlende dramatische Aufbau in der Sonatenform – nicht mehr überzeugt. Debussy natürlich schon.

JK: Und sicherlich das *Ravel-Konzert.*

CG: Ja, Ravel sowieso, und auch das *vierte Konzert* von Rachmaninow. Michelangelis Spiel des *Ravel-Konzertes* ist vollkommen unfassbar – es ist zu recht Musikgeschichte, und zwar in beiden Versionen, sowohl der mit Ettore Gracis als auch der mit Celibidache. Über manches möchte ich gar nicht reden, weil es so bedeutend ist. Auch die klassisch-marmorne Interpretation des *vierten Konzertes* von Rachmaninow halte ich für ganz groß – da reicht meines Erachtens nicht einmal das große romantische Spiel des Komponisten selbst heran. Michelangeli geht über das Virtuose hinaus. Er stellt mit seinem disziplinierten antiromantischen Spiel wirklich den Kern des Werkes dar und überhöht es noch. All das halte ich für außergewöhnlich groß, aber vielem anderen stehe ich heute eben distanziert gegenüber.

JK: Eine weitere Ausnahme scheint jedoch die Einspielung der *Brahms-Balladen op. 10* zu sein. In Ihrem Band *Auf die Finger geschaut – Von der Werktreue großer Pianisten* sprechen Sie bei der Erörterung seiner Interpretation der vierten *Ballade* von seinem „aberwitzigen Niveau“ und bezeichnen seine Wiedergabe dieses letzten Stückes der Sammlung als einen „unerreichten Höhepunkt pianistischer Leistung und künstlerischer Aussage“.

CG: Ja, in dieser Einspielung gibt es wirklich ganz wunderbare Sachen, und vor allem das vierte Stück hat eine besondere Tiefe, obwohl Michelangeli sich nicht immer genau an den Text hält. Wenn ein Crescendo vom Pianissimo zum Piano vorgegeben ist, die Lautstärke jedoch bis zum Forte gesteigert wird, dann ist das in diesem Fall zwar musikalisch wunderbar, aber der bescheidene Norddeutsche hat offenbar etwas anderes gewollt, denn er hat eben ein Piano vorgeschrieben.

Durch die dynamische Verstärkung entsteht ein etwas anderer Charakter. Und wenn Michelangeli im vorletzten Takt ein tiefes, oktaviertes *H* hinzugefügt, das nicht in der Partitur steht – Brahms dünnt an dieser Stelle den Satz sogar aus und notiert statt eines tiefen Basses eine Achtelpause – dann halte ich das ehrlich gesagt für nicht ganz seriös; heute, wo man vom Urtext ausgeht, kann man so etwas eigentlich nicht mehr machen. Aber das interessierte ihn nicht – er hat es gemacht, so wie er in den *Paganini-Variationen* einige Nummern eliminiert, andere umgestellt und das berühmte Oktavenglissando über den von Brahms angegebenen Umfang hinaus ausgedehnt hat. In diesen Fällen hat es angesichts des unglaublichen Niveaus der Ausführung keinen Sinn, sich darüber zu echauffieren, dass das eine oder andere unter textkritischen Gesichtspunkten einfach falsch ist – das interessiert in diesem Fall gar nicht. Auf dieser Höhe sind solche Fragen nebensächlich, es geht manchmal gar nicht mehr um richtig oder falsch, die Darstellung des Werkes ist schlichtweg ein Ereignis.

JK: Insofern haben Sie sich doch eine gewisse Bewunderung bewahrt.

CG: Aber ja, ich bewundere trotz allem ganz viel bei ihm und respektiere das natürlich. Aber ich urteile differenzierter als früher und betrachte manches mit Vorbehalt.

JK: Eines ist die Bewunderung höchster Professionalität, ein anderes die Frage, ob Michelangelis Interpretation mit der eigenen künstlerischen Auffassung harmoniert?

CG: Ja, genau, ich mag einiges einfach nicht mehr hören, z. B. die Beethovensonaten, wie er sie spielt. Wobei ich mich aber doch freue, dass er einer der Wenigen ist, die den Maestoso-Beginn des ersten Satzes der *Sonate op. 111* etwas zügig spielen, nicht wie die meisten anderen Pianisten im „Grave-Modus", quasi ohne jeden Rhythmus. Da steht eben nicht Largo oder Grave, die Musik muss sich doch bewegen! Alle buchstabieren da so vor sich hin… Also darüber habe ich mich schon furchtbar gefreut bei ihm, und im ersten Satz gibt es viele schöne Sachen.

JK: Sie haben die frühen Aufnahmen in Ihrem Buch teilweise ausdrücklich gelobt und gesagt, auch unter diesen ersten Einspielungen seien solche, die Musikgeschichte geschrieben haben. Dazu zählten Sie diejenigen der *Chaconne* von Bach-Busoni, der *C-Dur-Sonate op. 2 Nr. 3* von Beethoven, der *Paganini-Variationen* von Brahms, ferner die eine oder andere Konzertaufnahme. Würden Sie das heute auch noch so formulieren, oder hat sich Ihr Urteil gewandelt?

CG: Die Begeisterung hat sich reduziert. Heute scheint mir, dass Michelangeli in manchen Aufnahmen die musikalische Aussage seiner Technik unterordnet. Vieles Statische, was mich übrigens am meisten stört, ist ein Produkt seiner inneren Spannungen, um nicht zu sagen Störungen. Es fehlt so oft eine im Moment entstehende Expressivität. Es gebricht ihm vollkommen an Natürlichkeit. Das habe ich früher nicht erkannt.

JK: Ich hörte gestern mehrere der älteren Aufnahmen, und obwohl mich das eine oder andere Detail ein wenig irritiert hat, war ich von sehr vielem doch wieder enorm beeindruckt.

CG: Natürlich, dafür gibt es Grund genug.

JK: Benedetti Michelangeli war mit dem gesamten Klaviermusikrepertoire genauestens vertraut. Es ist glaubwürdig bezeugt, dass er viel mehr Werke studiert als öffentlich aufgeführt hat, und vieles, was er möglicherweise nicht selber gespielt hat, kannte er ebenfalls sehr gründlich, wie die Aussagen seiner Schüler zweifelsfrei belegen. Bernd Goetzke erwähnte beispielsweise, er habe Bachs *Chromatische Fantasie und Fuge*, die *Schumann-Fantasie* und das *dritte Bartók-Konzert* mit ihm durchgearbeitet – lauter Stücke, die Michelangeli nie aufgeführt hat, die er aber alle bis ins kleinste Detail gekannt hat. – Studierte er eigentlich die Aufnahmen seiner Kollegen? Von Glenn Gould, von Richter und insbesondere auch von Fischer-Dieskau weiß man, dass sie begeisterte und ausdauernde Plattenhörer waren. Das kann man von Michlangeli so wohl nicht sagen, auch wenn Schüler früherer Jahre berichten, dass er sich gemeinsam mit ihnen Schallplattenaufnahmen anhörte und darüber mit ihnen auch diskutierte. Hat er sich über andere Künstler geäußert, gab es vielleicht einige Wahlverwandtschaften? Bernd Goetzke weist auf seine Wertschätzung Lipattis und de Larrochas hin, Sie schreiben, dass er sich sehr positiv über Zimerman geäußert habe. Über Horowitz soll er mit Respekt, aber etwas distanziert gesprochen haben. Michelangeli nannte ihn „einen Experten“, um Achtung zu bezeugen, gleichzeitig aber auch deutlich zu machen: Das ist nicht meine Welt. Würden Sie das bestätigen?

CG: Absolut.

JK: Swjatoslaw Richter hatte einen kritisch-bewundernden Blick für Michelangeli, hat ihn aber doch sehr anerkannt. Michelangelis Frau hebt in ihren Erinnerungen den gegenseitigen Respekt beider Künstler füreinander hervor. Über die Aufnahme des *Ravel-Konzerts* äußert sich Richter in seinem Tagebuch, in dem er seine Eindrücke beim Abhören von Aufnahmen und seine Beobachtungen in Konzerten notiert hat, in den höchsten Tönen.

CG: Michelangeli hat von Richter tatsächlich immer gesagt, wie sehr er ihn schätze. Aber im allgemeinen haben wir über andere Künstler gar nicht gesprochen. Wir haben uns lieber über Autos unterhalten oder über Politik.

JK: Bei der Auswahl seiner Dirigenten hat vermutlich neben seinen persönlichen Kontakten auch die Firmenpolitik eine Rolle gespielt?

CG: Nein, man konnte ihn nicht zur Zusammenarbeit mit irgend einem Dirigenten überreden oder ihm jemanden vorschlagen, den er nicht ausdrücklich akzeptierte, sondern man entsprach seinen Wünschen. Einmal wollte mein Chef Günther Breest unbedingt, dass ich ihn zur Aufnahme des *Tschaikowsky-Konzerts* mit Karajan zusammenbringe. Welche Idee! Dass diese Konstellation zweier Ultra-Egos niemals funktionieren konnte, nicht eine einzige Probe lang, musste doch eigentlich jedem, der beide gekannt hat, klar sein.

JK: Es ist aufschlussreich, sich die Liste seiner Dirigenten anzuschauen. Mit Ettore Gracis hat er sich ganz offensichtlich gut verstanden.

CG: Ja, beide haben viel zusammen gemacht, und zwar auch sehr gute Sachen.

JK: Erstaunt war ich, dass er unter Scherchen gespielt hat, der als Musikertyp doch völlig anders ausgerichtet ist, wenngleich beide Künstler Vertreter einer strengen Texttreue waren.

CG: Damals war er jung, noch nicht der Superstar späterer Jahre. Doch wenn man ihn Ende der siebziger Jahre mit einem Dirigenten wie Hermann Scherchen zusammengebracht hätte, wäre das nie gut gegangen. Aber hat er in seinem unbedingten Anspruch auf Klarheit und Richtigkeit nicht doch etwas gemein mit Scherchen?

JK: Mit Mitropoulos hat er gespielt, was in einer beeindruckenden Aufnahme des *Schumann-Konzertes* auch dokumentiert ist.

CG: Ja, das war bei seiner ersten Konzertreise nach Amerika.

JK: Große Namen sind natürlich Celibidache, Kubelik und auch Giulini, den er schon von den gemeinsamen, frühen Mozartaufnahmen her kannte. Da er ihn für die Aufnahmen der *Beethoven-Konzerte* in Wien ausgewählt hat, nehme ich an, dass es auch menschlich ein gutes Einvernehmen gab.

CG: Ja, er hat viel erzählt darüber. Er hat auch von seinen Konzerten mit Giulini in Israel berichtet. Die Beziehung war wohl nicht störungsfrei, es gab – wie er mir erzählte – wohl sogar einmal eine längere „Sendepause", aber dann haben beide doch wieder zusammengefunden.

JK. Über einige Konstellationen wundert man sich allerdings doch.

CG: Aber sicher nicht in der großen Literatur. Hat er denn beispielsweise Ravel auch mit B-Dirigenten gemacht?

JK: Nein, das nicht. Und es ist natürlich sehr zu bedauern, dass manch eine Zusammenarbeit sich zerschlagen hat – wie das Beethoven-Projekt mit Carlos Kleiber. Zunächst hatten sich die beiden Musiker doch gut verstanden.

CG: Ja, zuerst lief alles gut. Doch nachdem Michelangeli in Kleibers Partitur zahlreiche ergänzende Eintragungen entdeckt und begonnen hatte, sich in den Proben mit dem Konzertmeister und dem Solocellisten über Interpretationsdetails zu unterhalten, fühlte Kleiber sich übergangen. In ihm wuchs ein solches Unbehagen hoch, dass er die Aufnahmen nicht zu Ende führte. Später hat er mir das selbst geschildert. Wie so oft in schwierigen Situationen meinte er hinter seinem Rücken in der Person Michelangelis seinen Vater zu spüren, der seinen Sohn bekanntlich als Künstler nie respektiert und immer wieder grob abfällig über dessen Eignung gesprochen hat. Carlos hat ihn immer als eine unerreichbare, bedrohliche Autorität empfunden.

JK: Haben Sie eigentlich auch andere Aufnahmen von Kleiber betreut?

CG: Nein, von einer Ausnahme abgesehen: Ich musste sein Wiener Neujahrskonzert von 1992 für Sony schneiden, als ich die Deutsche Grammophon bereits verlassen hatte. Ich hatte es vorgeschnitten, und danach haben wir uns in Hamburg getroffen. Wir haben einen Nachmittag lang die Aufnahmen durchgehört und Korrekturen festgelegt, was im Grunde überflüssig war, weil Kleiber überhaupt keine gezielten Wünsche geäußert hat. Man hat oft eine so falsche Meinung von dem, was den großen Künstlern wichtig ist; so viele Dinge interessieren sie überhaupt nicht. Die B-Künstler sind pingelig, müssen es sein, sie kämpfen um akustische und technische Feinheiten – und um ihre Karriere. Die ganz großen Interpreten dagegen haben ihre klare Vorstellung vom jeweiligen Stück, setzen sie entsprechend um, und damit ist die Arbeit für sie getan.

JK: Sie sprechen davon, was großen Künstlern wichtig ist. Ein wenig beachteter Aspekt in der öffentlichen Wahrnehmung eines Interpreten ist, dass viele Hörer ihn nur durch Konzerte und Aufnahmen aus einer bestimmten Zeit seines Wirkens kennen und daraus ein Gesamtbild ableiten, das oft einseitig, mitunter sogar falsch ist. Die Auffassung eines Werkes kann sich im Laufe des Lebens stark verändern, künstlerische Positionen sind Wandlungen unterworfen. Alfred Brendel hat die *Beethoven-Konzerte* viermal aufgenommen, und zwar durchaus verschieden. Michelangeli hat sich in seinen späten Jahren den *Mozart-Konzerten* anders genähert als mit zwanzig oder dreißig. Solche Wandlungsprozesse kennen wir auch von bedeutenden Komponisten, denken wir nur an die Frage der Fassungen bei Bruckner. Wo ist der wahre Bruckner zu finden – in der Erstfassung, in einer späteren Version, in der Ausgabe letzter Hand?

CG: Ich bin wahrscheinlich ungeeignet für ein solches Gespräch, denn ich halte das für relativ belanglos. Das ist die Welt der Musikwissenschaft. Bei einer Interpretation von Künstlern dieses Kalibers, dieses Formates ist es für meine persönlichen Begriffe zweitrangig, ob es irgendwo zwei Takte mehr gibt. Das Stück behält für mich dieselbe Größe, und viel entscheidender ist, ob ein A-Orchester oder ein B-Orchester spielt und welcher Dirigent vorne steht. Dort liegen die Unterschiede, die für das Ergebnis einer Aufführung von entscheidender Bedeutung sind. Das ist meine Sicht der Dinge.

JK: Mit dem seinerzeit noch jungen Karajan hat Michelangeli auch gespielt, und er soll sich positiv darüber geäußert haben, während er sich dem späten Karajan gegenüber kritisch verhielt. Im Dezember 1940 stand das *Grieg-Konzert* auf dem Programm, 1953 kam es zu einer zweiten und 1965 zur letzten Zusammenarbeit der beiden Künstler bei der Aufführung des *Schumann-Konzertes*. Es wird gemunkelt, ein Mitschnitt des früheren Konzertes sei in den Wirren der letzten Kriegstage oder der frühen Nachkriegszeit abhanden gekommen und läge seitdem in Moskau.

CG: Ja, das hat er erwähnt. Möglicherweise existiert tatsächlich noch ein Band. Ich selbst hatte jedoch keine Zeit, dem nachzugehen.

JK: Sie haben Michelangeli aus sehr verschiedenen Perspektiven wahrgenommen: während Ihrer Lehrjahre zunächst aus der Sicht des angehenden Pianisten, der ihm mit Bewunderung begegnet ist, später aus dem Blickwinkel des Produzenten, der natürlich im Interesse der Firma bestimmte Aufgaben zu erfüllen hatte. Mit der Zeit kamen Sie ihm näher, zeitweise scheint der Kontakt geradezu freundschaftlich gewesen zu sein. In Ihrem Buch beschreiben Sie, wie er bei Ihnen zu Hause zu Besuch war, mit den Kindern spielte und mit großer Freude kleine Rätsel löste, die Sie für ihn vorbereitet hatten. Er spielte mit dem Hund, der treu blickend von ihm Kekse erbettelte – eine offensichtlich fast familiäre Atmosphäre.

CG: Ja, er fühlte sich bei uns zu Hause, und man merkte, dass ein großer Druck von ihm abfiel, als er in den familiären Bereich kam. Vielleicht entkam er dabei ein wenig seiner Einsamkeit; er war ja ein sehr einsamer Mensch, obwohl meistens seine Assistentin nicht weit war. Man konnte deutlich spüren, um wie viel gelöster er wurde, sobald die Kinder kamen, die völlig normal mit ihm umgingen wie mit jedem anderen Menschen auf der Straße auch – sie hatten gar keinen Respekt, wussten gar nicht, wer er eigentlich war. Die Große, damals fünf Jahre alt, ging gleich zu ihm, und beide tobten an und auf dem Klavier herum. Das war an einem 1. Mai; eigentlich war er nur gekommen, weil er in der Steinway-Fabrik nicht üben konnte und ersatzweise meinen B-Flügel nutzen wollte. Das noch ganz neue Instrument war jedoch aufgrund von Fabrikationsmängeln in einem schlechten Zustand – Michelangeli klagte, nach dem Verkauf an die Amerikaner sei zu viel gespart worden an Filzen und Lacken –, so dass er sofort abbrach und sagte, er könne daran nicht arbeiten. Und so haben wir an diesem Tag eben nur Spaß miteinander gemacht und sind dann essen gegangen. Dieser familiäre Bereich tat ihm gut.

JK: Er war entspannter, freier, weil niemand etwas Bestimmtes von ihm erwartete?

CG: Ganz genau. Man sieht daran, unter welcher Anspannung dieser Mensch sonst gestanden haben muss. Er konnte einem leidtun in seiner Einsamkeit.

JK: Auch wenn er sich mit Aufnahmen anderer nicht so stark beschäftigte, hat er doch sicher den Druck der Konkurrenz gespürt.

CG: Nein, so etwas war ihm vollkommen gleichgültig, das hat ihn überhaupt nicht interessiert. Er war gewissermaßen wie sein eigenes Denkmal, hat seine Anliegen verfolgt, hat die anderen Pianisten nur aus der Distanz genau beobachtet, aber alles andere war ihm egal. Er lebte ganz in seiner eigenen Welt, und wie sein tief im Wald liegendes Anwesen in Pura bei Lugano zeigt, hat er sich in gewisser Weise von der äußeren Welt abgekoppelt. Als er nicht mehr unterrichtete, fuhr er wenig aus, gab ein paar Konzerte, machte Aufnahmen und fuhr wieder zurück. Aber zwei Wochen Urlaub: das war undenkbar. Er war im Grunde ein Asket und lebte eben so, wie sich das für einen Eremiten gehört, der in seinem Reich lebt oder auf einem Baum sitzt, und er verließ den Ort nur, wenn es sein musste, wenn er Geld verdienen musste oder – selten – wenn er einmal Lust hatte zu spielen. Er hatte sicher auch Freude am Spielen, das will ich gar nicht bestreiten! Wenn er auf der Bühne loslegte, etwa in den *Chopin-Mazurken*, dann dachte man, die ganze Welt sei plötzlich auf diesen kleinen Platz am Klavier konzentriert. Er hatte Momente, in denen es einem die Sprache verschlug – Momente von einer Größe, die andere nie hatten oder haben werden.

JK: Solche Augenblicke habe ich in seinen Konzerten auch erlebt. Und er hatte neben allem Können auch eine besondere Bühnenpräsenz.

CG: Ja, natürlich, die Ausstrahlung spielt eine bedeutende Rolle.

JK: Ich hatte das Glück, Herbert von Karajan noch mehrmals im Konzert hören zu können, im Musikvereinssaal in Wien. Bei einem dieser Konzerte saß ich auf dem Orgelbalkon hinter den Musikern, und als er auftrat – kaum wurde er sichtbar –, ging es wie ein Elektroschock durchs Orchester.

CG: Das muss man erstmal können! Diese Ausstrahlung hat er auch auf das Publikum gehabt. Was er musikalisch zu leisten vermochte, ist ja hinlänglich bekannt. Aber zusätzlich konnte er durch sein Auftreten, seine Haltung und seine Gesten fesseln. Das verhielt sich bei Michelangeli ganz ähnlich. Auch bei ihm waren die Haltung und die Gestik von großer Bedeutung. Hinter einem Vorhang wäre die äußere Wirkung dieser Künstler sicherlich weit weniger intensiv gewesen. Diese Beobachtung schmälert natürlich nicht ihre künstlerische Bedeutung. Was sie künstlerisch erreichten, wenn sie in guter Verfassung waren, das haben nicht viele gekonnt.

JK: Das muss ich bestätigen. Karajan strahlte eine ungeheure Konzentration aus, und von Michelangeli lässt sich das Gleiche sagen.

CG: Diese beiden Musiker sind auch die einzigen, die mir dazu einfallen. Ich wüsste keinen einzigen Künstler in unserer Zeit, von dem man sagen kann, dass sich durch sein Charisma in derartiger Weise unmittelbar etwas im Saal verändern würde. Nur bei diesen beiden war das so, aus meiner Sicht. Bei Fischer-Dieskau vielleicht noch, in Liederabenden. Und natürlich auch bei Kleiber!

JK: Ich habe auch Horowitz gehört in Wien, der ebenfalls ein extrem starkes Charisma besaß, aber die Umstände seines Konzertes waren vollkommen anders. Sein Auftritt hatte geradezu etwas Zirzensisches.

CG: Ja. Ich habe das in New York auch so wahrgenommen. Ich war in einem seiner Nachmittagskonzerte. Was er am Instrument machte, konnte man nur bewundern. Man fragte sich: Was zaubert er mit diesem eigentümlichen Anschlag nicht alles aus der Tastatur heraus? Da entstanden unbeschreiblich glänzende Töne und die schillerndsten Farben. Aber als künstlerisch tiefschürfend habe ich das alles nicht empfunden.

JK: Es soll ein unglückliches Zusammentreffen von Michelangeli und Horowitz in Wien gegeben haben?

CG: Die Deutsche Grammophon hat Horowitz während seines Wien-Aufenthaltes gefeiert und im Hotelfoyer große Poster aufgestellt. Michelangeli wohnte im

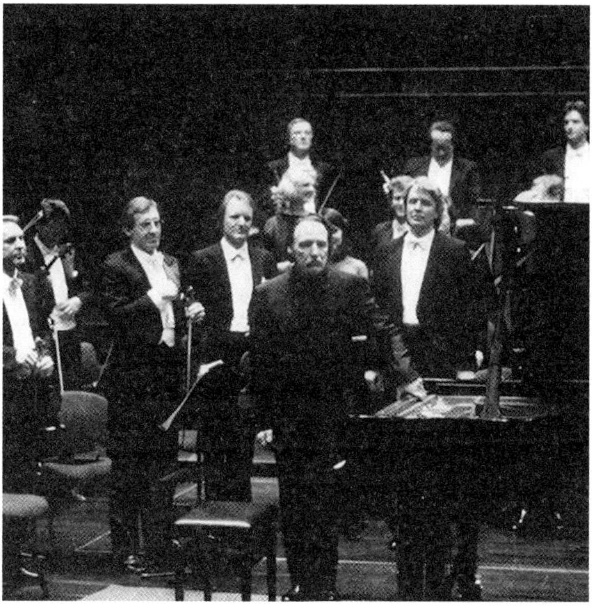

Michelangeli mit Cord Garben und dem NDR-Sinfonieorchester, Bremen 1990

selben Hotel, ohne dass die DGG auch ihn entsprechend gewürdigt hätte, denn sie wusste nicht, dass er ebenfalls im Imperial residierte. Hier nicht wahrgenommen zu werden, das war zuviel für den Verwöhnten. Er war gekränkt und hat sich kindisch darüber aufgeregt. Das war dann auch der Grund, sich nach einem neuen Label umzusehen.

JK: Das ist verständlich, zeigt aber auch, dass zu Horowitz wohl doch ein spezielleres Konkurrenzverhältnis bestanden hat. Es heißt, er habe ein wenig eifersüchtig reagiert, als er die Bewunderung der jungen Martha Argerich für seinen Kollegen bemerkt hatte. – Haben Sie Michelangeli eigentlich oft im Konzert gehört?

CG: Nein, nicht so oft. Vielleicht ein Dutzend Mal. Ich bin ihm nicht nachgereist. Ich habe immer die größtmögliche Distanz zu ihm gehalten, damit die Zusammenarbeit möglichst reibungsarm funktionierte. Er hat mir auch zweimal das Du angeboten – ich habe es nicht angenommen. Ich bat ihn: „Maestro, lassen Sie uns beim Sie bleiben." – „Si, si, va bene." Ich habe das mit allen Künstlern so gehalten, die ich zu betreuen hatte. Nur bei Fischer-Dieskau konnte und wollte ich das Du nicht zurückweisen, aber ich habe ein halbes Jahr gebraucht, bis ich ihn mit dem „Du" anreden konnte. Ich habe ganz ausdrücklich immer diese Distanz zu den Künstlern gewahrt, da ich mehrfach beobachten musste, in welches Vakuum manche meiner Kollegen nach der Beendigung der Zusammenarbeit mit einem Künstler gefallen sind, weil sie sich zu eng an ihn angeschlossen hatten. Ich habe mich auf mein Klavierspiel konzentriert, mit Sängern gearbeitet, Liederabende begleitet und Plattenaufnahmen gemacht: Damit habe ich sozusagen meine eigene Welt gerettet, und das war richtig so. Viele der berühmten Künstler, denen ich begegnet bin, sind – im bürgerlichen Sinne gesehen – so schwierig, so unberechenbar gewesen, dass einen nur der Abstand vor Schaden bewahren konnte. Ich wusste natürlich, was diese Künstler konnten, bewunderte gar einiges, erlebte wunderschöne Momente! Aber damit war es auch vorbei. Ich bin außerstande, einen Künstler bedingungslos zu verehren, das ist mir nicht möglich; ich kann nur feststellen, was er kann, und sein Können respektieren. Doch weil ich so viel hinter die Kulissen geschaut habe, kenne ich eben auch die Schattenseiten der Künstlerexistenz. Das alles ist mir schon ganz früh bewusst geworden, so dass ich mich bereits in jungen Jahren entschlossen hatte, einfach nur meine Arbeit zu machen. Ich hatte mich darauf zu konzentrieren, welche Noten richtig sind, welche falsch, was im Sinne des Künstlers das Beste war, und dafür zu sorgen, dass gute Aufnahmen entstanden – zu allem anderen hielt ich Abstand. Damit möchte ich nur sagen: Die großen Künstler sind außerhalb ihres Berufes Menschen wie ein jeder, mit guten Seiten, aber auch mit Schwächen, manchmal mit großen Schwächen, und sie unterscheiden sich auf dieser menschlichen Ebene, obwohl weltberühmt, durch nichts vom normalen Bürger, der irgendwo seinen Pflichten nachgeht. Sie sind keine besseren Menschen, sie sind nicht klüger, sie sind keine gebildeteren Menschen – mitunter ganz im Gegenteil! Ihre Kunst ist zu bewundern, man muss sie an sich heranlassen, soll sich damit auseinandersetzen. Was im persönlichen Bereich dahinter steht, spielt dabei keine Rolle. Eine Vergötterung fand bei mir nicht statt.

## Arturo Michelangeli bei Steinway & Sons

Der langjährige Director Manufacturing Edmund W. Böckenholt erinnert sich

Edmund Wolfgang Böckenholt war zunächst Fertigungsleiter und von 1978 bis 2006 Fabrikleiter bei Steinway & Sons Hamburg.

Das Gespräch fand am 31. Juli 2019 im Besucherraum der Fabrik von Steinway & Sons in Hamburg statt.

JK: Herr Böckenholt, wir befinden uns hier an einem Sehnsuchtsort vieler Pianisten und Klavierliebhaber: im Besucherraum der Fabrik von Steinway & Sons, nur wenige Schritte entfernt vom berühmten Auswahlsalon. Umgeben sind wir von Ihrer Künstlergalerie mit den signierten Fotos fast der gesamten Klavierelite der vergangenen Jahrzehnte.

EWB: Ja, doch leider sind die Wände eigentlich viel zu klein!

JK: Unter all diesen Künstlern hatte Arturo Benedetti Michelangeli für die Firma Steinway einen ganz besonderen Stellenwert.

EWB: Das ist richtig. Wir haben ihm viel zu verdanken, denn er war sehr kritisch, hat höchste Maßstäbe an unsere Instrumente angelegt und uns dadurch in besonderer Weise gefordert. Natürlich sind auch andere Künstler äußerst anspruchsvoll und haben genaue Vorstellungen davon, welche spezifischen Eigenschaften die Instrumente haben sollen, an denen sie arbeiten oder die sie im Konzert spielen wollen, aber Michelangeli verfügte in wohl noch höherem Maße als die meisten seiner Kollegen über ausgezeichnete Kenntnisse der Klaviermechanik und ihrer Teile. Er hat uns auf Details aufmerksam gemacht, die weder von anderen Pianisten noch von unseren Technikern zuvor besonders beachtet oder überhaupt als Problem wahrgenommen worden waren. Dadurch hat er uns regelrecht „gepuscht."

### Fabrikleiter bei Steinway & Sons

JK: Darf ich Sie, bevor wir auf diese Zusammenhänge näher eingehen, zunächst nach Ihrem Werdegang und Ihrer genauen Funktion im Unternehmen fragen?

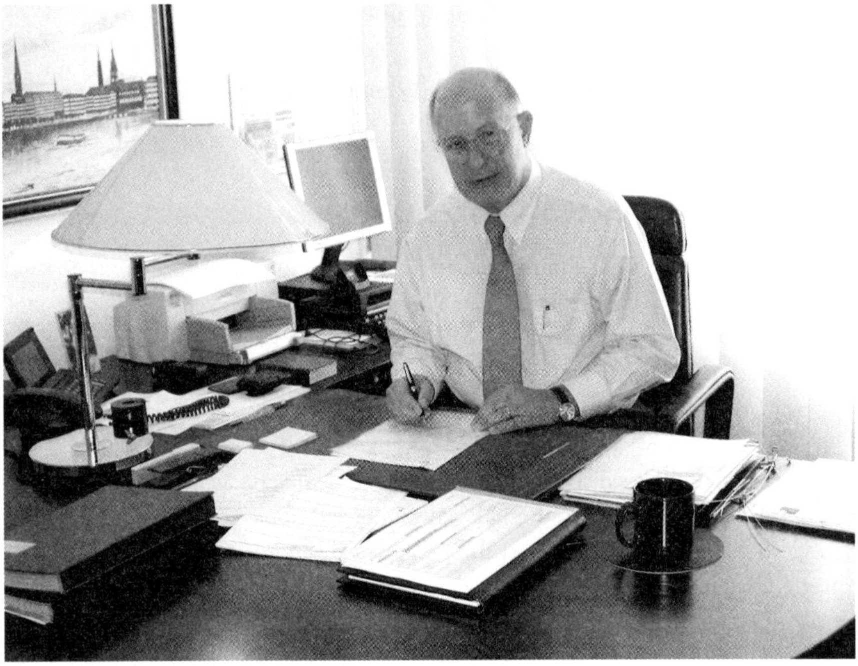

Edmund W. Böckenholt an seinem Schreibtisch bei Steinway & Sons

Wie wird man Fabrikleiter eines Weltmarktführers? Wie ist die offizielle Bezeichnung dafür?

EWB: Der Fabrikleiter heißt in unserem Unternehmen, das ja auch ein Werk in New York unterhält, „Director Manufacturing". – Ich bin gelernter Tischler, habe nach der Lehre meinen Meister gemacht, im Anschluss daran die FH-Holztechnik Hamburg besucht und bin dann 1967 hierher in die Fabrik gekommen. Anfangs war ich für die Teilefertigung zuständig, dann bin ich über die Produktionsleitung im Teilefertigungsbereich „hineingerutscht" in die Fertigung bzw. „Montage" der Instrumente. Alles, was ich über Klaviere weiß, habe ich hier bei Steinway gelernt, und da ich kein gelernter Klavierbauer bin, ist ein gutes Verhältnis zu den Technikern und Intoneuren mir immer besonders wichtig gewesen. Ich habe zudem das große Glück, dass meine Frau Pianistin ist. Sie konnte mir vermitteln, welche bautechnischen Aspekte des Instrumentes für einen Künstler von besonderer Bedeutung sind und welche klanglichen Feinheiten realisierbar sein müssen. Im Jahre 1978 wurde mir die Verantwortung für den Gesamtbereich der Instrumentenproduktion übertragen. Insgesamt war ich über 40 Jahre im Unternehmen aktiv und habe nach meiner Pensionierung im Jahre 2006 noch bis ins vergangene Jahr sowohl für unser Hauptwerk in New York als auch für die Fabrik in Hamburg Be-

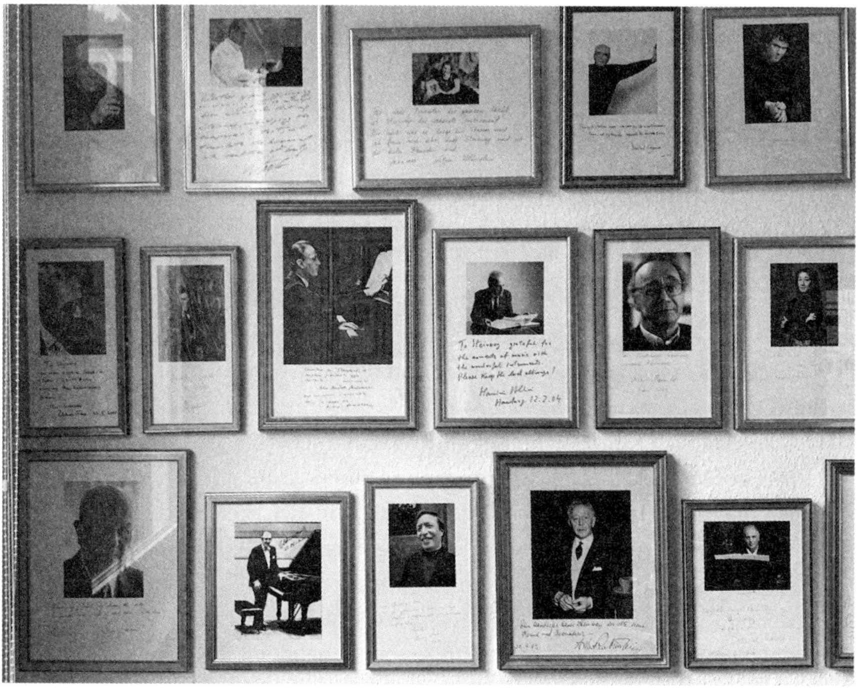

Die „Künstlergalerie" im Besucherraum von Steinway & Sons, Michelangeli auf dem großen Bild in der Mitte, rechts daneben Pollini und Brendel, die am gleichen Tag Geburtstag haben

ratertätigkeiten wahrgenommen. Das war sehr schön, es hat mich ausgefüllt, und durch die Anerkennung, die mir dabei gezollt wurde, habe ich merken können, dass ich während meiner Zeit als Fabrikleiter nicht alles falsch gemacht habe.

## Die erste Begegnung mit Arturo Benedetti Michelangeli

JK: Können Sie sich an Ihre erste Begegnung mit Michelangeli erinnern?

EWB: Natürlich, ich habe Sie noch genau im Gedächtnis. Sie war eigentlich nur ganz kurz; Cord Garben und ich mussten den Künstler nach oben in den Auswahlsaal begleiten. Er war vollkommen ruhig, sagte nichts, keine Gemütsbewegung war erkennbar, so dass ich mich fragte, ob mangelnde Sympathie der Grund seines Verhaltens war. Aber mit der Zeit habe ich gemerkt, dass diese Verschlossenheit eines seiner typischen Wesensmerkmale gewesen ist. Wenn man ihn länger kannte und gelernt hatte, seine Mimik aufmerksam zu beobachten und zu deuten, spürte man eine gewisse Freundlichkeit in seinen Gesichtszügen. Aber gesprochen hat er fast gar nicht.

JK: Seine Frau hat in ihrem Erinnerungs-Büchlein mitgeteilt, echtes Vertrauen habe er nur Schülern entgegengebracht, die länger bei ihm studiert hatten und denen er sich wirklich nahe fühlte. Fast alle, die ihn näher kannten, haben ihn als sehr scheu, in gewisser Weise auch als sehr einsam beschrieben.

EWB: Ja, diesen Eindruck konnte man von ihm gewinnen. – Einen Künstler seines Ranges betreuen zu können, war natürlich ein ungeheurer Ansporn. Und sehr schnell wurde uns deutlich, dass er auch ganz klare Vorstellungen davon hatte, was an einem Instrument verbesserungsfähig war. Michelangeli hat, wenn er bei uns war, zunächst immer die für ihn vorbereiteten Instrumente angespielt und seine Favoriten herausgesucht. Das konnte stundenlang dauern. Wenn er eine Vorauswahl getroffen hatte, teilte er uns mit, was überprüft oder verändert werden sollte. Das war für unsere Techniker eine nicht immer einfache Herausforderung. Sie waren von der Qualität ihrer Arbeit und von der Güte unserer Produkte vollkommen überzeugt und sahen sich nun einem Künstler gegenüber, der durchaus nicht mit allem zufrieden war, was ihm angeboten wurde. Michelangeli hat uns sehr deutlich gezeigt, dass selbst dann, wenn wir dachten, alles sei vollkommen in Ordnung, es für ihn lange noch nicht gut genug war. Das betraf oft kleinste Kleinigkeiten, und wir mussten zur Kenntnis nehmen, dass auch diese nicht vernachlässigt werden durften. Erschwerend kam hinzu, dass Michelangeli seine Wünsche nicht in der Sprache eines Technikers formulieren konnte. Dann haben unsere Prokuristen Dr. István Vértes und Ulrich Adam oder auch sein Produzent Cord Garben vermittelnd eingegriffen und darauf hingewiesen, was jeweils noch einmal genauer überarbeitet werden musste. Bei alledem war auch viel Psychologie im Spiel. Wir mussten sehr einfühlsam verfahren, wenn eine Sitzung nicht ergebnislos zu Ende gehen sollte. Sobald die gewünschten Arbeiten an einem Instrument abgeschlossen waren, hat Michelangeli es erneut geprüft. Wenn er dann den Flügel nochmals anspielte, haben wir ehrlich gesagt häufig einfach gar keinen Unterschied gehört, obwohl es ihn offenbar gab: so subtil waren die Veränderungen.

JK: Nun hatten sicherlich nicht alle Modifikationen auch unmittelbare klangliche Auswirkungen – viele seiner Anregungen haben sich doch vermutlich eher auf die Spielart bezogen.

EWB: Selbstverständlich. Dabei ging es um z. B. um die Hammerröllchen oder die Stoßzunge. Das waren die Teile, an denen mit der Zeit kleine Dinge verändert worden sind, weil er uns auf Verbesserungsmöglichkeiten aufmerksam gemacht hat. Die Arbeit an den Hammerköpfen hatte natürlich meistens schon direkte klangliche Konsequenzen. – Wir waren bei alledem der Meinung: Wenn ein Künstler wie Michelangeli uns etwas sagt, dann müssen wir ihm zuhören. Wir konnten nicht einfach aus Bequemlichkeit behaupten, es gehe nicht anders, und wir mussten so lange an einer Problemstellung arbeiten, bis er zufrieden war. Diese Zufriedenheit war nicht immer gegeben – damit haben wir zeitweise durchaus unsere Probleme gehabt. Deshalb waren wir jedes Mal sehr erleichtert, wenn ein geplantes Konzert oder eine Aufnahme auf dem ausgewählten Instrument auch tatsächlich stattgefunden hatte. Michelangeli hat ja immer wieder Konzerte abgesagt. In Hamburg gab es meines Wissens allerdings nur eine krankheitsbedingte Absage, und das Konzert wurde später nachgeholt. Für uns stellte sich in solchen Fällen stets die Frage, ob das Instrument oder die Verfassung des Pianisten der Grund für eine Stornierung des Konzerttermins war. Für Außenstehende ist so etwas kaum greifbar, aber für einen Hersteller ist das natürlich von größter Bedeutung, denn zweifellos spricht es sich in Künstlerkreisen herum, wenn Mängel am Instrument zu einer Konzertabsage führen. Aufgrund der besonderen Ansprüche Michelangelis und der akribischen, langwierigen Vorarbeiten haben wir es stets als ganz besonderen Erfolg verstanden, wenn wir ihn zufriedenstellen konnten.

JK: Sie haben schon auf Michelangelis hervorragende Kenntnisse selbst zu Spezialfragen des Klavierbaus hingewiesen, insbesondere zur Wirkungsweise der Mechanik. Welche Aspekte waren ihm besonders wichtig?

EWB: Alle diejenigen, die unmittelbar die Spielart und den Klang betroffen haben. Er äußerte immer wieder sehr spezielle Wünsche, und dann hieß es: „Versucht mal, das hinzubekommen!" Wenn die Techniker an die Arbeit gingen, hat er übrigens die größte Geduld bewiesen. Eine gleichmäßige Spielart war ihm wichtig, es durfte keine Nebenfrequenzen geben. Mir ist eine Situation als bezeichnendes Beispiel für die Schärfe seines Gehörs im Gedächtnis geblieben. Im Auswahlsaal fühlte er sich durch einen Klang gestört, den wir alle zunächst gar nicht bemerkt hatten. Schließlich stellte sich heraus, dass in einem Instrument, das zugedeckt an der Seite stand, einige Dämpfer entfernt worden waren, um sie zu überarbeiten. Dadurch konnten etliche Saiten frei mitschwingen, wenn auf einem anderen Instrument gespielt wurde. Der dabei entstehende Klang war nahezu unhörbar, Michelangeli jedoch hatte ihn wahrgenommen.

### Besuche Michelangelis bei Steinway

JK: Die Anlässe für die Besuche Michelangelis bei Steinway waren in der Regel wohl seine Konzerte in der Laeiszhalle und die Aufnahmen für die Deutsche Grammophon Gesellschaft?

EWB: Ja. Sehr häufig ist er mit Cord Garben hier gewesen, wenn die Deutsche Grammophon in Harburg Aufnahmen gemacht hat. Der Flügel für die Schallplattenaufnahmen wurde zunächst bei uns in der Fabrik vorbereitet. Das dauerte manchmal tagelang. Michelangeli ist schon morgens hergekommen. Mittags unterbrach er die Auswahl, damit die Techniker an den Instrumenten arbeiten konnten, und am nächsten Tag ging es weiter, manches Mal bis spät abends. Wenn er sich für ein Instrument entschieden hatte, wurde es in den Saal überstellt. Auch dort gab es immer noch einiges nachzuarbeiten. Während dieser ganzen Prozedur hat er nur sehr wenig gesprochen. Er war ganz in seinen Gedanken, hochkonzentriert, hat die Instrumente angespielt, ist wieder aufgestanden, im Saal auf- und abgegangen, hat den Blick hin- und herschweifen lassen, wieder und wieder, eine lange, lange Zeit.

JK: Wie ein Tiger im Käfig.

EWB: Ja, nur ruhiger.

JK: Cord Garben hat berichtet, dass er sogar in Besprechungen stets auf- und abgegangen sei.

EWB: Ja, das kann ich bestätigen. Ich kannte das von anderen Künstlern nicht. Dass jemand eine Dreiviertelstunde oder länger nur im Raum auf- und abgeht, nachdenkt und sich nur zwischendurch kurz ans Instrument setzt, um ein paar Töne zu spielen, hat mich sehr verwundert. In diesen Phasen war selbstverständlich kein Techniker bei ihm – während des Auswahlprozesses wollte er allein sein. Aber auch sonst hatte er meist nur einen sehr kleinen Kreis von Mitarbeitern um sich. Dazu gehörten der Prokurist, der Künstlermanager, der Techniker Bernhard Griffig und bei manchen Gelegenheiten auch Angelo Fabbrini, Michelangelis italienischer Konzerttechniker. Und wie bereits erwähnt war auch Cord Garben, sein Produzent bei der Deutschen Grammophon, häufig mit dabei.

JK: Führte es zu Schwierigkeiten mit den hoch kompetenten Mitarbeitern des Hauses, wenn Michelangeli seinen Techniker aus Italien mitbrachte? Ich stelle mir das als recht heikel vor.

EWB: Nein, im Gegenteil – die Verständigung war sehr gut, die Beziehung zwischen Fabbrini und Griffig geradezu freundschaftlich. Fabbrini hat seinen deutschen Kollegen sogar zu sich nach Italien eingeladen. Sie haben sich nicht als Konkurrenten gesehen, sondern hatten in fachlichen Fragen stets volles Einvernehmen. Wir waren natürlich sehr froh über das Vertrauen, das unserem Intoneur entgegengebracht wurde. Und es war ein wunderbares Gefühl, die Ansprüche eines Ausnahmekünstlers wie Michelangeli erfüllen zu können. Das bewies uns, auf dem richtigen Weg zu sein.

JK: Ist es denn auch vorgekommen, dass er einmal etwas länger spielte? Haben Sie dabei gelegentlich sogar zuhören können?

EWB: Ja. Natürlich war es oberstes Gebot, den Maestro nicht zu stören. Aber zwischen dem Auswahlsaal und dem Vorraum gibt es Doppeltüren, und wir konnten wohl auch einmal eine Tür auflassen und ihm zuhören, ohne dass er sich belästigt fühlte.

JK: Wie haben Sie sich eigentlich verständigt? Michelangeli sprach ja nur Italienisch, obwohl er auch das Französische beherrschte. Gab es einen Dolmetscher?

EWB: Unser Prokurist Dr. Vértes sprach Italienisch, aber meistens wurden uns die Wünsche des Meisters durch seine Sekretärin mitgeteilt. Wenn Angelo Fabbrini dabei war, hatten wir es natürlich etwas leichter. Er ist manchmal mit ihm gemeinsam angereist. – In den letzten Jahren wurde Michelangeli vor allem von unserem Chefintoneur Bernhard Griffig betreut. Griffig war ein hervorragender, langjähriger Mitarbeiter, zu dem Michelangeli ein gutes Verhältnis hatte. Leider ist er viel zu früh verstorben. Er wurde mit seiner Frau auch schon mal zum gemeinsamen Essen mit dem Maestro eingeladen, um das persönliche Verhältnis zu vertiefen. Bei solchen Gelegenheiten konnte ich beobachten, dass seine Umgangsart Michelangeli sehr gefiel.

JK: Es kursieren zahlreiche Gerüchte darüber, welche winzigen Mängel Michelangeli an Instrumenten entdeckt haben soll. Vieles daran ist gut nachvollziehbar, aber die Geschichte von der Intoniernadel, die im Hammerkopf stecken geblieben war, ist kaum zu glauben.

EWB: Doch, die ist wirklich vorgekommen! Michelangeli hatte darauf bestanden, einen Hammerkopf genauer zu untersuchen, weil ihn eine klangliche Unebenheit irritiert hatte, und wir fanden darin die abgebrochene Spitze einer Intoniernadel. Dieser Fall war unglaublich, aber ganz eindeutig. Bernhard Griffig, der damit konfrontiert war, hat gesagt, so etwas sei in seiner ganzen Karriere noch nie vorgekommen. Er selbst hatte das Problem nicht bemerkt, und wenn er mir den Hammerkopf nicht gezeigt hätte: ich hätte es auch nicht geglaubt.

JK: Es ist bekannt, dass Michelangeli hier in der Hamburger Fabrik die Flügel für seine Konzerte ausgewählt hat. In vielen Artikeln über ihn heißt es jedoch, er habe nur auf seinen eigenen Instrumenten gespielt, die allerdings teilweise längere Zeit hier gestanden haben sollen. Stimmt das?

EWB: Ich glaube, wir haben nur einmal einen Flügel für längere Zeit hier gehabt. Aber für ihn vorgemerkte Instrumente haben hier manchmal recht lange unberührt im Auswahlsaal gestanden. Das sind die sogenannten Gestellungsflügel, die für bestimmte Künstler reserviert werden. Bei solchen Flügeln wird die Mechanik den individuellen Wünschen entsprechend voreingestellt, sie werden speziell intoniert und u. U. sogar schon im Blick auf ein bestimmtes Repertoire vorbereitet. Wenn Michelangeli dann zu einer Produktion anreiste, wurden die Instrumente nochmals überarbeitet und fertig aufbereitet für die Aufnahme.

JK: Sie haben also Instrumente hier, die für bestimmte Künstler reserviert sind?

EWB: Ja, das gibt es auch heute noch. Jedes Instrument hat bekanntlich eine Nummer, was uns die Arbeit erleichtert. In der Laeiszhalle stehen drei Steinway-Flügel, die der Firma gehören und von ihr gewartet werden. Deren Nummern sind den Pianisten, die regelmäßig in diesem Saal auftreten, bekannt. Sie teilen uns mit, welchen Flügel sie bevorzugen. Wenn beispielsweise Grigory Sokolov nach Hamburg kommt, weiß der Techniker dadurch meistens schon vorher, welche Instrumente er für die Auswahl des Künstlers vorbereiten muss. Die Charakteristik dieser Instrumente ist so außergewöhnlich schön, dass namhafte Pianisten eigens nach Hamburg kommen, um an ihnen ihre CD-Aufnahmen einzuspielen.

JK: Das bezieht sich auf die Flügel, die ständig in der Musikhalle stehen.

EWB: Ja. Wenn ein Künstler jedoch an diesen Instrumenten etwas zu beanstanden hat, kann er zu uns kommen und den Flügel für sein Konzert hier auswählen. Die Zufriedenheit der Solisten hat für uns höchste Priorität. Ein Unternehmen wie Steinway kann es sich nicht leisten, dass ein Konzert ausfällt, weil der Flügel nicht in Ordnung ist.

## Anstöße Michelangelis für Verbesserungen von Mechanikteilen

JK: Sie haben eingangs angedeutet, dass Michelangeli nicht nur selbst einen besonderen Qualitätsanspruch an seine Instrumente gestellt hat, sondern auch dem Unternehmen Anstöße für Verbesserungen gegeben hat. Können Sie sich an bestimmte technische Bereiche erinnern, in denen sich das ausgewirkt hat? Sie erwähnten schon kurz die Hammerröllchen und die Stoßzunge.

EWB: Ja, das waren Elemente der Mechanik, für die er sich sehr interessiert hat. Durch Michelangelis kritische Hinweise haben wir begonnen, daran Details zu untersuchen, deren Auswirkungen auf das Spielgefühl eines Pianisten uns vorher im Einzelnen gar nicht bewusst waren. Um das an einigen Beispielen zu erläutern: Wir verarbeiten laufend tausende Hammerröllchen. Das Leder dieser Röllchen

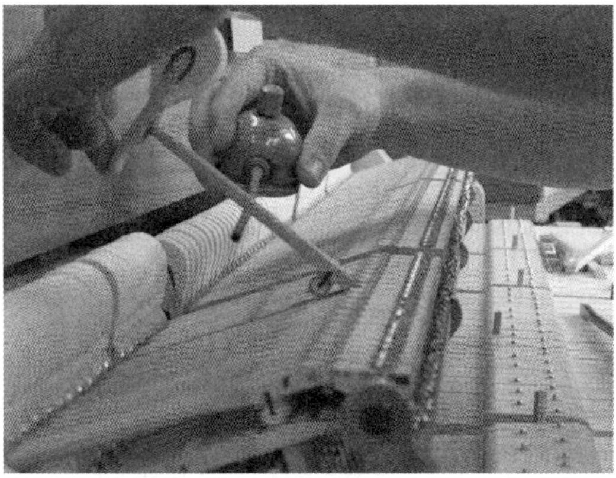

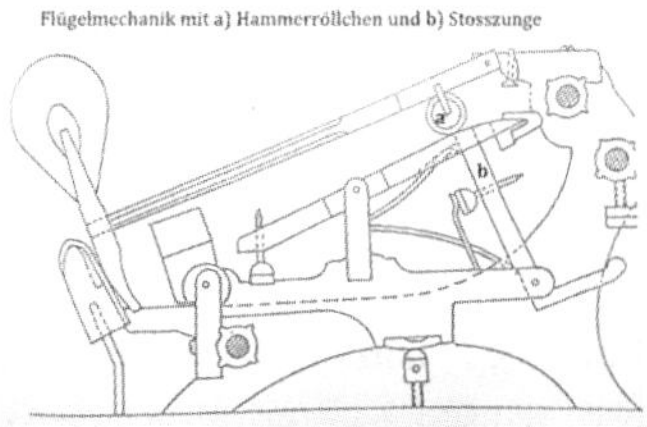


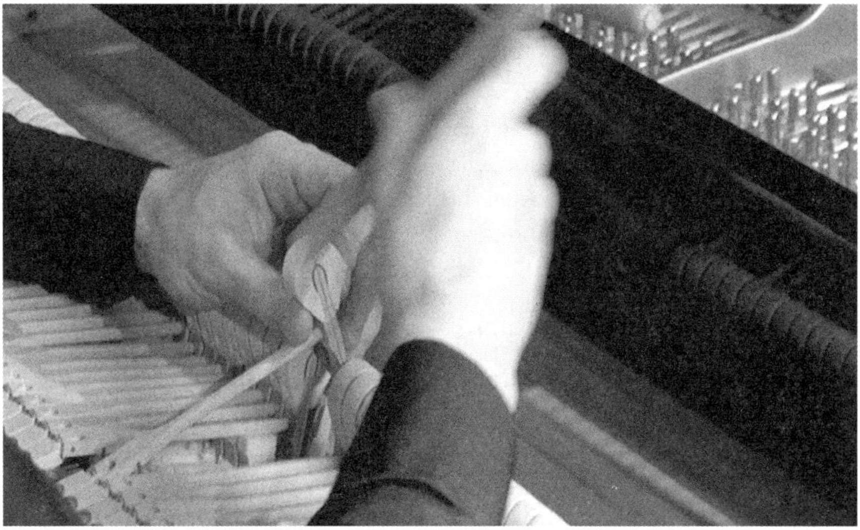

oben links: Die Ausrichtung eines Hammerstiels mit einer Brennlampe; oben rechts: Konstruktionszeichnung der Flügelmechanik mit a) Hammerröllchen und b) Stoßzunge; unten: Das Abziehen eines Hammerkopfes mit der Feile

kann gröber oder feiner und glatter sein, aber lange Zeit waren wir uns nicht darüber im Klaren, welchen Anteil allein schon die Wuchsrichtung des Leders auf das Spielgefühl hat. Die Hammerröllchen sind nur 12,0 Millimeter groß. Wir haben feststellen müssen, dass es sich spieltechnisch sehr negativ auswirkt, wenn ein solches Röllchen dieses Maß auch nur um einen halben Millimeter überschreitet. Oder die sogenannte Stoßzunge: Sie hat dort, wo sie unter der Rolle abnickt, eine kleine Rundung – das ist ein ganz winziges Profil. Wir haben davon Zeichnungen im Maßstab von 20:1 angefertigt, um unseren Maschinen- und Werkzeuglieferanten vermitteln zu können, wie fein dieses Detail bearbeitet werden muss, damit sich keine negativen Auswirkungen auf das Spielgefühl ergeben. Auch die Graphitierung stellten wir auf den Prüfstand. Wenn deren Zusammensetzung nicht stimmt, so dass der Graphit sich nach kurzer Zeit von der Stoßzunge ablöst und an der Rolle festsetzt, kommt es zu Problemen. Es dauert lange, bis man diese Zusammenhänge versteht und ihre Bedeutung akzeptiert, denn es handelt sich um Kleinigkeiten, die im ersten Moment überhaupt nicht sichtbar sind. Doch wir haben erkannt, dass selbst diese winzigen Einzelheiten Beachtung verdienen und mit größter Genauigkeit untersucht und bearbeitet werden müssen. – Michelangelis Hinweise haben auch dazu geführt, die Vorgaben für unsere Zulieferer zu überprüfen. Außer in New York hat Steinway keine eigenen Teile gefertigt. Die Mechanikteile für die Hamburger Fabrik wurden von der Firma Renner in Stuttgart bezogen, die inzwischen zu Steinway gehört. Wir haben hier eine sehr strenge Eingangskontrolle für diejenigen Teile, die uns geliefert werden. Es wird mit komplexen Methoden kontrolliert: Größen werden im Zehntelmillimeterbereich gemessen, gewisse Strukturen mit besonderem Licht untersucht – die Kontrolle wird so genau wie möglich durchgeführt, doch trotzdem gibt es Problemfelder: Bestimmte Mängel fallen erst später auf, wenn sie durch das Spielen zutage treten. So haben wir auch Lagerbestände gehabt, in denen wir trotz unserer genauen Eingangskontrolle Mängel entdeckten. Daher mussten wir bei unseren Zulieferern gelegentlich Veränderungen anstoßen, z. B. vorgeben, welche Werkzeuge eingesetzt werden sollten. Das betraf u. a. die Profiltreue, die auch über einen längeren Zeitraum gehalten werden musste. Werkzeuge nutzen sich ab, und wir bewegen uns ja, wenn wir an die Rundung für die Stoßzunge denken, im Mikrobereich. Wenn sich dort nur eine Kleinigkeit verändert, wirkt sich das negativ aus. Beispielsweise hat einmal eine kleine Scharte in einem Messer einen Wulst am Produkt verursacht. Im ersten Moment war er gar nicht zu sehen, zumal das Element geschwärzt war. – Wir haben also die Prüfkontrollen und bestimmte Lagerbedingungen vorgegeben: In welcher Luftfeuchtigkeit, bei welchen Temperaturen muss das Material gelagert werden, damit wir hier keine Probleme bekommen, weil es z. B. Feuchtigkeit abgibt, wenn es plötzlich trockener ist. Durch Michelangeli sind wir also auf etliche Details aufmerksam geworden, an denen wir Verbesserungen entweder selbst vorgenommen oder veranlasst haben.

JK: Nun kamen wahrscheinlich ähnliche Anregungen auch von anderen Künstlern?

EWB: Das schon, aber Michelangeli hatte Hammerröllchen in der Jackentasche, er hatte Stoßzungen mitgebracht, er konnte genau zeigen, worum es sich handelt. So präzise haben die meisten anderen Künstler das nicht gemacht. Viele beschränken sich darauf, Ihre Wünsche in sehr allgemeiner Form zu äußern. Michelangeli ist anders an die klaviertechnischen Fragen herangegangen. Er hat die Teile gezeigt, er hat uns regelrecht gezwungen, tief in die Mechanik und in ihre Bestandteile hineinzugehen, während die meisten Pianisten das Instrument nur kurz anspielen und den Techniker dann alleine arbeiten lassen. Von Michelangeli wurden jedoch bereits konkrete Maßnahmen vorgegeben. Es war mitunter kompliziert, ihm zu folgen, aber er hat uns doch meistens gleich in eine gewisse Richtung gewiesen, so dass viele Probleme besser und schneller lokalisiert werden konnten. Bernhard Griffig hatte im Laufe der Zeit gelernt, schon an der Mimik des Künstlers beim Anspielen des Instrumentes vieles zu erspüren. Dabei ging es natürlich nicht um das Stimmen, sondern vor allem um die Intonation und die Feinstregulierung.

JK: All dies waren die Aufgaben eines Spitzentechnikers, zu dem ein besonderes Vertrauensverhältnis bestand. Es ist überliefert, dass Michelangeli großen Respekt vor der Arbeit außergewöhnlich guter Techniker hatte.

EWB: Ganz sicher, und es war eine große Auszeichnung für unseren Intoneur, sein Vertrauen zu besitzen.

JK: Haben Sie für Michelangeli – abgesehen von seinem privaten Instrument – auch Flügel bearbeitet, die er nicht in Hamburg, sondern anderswo gespielt hat?

EWB: Wir haben eigentlich nur für seine Auftritte in unserem geographischen Bereich gearbeitet, allerdings haben wir auch einmal die Instrumente für eine Japan-Tournee vorbereitet.

### Probleme mit dem Elfenbein

JK: Seit einigen Jahrzehnten werden Klaviertasten nicht mehr aus Elfenbein, sondern aus Kunststoff hergestellt. Wie einige andere Künstler hatte auch Michelangeli bei Auslandsreisen gelegentlich Probleme mit dem Importverbot für Elfenbein. Dieses Verbot hatte zur Folge, dass in bestimmte Länder Instrumente mit Elfenbeintasten nicht einmal vorübergehend für einige wenige Konzertauftritte eingeführt werden durften. Waren Sie mit solchen Vorfällen befasst?

EWB: Ich erinnere mich nicht mehr, ob es mit Michelangelis Japan-Reise in Zusammenhang stand, aber ich weiß, dass wir in Japan Probleme hatten, weil der Zoll die Elfenbeinbeläge von einem Instrument abgenommen hatte, so dass es nicht im Konzert eingesetzt werden konnte – und das, obwohl die CITES-Bescheinigung für das Elfenbein vorlag [CITES steht für „Convention of International Trade in Endangered Species of Wild Fauna and Flora", das Washingtoner Artenschutzübereinkommen, das den internationalen Handel mit bedrohten und geschützten Arten regelt. JK]. – Auf einem Management-Meeting unseres Unternehmens in New York haben wir etwas später entschieden, uns umzustellen und Elfenbein nur noch in Ausnahmefällen zu verwenden. In der New York Times war ein großes Foto von einem Elefanten mit abgesägten Stoßzähnen abgebildet, und dieses Bild war für uns Manager ausschlaggebend dafür, zu sagen: Wir können uns auf Dauer nicht davon frei sprechen, was mit den Tieren passiert, egal ob eine CITES-Bescheinigung vorliegt oder nicht. Das war der Moment, in dem wir entschieden haben, ein anderes Material für die Tastenbeläge zu verwenden.

JK: Wann war das?

EWB: Das muss in den Achtzigern oder Anfang der neunziger Jahre gewesen sein. Wir hatten natürlich immer noch Elfenbein im Lagerbestand, aber es wurde eben nur noch selten eingesetzt. Zwischendurch gab es immer wieder einmal Sätze in Kleinstmengen zu kaufen, die aber nicht dafür ausreichten, alle Konzert- und Saloninstrumente damit auszustatten. Die haben wir dann auf Lager gelegt. Selbst heute kann man noch Elfenbein bekommen, aber eben nur in Ausnahmefällen. Wir haben uns damals ausführlich mit der Frage beschäftigt, welchen Kunststoff man als Ersatz für Elfenbein verwenden kann. Es gab ja bereits einige Wettbewerber – Yamaha z. B. –, die schon Ersatzbeläge hatten, die sich ähnlich wie Elfenbein anfühlten, doch ergaben sich beispielsweise durch den Alterungsprozess neue Probleme. Im Laufe der Zeit wurden aber geeignete Kunststoffe entwickelt und in langen Versuchsreihen aufwändigen Prüfungen unterzogen, und die heute verwendeten Beläge erfüllen ihren Zweck in zufriedenstellender Weise.

## Vom Holz und seiner Verarbeitung

JK: Da wir gerade über besondere Materialien sprechen: Ihr Ausbildungsgang legt die Vermutung nahe, dass Sie zu Beginn Ihrer Tätigkeit bei Steinway zunächst vor allem mit der Verarbeitung von Hölzern befasst waren.

EWB: Ja, denn in der Teilefertigung im Bereich des Maschinensaals handelt es sich erst einmal um Holzteile. In unserem Hause wird nur Holz der obersten Qualitätsstufe verwendet und zudem noch stark selektiert. Nur 25–30% des eingekauften Holzes können auch im Instrument verbaut werden – alles andere fällt einer strengen Auswahl zum Opfer. Das erklärt zum Teil auch das Preisniveau unserer Instrumente. Die Einkaufspreise der von uns benötigten exklusiven Hölzer sind hoch, und die geringe Ausnutzung des Materials schlägt zusätzlich zu Buche. So kommen die hohen Preise unserer Flügel zu einem Gutteil allein schon aufgrund der Materialselektion zustande, von den Löhnen für unsere hoch kompetenten und oft besonders spezialisierten Mitarbeiter einmal ganz abgesehen.

JK: Es ist also trotz modernster Technik und komplexer Analyseverfahren auch heute noch nicht möglich, die Hölzer bei der Erstauswahl so genau zu selektieren, dass die Ausfallquote gering ist. Würden Sie das bitte noch ein wenig näher erläutern?

EWB: Gerne. Es ist nicht mehr so, dass man – wie früher immer gesagt wurde – in den Wald geht, gegen den Baum klopft und dann weiß, von welchem Stamm das Material für ein Instrument gewonnen werden soll. Heute stellt der Holzhandel bestimmte Größen und Maße für Großkunden bereit, also keineswegs speziell für die Klavierbranche. Z. B. wird die Fichte im Treppen- und Fensterbau eingesetzt; aus der dafür gewonnenen Masse können auch wir Holz auswählen. Ungefähr 3–5% dieses Materials sind für unsere Zwecke geeignet. Und von diesen 3–5% Prozent, die wir einkaufen, können wir dann wiederum nur 25–30% verwenden. Der Rest ist so stark selektiert und so klein geschnitten, dass er kaum noch irgendwo anders verwendet werden kann. Es ist also nur ein verschwindend geringer Prozentsatz des gekauften Materials geeignet für das Instrument. Diese Holzselektion ist, abgesehen von der ebenfalls äußerst wichtigen Trocknung, eine ganz entscheidende Voraussetzung für die Herstellung von Instrumenten der höchsten Qualitätsstufe.

JK: Gibt es bei der Trocknung dann auch noch größere Ausfälle zu beklagen?

EWB: Ja, leider. Holz hat ja eine bestimmte Wuchsrichtung, und gelegentlich gibt es Wirbel oder Verwachsungen im Material. Wir müssen natürlich Holz verbauen, das keine Spannung aufweist. Die Konstruktion des Instrumentes bringt es aber mit sich, dass wir in bestimmte Bauteile eine Spannung hineinbauen müssen. Um diese kontrollieren zu können und von Instrument zu Instrument in fast gleicher Weise zu erreichen, muss die Selektion der Hölzer entsprechend sorgfältig vorgenommen werden. Wenn sich Wirbel oder Verwachsungen im Holz befinden, die später durch klimatische Veränderungen zusätzliche Spannung erzeugen können, ist das Holz natürlich nicht geeignet. Deswegen diese wahnsinnig genaue Arbeit, diese akribische Selektion.

JK: In einem Flügel werden viele unterschiedliche Hölzer verarbeitet. Wie viele sind es eigentlich?

EWB: Wenn wir uns auf die wesentlichen Holzarten beschränken, sind es für das Instrument und die Mechanikteile neun oder zehn.

JK: Welche?

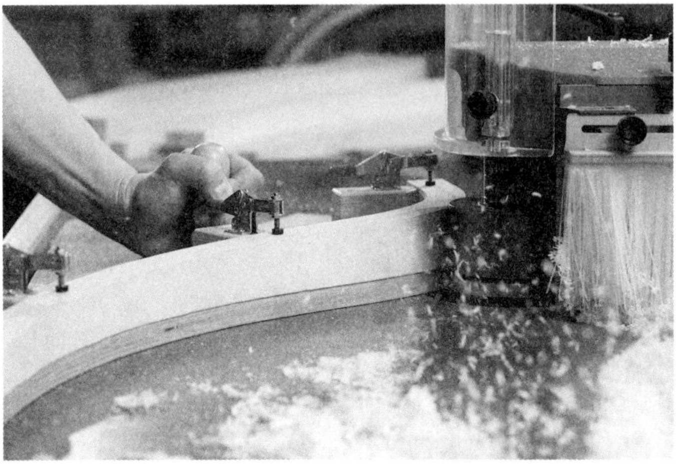

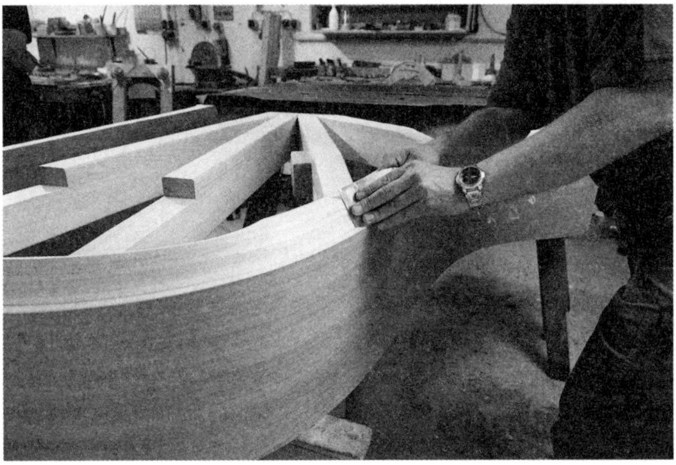

Bei der Bearbeitung des Klangstegs und des Rims

EWB: Wir verwenden nach wie vor Rot- und Weißbuche, Nußbaum, Sapeli-Mahagoni, außerdem Ahorn, Fichte, Kiefer, Whitewood und bisher auch Bubinga, das aber inzwischen einem Vermarktungsverbot unterliegt. Das sind die wichtigsten Hölzer. Große Teile des Instruments werden aus Kiefer und Buche gefertigt, aber immer so selektiert und zugeschnitten, dass feine, gerade Wuchszonen entstehen.

JK: Das Holz für den Instrumentenbau wird, bevor es verwendet werden kann, einem Reife- und Trocknungsprozess ausgesetzt. Wie lange werden die Hölzer gelagert?

EWB: Das kommt darauf an, für welche Bauteile sie benötigt werden, und es hängt natürlich auch davon ab, ob die Lagerung nur hier in Hamburg erfolgt oder schon beim Holzhändler. Manche Hölzer liegen relativ lange beim Händler und werden nur in größeren zeitlichen Abständen von uns bezogen. Es ist wichtig, die

Lagerbedingungen genau zu kennen und die Kontrolle darüber zu haben. Normalerweise beträgt die Trockenzeit ungefähr zwei Jahre. Welches Unternehmen kann sich so einen langen Vorlauf schon leisten? Doch er ist unabdingbar, um optimale Resultate zu erzielen. Es geht ja nicht darum, mit dem Instrument während der fünfjährigen Garantiezeit über die Runden zu kommen. Ein Konzertflügel ist ein hochwertiges Instrument, das eine lange Lebensdauer hat.

### Die Bass-Saiten

JK: Ein sehr heikler Bereich ist die Herstellung der Bass-Saiten, die im Gegensatz zu den Saiten in der mittleren Lage des Klaviers und des Diskants mit Kupferdraht umsponnen sind. Dafür sind in der Regel Mitarbeiter zuständig, die sich darauf spezialisiert haben.

EWB: Ich glaube, bei uns sind es drei oder vier Personen, die das ständig machen. Manche Saiten lassen wir herstellen, aber für bestimmte Modelle werden sie ausschließlich hier produziert. Dabei kommt es darauf an, dass ein Mitarbeiter immer einen ganzen Satz Bass-Saiten anfertigt. Man glaubt das ja kaum: Es werden dieselben Drahtstärken an denselben Maschinen in der gleichen Geschwindigkeit verwendet, und doch fallen die Ergebnisse unterschiedlich aus. Es ist das Zugmoment, die Art, wie der Kupferdraht gezogen wird – das kann stärker oder weniger stark geschehen –, was sich ausschlaggebend auf das klangliche Ergebnis auswirkt, so dass die Saiten verschiedener Mitarbeiter klanglich voneinander abweichen können. Dadurch ergeben sich manchmal Probleme, wenn eine gerissene Saite ersetzt und dafür eine einzelne Bass-Saite hergestellt werden muss.

JK: Dabei ist die Wahrscheinlichkeit hoch, dass jemand anderes die Saite spinnt als bei der Fertigung.

EWB: Deshalb werden bestimmte Typen ausschließlich hier gemacht. Es kann ohne weiteres einmal vorkommen, dass eine Saite nicht zum übrigen Klangbild eines Instrumentes passt. Dann muss u. U. der komplette Saiten-Satz erneuert werden. Das haben wir auch schon gemacht. So etwas passiert hin und wieder, wenn der Stahl selbst Mängel aufweist. Wie gesagt können nicht alle Saiten hier gemacht werden, aber der wesentliche Teil schon. Das gleiche gilt für Gussplatten: die Legierung von Gussplatten ist ein wesentlicher Faktor. Daher ist es so entscheidend, eine umfassende Kontrolle über alle Phasen der Produktion zu haben. Ich erinnere mich noch gut an Probleme mit Lieferanten, die wir nicht ständig aufsuchen konnten. Ob es nun um die Graugusslegierung, die Zugspannung der Saiten, die Holzauswahl für die Tasten geht: Je höhere Ansprüche ich stelle, um so mehr

Einfluss muss ich haben – und die vollständige Kontrolle über das, was gemacht wird, sonst besteht die Gefahr, dass gewisse Probleme erst während der Fertigung bemerkt werden, weil bestimmte Mängel bei der Eingangskontrolle nicht immer sofort feststellbar sind.

### Der Horowitz-Flügel

JK: Für den konzertierenden Pianisten ist von großer Bedeutung, ob ein Instrument schwer- oder leichtgängig ist. Ein Kriterium dafür stellt das Minimalgewicht dar, das erforderlich ist, um die Taste nach unten zu drücken und einen Ton zu erzeugen. Es beträgt standardmäßig ca. 48 bis 52 Gramm und kann von Instrument zu Instrument leicht variieren. Von Horowitz wissen wir, dass er seine Tastatur auf ein deutlich geringeres Gewicht einstellen ließ. Hatte Michelangeli diesbezüglich auch besondere Wünsche?

EWB: Nein, er hat Flügel gespielt, die auf das normale Standardgewicht ausgerichtet waren. Bei Horowitz waren es dagegen 36 bis 38 Gramm. Jeder Pianist, der die Standardnorm gewohnt ist, verliert auf einem so eingestellten Flügel die Kontrolle. Unsere Techniker, die den Horowitzflügel getestet haben, konnten kaum verstehen, wie es möglich war, auf einem solchen Instrument überhaupt sinnvoll zu spielen.

JK: Horowitz hat anders als Michelangeli tatsächlich seinen eigenen Flügel mitgebracht. Hat er ihn auch hier vorbereiten lassen?

EWB: Ja, und zwar einen New Yorker Flügel – oder waren es sogar zwei? Er hat hier auch Hamburger Instrumente ausprobiert, seine Europatournee aber auf seinem eigenen Instrument bestritten. Dieses hat sich von Flügeln der Hamburger Produktion in vielerlei Hinsicht unterschieden, und natürlich hat er das Instrument bevorzugt, an das er gewöhnt war und das eben auch speziell auf seine Wünsche ausgerichtet war.

JK: Wie waren denn die Vorbereitungen für die Horowitz-Konzerte? Stimmen und Nachintonieren muss man vor Konzerten immer. Waren in diesem Fall aufwändigere Arbeiten nötig? Gab es Konflikte wegen der abweichenden New Yorker Auffassungen?

EWB: Nein. Die Instrumente wurden hierher geliefert und von uns gestimmt. Dabei kamen die Techniker aus dem Staunen nicht heraus, weil sehr viele Detailprobleme anders als bei unseren Instrumenten gelöst worden waren. Doch das

Stimmen stellte selbstverständlich keine Schwierigkeit dar. – Natürlich ist Horowitz mit Franz Mohr, seinem „Hof- und Leibtechniker“, nach Europa gekommen. Mohr war für Horowitz eine wichtige Vertrauensperson, die ihn zu seinen Auftritten begleitete, und er hat bei uns das Instrument für die Konzerte und Aufnahmen vorbereitet. Unsere Techniker konnten das Instrument anspielen, das schon. Aber es zu regulieren und zu intonieren, das war Franz Mohrs Arbeit.

## Konkurrenz, Innovation und Forschung

JK: Die Klavierproduktion ist ein hart umkämpfter Markt. Wie wird die Konkurrenz beobachtet? Gibt es auf einigen Gebieten auch eine Form der Zusammenarbeit?

EWB: Während meiner aktiven Zeit bis 2006 hatte ich die Möglichkeit, die namhaftesten Unternehmen zu besuchen, auch die Fertigung zu sehen und Fragen zu stellen: Das war alles grundsätzlich kein Problem und galt zwangsläufig umgekehrt auch, wenn Besucher zu uns kamen. Selbstverständlich gab es in jedem Unternehmen einzelne Bereiche, die Außenstehenden nicht zugänglich waren. Aber wenn man mit fachmännischen Augen einen Betrieb besichtigt, erkennt man viele Zusammenhänge in den verschiedenen Produktionsstadien, auch ohne über jedes Detail informiert zu sein. Doch es gibt eben auch Bereiche, in denen jeder für sich arbeitet.

JK: Das ist also wie bei der Sachertorte: Das Originalrezept wird nicht verraten, gewisse Dinge bleiben geheim, und wer in der Küche steht, muss unterschreiben, dass er sein Wissen nicht weitergibt.

EWB: So ist es.

JK: Zum Beispiel wie der Hammerkopf getränkt wird...

EWB: Wobei der Hammerkopf von der Firma Renner kommt. Wir haben Dinge vorgegeben, die uns wichtig sind: die Filzsorten, den Pressdruck, die Elastizität usw. Dabei muss man übrigens vorsichtig sein: Nicht jeder Hammerkopf, der in einem Instrument gut klingt, passt auch in ein anderes. – Zur Frage, ob man in seinen eigenen Töpfen kocht, würde ich sagen: ja.

JK: Gibt es in Ihrem Unternehmen eine eigene Innovations- oder Forschungsabteilung, oder kommen die Anregungen für Veränderungen am Instrument eher aus den Reihen der Techniker?

EWB: Aus den Reihen der Techniker und durch den Austausch mit den New Yorker Kollegen. Früher wurde die Forschung stärker in New York betrieben, aber inzwischen beeinflussen viele Impulse aus Hamburg auch die New Yorker Produktion. Natürlich hat es immer einen gewissen Informationsaustausch gegeben. Im Laufe der Zeit hat das Hamburger Instrument aber eine besonders hohe Reputation errungen und Einfluss auf die New Yorker Produktion genommen. Der heutige Leiter des Manufacturing ist nicht nur für das Werk in Hamburg, sondern für die weltweite Steinway-Fabrikation zuständig, und daher werden mehr Dinge als früher gemeinsam gemacht, um so das Produkt auf dem höchsten Qualitätsniveau zu halten.

JK: Stehen bei Steinway auch die grundsätzlichen Parameter noch auf dem Prüfstand, oder hält man an dem fest, was sich über Jahrzehnte bewährt hat? Die Konkurrenz arbeitet an Erneuerungen – manche Hersteller erproben andere Flügelgrößen, verändern die Länge des Instrumentes, einige haben Elemente der inneren Konstruktion überarbeitet und oder unter Verwendung neuer Materialien Prototypen gebaut, die weniger empfindlich und dadurch für den Einsatz in extremen Klimazonen geeignet sind. Es ist sicher ein langer Prozess, bis eine Innovation auch in Serie gehen kann?

EWB: Wissen Sie, das Instrument hat einen so hohen Stand erreicht, dass sich schon geringfügige Veränderungen problematisch auswirken können und nicht jedermann genehm sind. Während meiner Zeit als Fabrikleiter sind etliche Techniker und Klavierbauer mit Änderungsvorschlägen an mich herangetreten: Die meisten mussten wir enttäuschen, weil sich durch die vorgeschlagenen Verfahren keine wirklichen Verbesserungen erzielen ließen. Schon die kleinste Veränderung erweckt den Verdacht, Steinway wolle etwas vereinfachen, um Profit zu machen. Um ein Beispiel zu nennen: Der Artenschutz führt dazu, dass bestimmte Hölzer gar nicht mehr verwendet werden dürfen und manche inzwischen nur schwer zu bekommen sind, so dass sie durch andere ersetzt werden müssen. Einige Hölzer, die bisher im Instrument verbaut wurden, sind inzwischen nur schwer zu bekommen, so dass eine Fertigung nicht ewig darauf aufbauen kann. Außenstehende, die mit den Hintergründen nicht vertraut sind, gewinnen dadurch den Eindruck, Steinway wolle sparen. Dass der Arten- und Klimaschutz für Veränderungen verantwortlich sind, ist vielen Kunden gar nicht bewusst, und Sie müssen das schon bis ins Detail erklären können. Weil wir wissen, dass Änderungen zunächst einmal überwiegend negativ gesehen werden, gehen wir sehr vorsichtig damit um. Und schließlich genießt das Klangbild eines Steinways unter Künstlern weltweit eine so hohe Wertschätzung, dass ich der Meinung bin, wenn man sich darauf beschränkt, das Instrument in seiner klanglichen und spieltechnischen Charakteristik so zu erhalten, wie es offenbar eine Vielzahl von Pianisten wünscht, dann hat man schon etwas Wesentliches erreicht. – Selbstverständlich gibt es viele Dinge, die zwangsweise verändert werden müssen. Ob die Lackierung, die Holzarten oder auch die Arbeitsbedingungen: Es gibt reichlich Probleme, die innovativ gelöst werden müssen. Es gibt aber auch Bereiche, an die man sehr überlegt herangehen muss. Denken Sie beispielsweise an die Leime. Als ich zu Steinway kam und zum ersten Mal hörte, dass man hier mit Haut- und Knochenleim arbeitet, fiel ich aus allen Wolken. Ich war vollgepfropft mit technischem Wissen, kannte modernste Leime und Lackverfahren, und dann musste ich feststellen, dass der Haut- und Knochenleim, wie er vor 150 Jahren verarbeitet wurde, hier immer noch Verwendung fand. Mir schien, das passe eigentlich nicht mehr in die heutige Zeit. Doch nach und nach lernte ich zu verstehen, dass der Werkstoff Leim nicht einfach nur ein Kleber ist, sondern in seinem Zusammenwirken mit dem Holz das Schwingungsverhalten beeinflusst. Daher ist es vernünftig, hier am Bewährten festzuhalten.

JK: Es wird heute also auch noch damit gearbeitet?

EWB: Ja, es gibt Bereiche, in denen Haut- und Knochenleim nach wie vor verarbeitet wird, aber es ist schwer, diesen Leim zu bekommen, weil die Industrie, die das Material früher tonnenweise hergestellt hat, es nicht mehr in größeren Mengen produziert. Kein Möbelbauer, keine große Tischlerei würde Haut- und Knochenleim verarbeiten, weil er zu empfindlich auf Feuchtigkeit reagiert und anfällig für Schimmelansatz ist. – Natürlich müssen auch wir für zusätzliche Absicherungen bei Instrumenten sorgen, die in die Tropen geliefert werden. Spezielle Anforderungen, die früher keine besondere Rolle spielten, erfordern das Beschreiten neuer Wege. Aber das gilt eben nicht überall. Andere Fabriken verleimen mit Kunststoffharzen, doch wir haben in Versuchen festgestellt: Im Resonanzbodenbereich hat der alte Leim in Verbindung mit dem Holz auch heute noch seine Berechtigung, und das kann man auch hören.

## Ein Meisterwerk der Handwerkskunst

JK: Pianisten sind im Allgemeinen wesentlich weniger mit den bautechnischen Seiten ihres Instrumentes vertraut, als das bei Streichern und Bläsern der Fall ist. Die Gründe dafür sind leicht zu verstehen: Die Mechanik ist im Inneren des Instrumentes verborgen, und für das Stimmen sowie für fast alle Wartungsarbeiten wird ein Fachmann benötigt. Vor diesem Hintergrund wäre es wünschenswert, wenn Michelangelis Liebe zum Instrument und seine Auseinandersetzung mit dessen Bau und Funktionsweise eine Vorbildwirkung entfalten könnten. Jeder Klavierspieler, insbesondere jeder Klavierstudent sollte sich ein Grundwissen über den Aufbau des Instruments und das Zusammenwirken seiner Teile aneignen. Dem tieferen Blick erschließt sich bei dieser Beschäftigung mit dem Innenleben des Klaviers eine wahre Wunderwelt, die Ausdruck einer langen kulturellen Entwicklung und höchster Handwerkskunst ist. Klaviere und Flügel sind eben keine Gebrauchsgegenstände, die nach der Verwendung weggeworfen werden. Sie können ein jahrzehntelanges Leben führen und sind Ausdruck größter menschlicher Kreativität und Produktivität.

EWB: Ich habe mich immer gefragt, warum dem Klavier nicht eine ähnliche Achtung und Bewunderung gezollt wird wie der Violine. Die Geige wird so sorgsam behandelt, man achtet auf die klimatischen Bedingungen, denen sie ausgesetzt ist, und wenn sie nicht gebraucht wird, wird sie eingepackt und geschützt. Jeder weiß, wie empfindlich sie ist – sie besteht aus feinsten Hölzern, die unter Spannung zusammengefügt worden sind. Der Flügel wirkt dagegen wie ein großes, etwas klobiges Möbelstück. Wenn ich aber weiß, welche Materialien in einem Flügel verbaut sind, wie viele empfindliche Teile, dann müsste der Flügel eigentlich mit ähnlicher Sorgfalt behandelt werden wie eine Violine. Ein Flügel ist hochkompliziert; man bedenke, dass er aus über 12 000 Einzelteilen besteht! Und wenn ein Flügel auch nicht das Alter einer wertvollen Geige erreichen kann, bleibt er doch über Jahrzehnte spielbar. Wer einmal die Gelegenheit hatte, den Herstellungsprozess bei einer Fabrikbesichtigung nachzuverfolgen, und wer in das Instrument hineingeschaut und sich mit seiner Mechanik vertraut gemacht hat, wird es mit anderen Augen sehen. Das Problem ist natürlich, dass man sich dafür ein wenig anstrengen muss – eine leicht verdauliche Kost ist das nicht.

JK: Michelangeli sagte einmal zu seinem Schüler Bernd Goetzke, Klavierspielen sei eine Frage der Moral. Damit wollte er natürlich die Verantwortung des Pianisten sowohl gegenüber dem Komponisten und seinem Werk als auch gegenüber dem Zuhörer zum Ausdruck bringen – eine Verantwortung, zu der er sich immer wieder ausdrücklich bekannt hat. In diesem bedenkenswerten Wort spiegelt sich zudem der Anspruch, stets ein Äußerstes, Vollkommenes zu erstreben. Diesem Anspruch ständig gerecht werden zu wollen, ist ein hohes Ziel, verursacht aber auch einen ungeheuren Druck. Das scheint mir hier ganz ähnlich zu sein: Sich Tag für Tag dem Anspruch zu stellen, Instrumente allerhöchster Qualität zu produzieren, ist eine enorme Herausforderung.

EWB: Letztlich ist das aber eine Voraussetzung für jeden, der an diesem Prozess beteiligt ist. Schon der Firmengründer Heinrich Engelhard Steinweg hatte das Leitmotiv, die bestmöglichen Instrumente zu bauen – ein Motto, nach dem auch heute noch gearbeitet wird. Sie waren ja sicherlich oft genug hier und haben sich in der Fabrik umgesehen. Dabei werden Sie bemerkt haben, dass die Mitarbeiter mit Freude und Begeisterung arbeiten und mit ungewöhnlichem Engagement bei der Sache sind: sie sind stolz auf ihr Produkt.

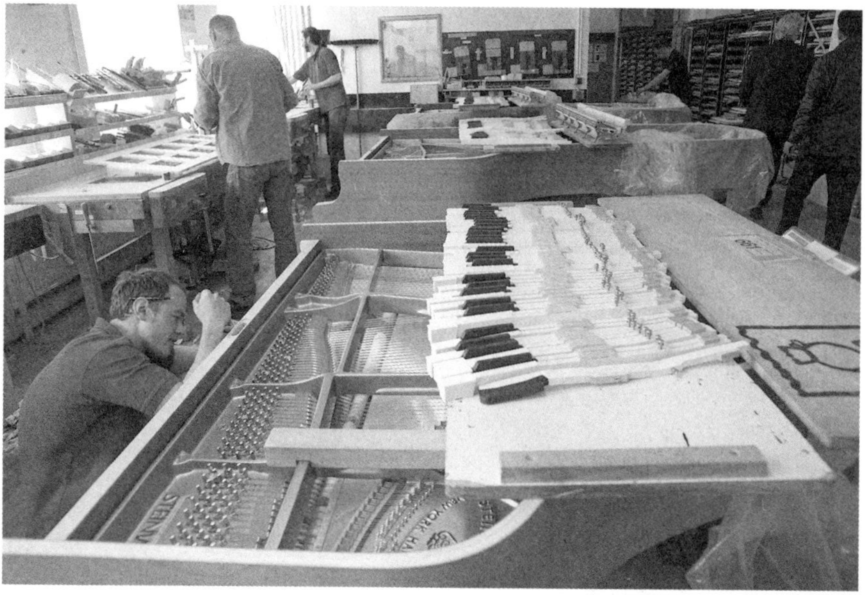

Einbau der Klaviatur

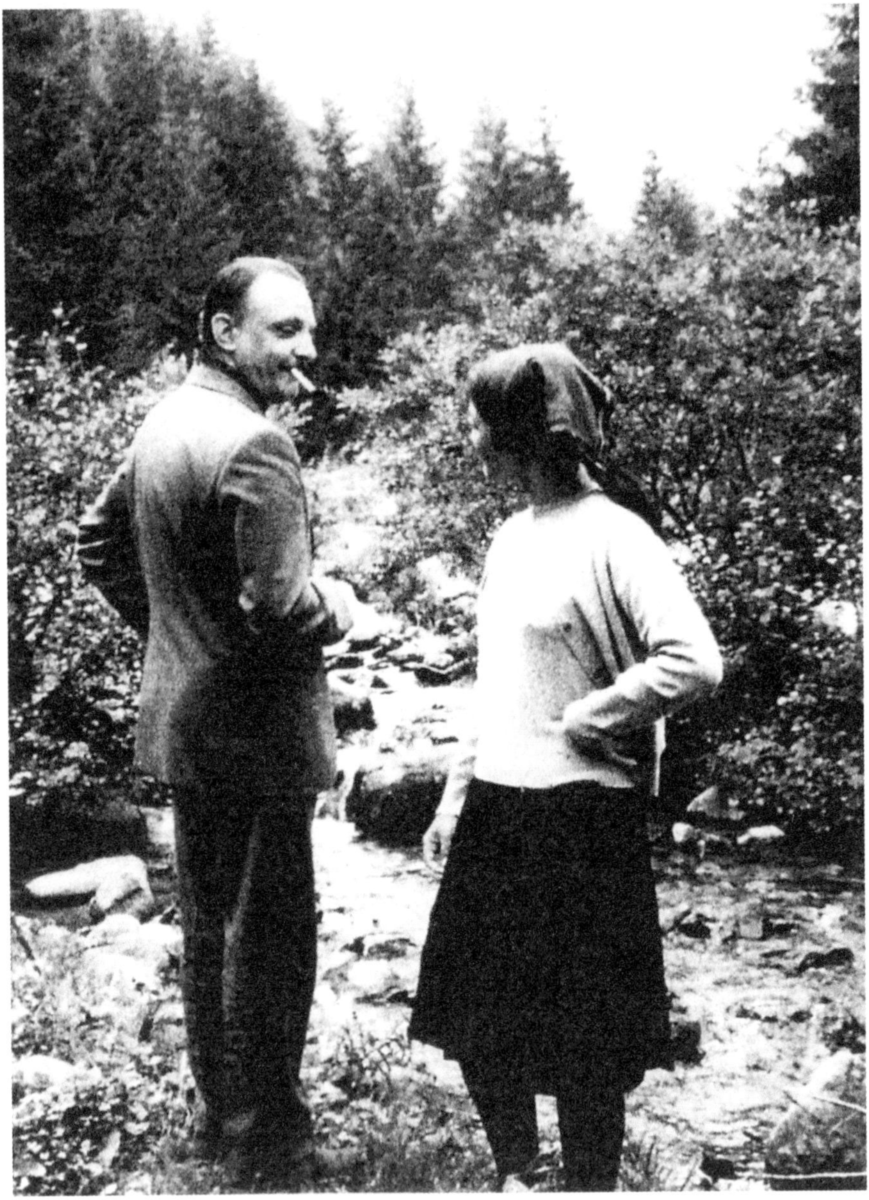

Michelangeli mit Yoko Kono beim Spaziergang, ca. 1968 in Rabbi

## Das moralische Spiel des Aristokraten. Notizen eines „Enkelschülers“

Tihomir Popović

Wann ist es sinnvoll, über eine „Enkelschülerschaft“ zu sprechen? Womöglich dann, wenn man über seinen Lehrer die Werte und die Ideen, die von dessen einstigem Pädagogen stammen, aktiv wahrnimmt und bereit ist, sich mit ihnen ernsthaft auseinanderzusetzen. Nach mehr als einem Vierteljahrhundert des Austauschs mit meinem Klavierlehrer, dem Michelangeli-Schüler Bernd Goetzke, sowie nach jahrelanger Beschäftigung mit den Aufnahmen seines Lehrers, fühle ich mich, ohne jegliches Pathos und in aller Demut, zumindest ein kleines bisschen als „Enkelschüler“ des großen Meisters, auch wenn ich kein aktiver Klavierspieler mehr bin[1]. Vielleicht sogar umso mehr. Denn mir ist dadurch, dass ich kein Pianist geworden bin und trotzdem immer noch eine starke Prägung durch Arturo Benedetti Michelangeli empfinde, die Kraft und die Bedeutung seiner Botschaft über die Grenzen des Klavierspiels hinaus deutlich geworden.

Wie bereits angedeutet, wird es im Folgenden darum gehen, sich mit Michelangelis Werten und Ideen auseinanderzusetzen. Diese sind, wie bekannt, hauptsächlich in musikalischer, nicht in verbaler Form überliefert worden. Man kann natürlich versuchen, diese Ideen und Werte, zumindest ansatzweise, anhand von Analysen der Aufnahmen Michelangelis zur Sprache zu bringen: Dies wird der vorliegende Beitrag zu unternehmen wagen. Dass dies hier aber kaum in wissenschaftlicher Form stattfinden kann, sollte selbstverständlich sein. Ebenso frei und äußerst subjektiv war die Wahl der zu besprechenden Werke beziehungsweise Aufnahmen Michelangelis. So versteht sich der vorliegende Beitrag nicht als eine wissenschaftliche Studie, sondern als ein kleiner künstlerischer Erklärungsansatz, eine Eloge, eine Hommage.

1 Dafür, dass er mir die Tür zur Welt Michelangelis geöffnet hatte, möchte ich Bernd Goetzke ganz herzlich danken. Wesentliche Impulse für diesen Text kamen auch von meiner ehemaligen Studierenden Elise Scheurer, der auch mein herzlicher Dank gebührt. So waren, direkt oder indirekt, an der Entstehung dieses Essays, von Michelangeli bis zum heutigen Tag, vier musikpädagogische Generationen beteiligt, die ein ganzes Jahrhundert umspannen.

## Virtuosentum als Poetik: Liszts *Erstes Klavierkonzert*

Es ist der erste Concours de Genève, man schreibt das Jahr 1939: Die Oktaven des neunzehnjährigen Arturo Benedetti Michelangeli sind schneller und gewaltiger als das ganze Orchestre de la Suisse Romande unter Ernest Ansermet. In den letzten Takten von Liszts *1. Klavierkonzert in Es-Dur* lässt der junge Pianist den gefeierten Weggefährten Igor Strawinskys und seine Musiker weit hinter sich. Er spielt ohne hörbare Nervosität, beginnt aber die abschließenden Oktaven zu früh und spielt konsequent eiliger als das Orchester. Das Publikum fällt noch vor dem Ausklingen des letzten Akkords in dionysische Ekstase. Man ahnt bei diesem musikalischen Ausbruch, was Schopenhauer mit seinem „Willen" gemeint haben mag. Und man kann der Geschichte Glauben schenken, dass Alfred Cortot, damals in der Jury des Genfer Wettbewerbs, Arturo Benedetti Michelangeli den neuen Liszt nannte.

Michelangelis Diktion, seine unwirklich wirkende Artikuliertheit, lässt selbst auf dieser achtzig Jahre alten Aufnahme keine Fragen offen. Jeder Ton ist präsent und es ist, als ob jeder Ton sich selbst ausspräche und sich selbst höre. Michelangelis Kraft – nein: seine Gewalt! – und seine Tempi sind schon bei diesem frühen Konzert kein Selbstzweck. Es ist auch bei dieser Live-Aufzeichnung eines Neunzehnjährigen zu hören: Sein Virtuosentum ist ein Mittel seiner Poetik, so wie auch sein lyrischstes Piano reinstes pianistisches Virtuosentum ist.

Joachim Kaiser hat, durchaus mit Recht, Michelangeli als einen Künstler porträtiert, der es „sich so schwermacht um reiner Schönheit willen" wie kein anderer. Das berühmte Mitnehmen seiner Klavierstimmer und seiner Instrumente auf Konzertreisen, das legendär begrenzte Repertoire und die mythologisierten Konzertabsagen Michelangelis sind ein beredtes Zeugnis dieses Sichschwermachens, von dem Kaiser schreibt. Jedoch ist im Klang kaum etwas davon zu spüren. Der Gewalt von Michelangelis Spiel wohnt keine Mühe mehr inne. Sie ist von der aristokratischen *grazia* und der *sprezzatura* eines Renaissance-Hofmanns Baldassare Castigliones durchdrungen, dieser Fähigkeit, auch das Anspruchsvollste ohne jegliche sichtbare Anstrengung zu leisten. In gesteigerter Form ist Michelangelis Kunst eine galante Machtausübung, ein Talent zu herrschen, ohne zu unterdrücken. Schwerlich konnte ein Fürst des Ancien Régime dies je erreichen – wohl aber der Pianist Arturo Benedetti Michelangeli.

Auch das überzeugend „Falsche" am Ende des Liszt-Konzerts – jenes Accelerando, das Verlassen der vertrauten Bahn des Zusammenspiels mit dem Orchester, von dem eingangs die Rede war – ist ein Teil von Michelangelis galanter Machtausübung: Man möchte dieses „Falsche" immer wieder erleben, es nicht anders hören, auch wenn es der Künstler später durchaus anders spielte: Auf der Aufnahme desselben Werks vom Tokioter Konzert aus dem Jahr 1965 mit dem NKH-Symphonieorchester unter Alexander Rumpf ist der finale Akt von Michelangelis Machtausübung ausgedehnter, regaler; nun sind es gewaltige Ritardandi vor dem Höhepunkt, die den Zuhörer atemlos machen. Die Schlussoktaven sind hier eine sich fast zeremoniell bewegende Phalanx des Lichts, eine Phalanx, die nichts zerstört, sondern alles vor ihr Stehende beleuchtet und für sich einnimmt. Hat je eine chromatische Tonleiter majestätischer geklungen?

Nicht minder majestätisch ist auch Michelangelis Anfang des Liszt-Konzerts, sowohl 1939 in Genf als auch 1965 in Tokyo, wobei die frühe Aufnahme um einiges kontrastreicher und bedrohlicher wirkt, während jene spätere, reifere die Gegensätze im ersten Satz zu zähmen tendiert zugunsten einer Gesamtmonumentalität und gradliniger Erzählkraft. Die Lichtphalanx vom Ende des Konzerts ist hier schon in den Akkorden des Anfangs zu spüren, und die virtuosen Passagen sind so transparent, als ob sie einer Mozart-Sonate entstammten. Die Bedeutung dieser Liszt-Interpretation des fünfundvierzigjährigen Michelangeli erkennt man aber nicht (nur) in den Einzelheiten – so beeindruckend sie auch sein mögen –, sondern in ihrer Gesamtheit. Während die Mikro-Kontraste geschliffener sind als bei der frühen Aufnahme, findet hier die Arbeit mit Gegensätzen auf einer übergeordneten Ebene statt. Aus dem „Quasi adagio" des zweiten Satzes wird eine selbstvergessene Träumerei, weniger detailversessen als bei der frühen Michelangeli-Aufnahme und geduldig auf den Höhepunkt des Satzes hinträumend. Insbesondere in der Langsamkeit des dritten Satzes unterscheidet sich die Aufnahme von 1965 von jener frühen: Spielte Michelangeli diesen Satz im Jahr 1939 noch als eine virtuose und energische Überleitung zum Finale, ja gewissermaßen als einen Teil des Finales selbst, so interpretierte er ihn 1965 in Tokyo hellhörig, artikuliert-gestaltend, scherzando, giocoso. Diese Tendenz ist auch auf seinen anderen Aufnahmen des Liszt-Konzerts aus den 50er und 60er Jahren zu erkennen. So wirkt die Entwicklung von Michelangelis Aufführungen des Liszt-Konzerts, im dritten Satz wie auch insgesamt, ausbalancierter und architektonischer als jene frühe Genfer Interpretation. Der einstige Kronprinz ist König geworden.

## Sieben Blitze in Liszts Totentanz

Was denken Pianisten, wenn Liszts *Totentanz* erwähnt wird, diese monumentale Paraphrase auf die Requiem-Sequenz „Dies irae"? Liszt war zum Zeitpunkt ihrer Entstehung vom Tod und von Kunstwerken fasziniert, die sich mit ihm befassten, von Berlioz' *Symphonie phantastique*, aber auch vom Fresko *Der Triumph des Todes* vom Camposanto in Pisa. So entstand sein eigener *Danse macabre*, sein Totentanz. Ein experimenteller Anfang, einige lyrische und gelehrt-kontrapunktisch-archaische Abschnitte, dann hypervirtuose Exerzitien, verminderte Septakkorde im Überfluss, endlose Tonrepetitionen, Passagen, Glissandi, das ganze Liszt-Arsenal: Man ahnt hier Schreie, dort das groteske Klappern der Skelette und der Zähne verängstigter Menschen. Ist das Werk heute für uns denn ein „Horror House", eine Schreckenskammer auf einem gehobenen Jahrmarkt der Musik? Ein Gruselkabinett des vorvergangenen Jahrhunderts? Man fragt sich, wie man an dieses Werk des 19. Jahrhunderts, das durch eine mittelalterliche Tradition inspiriert worden war, heute herangehen soll.

Und dann hört man Michelangeli. Die Interpretation von 1961 mit dem RAI-Orchester Turin unter der Leitung von Raphael Kubelik oder jene von 1962 aus dem Vatikan, mit dem Orchestra Sinfonica di Roma della RAI und Gianandrea Gavazzeni. Der Jahrmarkt, auch der gehobene, ist verschwunden. Geblieben ist Liszts Komponieren über den Tod, das pianistisch-symphonische Dichten eines hin und her gerissenen, aber gläubigen Komponistengeistes und das Mitdichten eines anderen bekennenden Christen, Arturo Benedetti Michelangeli. „Klavierspielen ist eine Sache der Moral", sagte dieser einst zu meinem Lehrer Bernd Goetzke. Er wird wohl etwas Allgemeineres gemeint haben – wir werden noch dazu kommen. Aber in Michelangelis Interpretationen von Liszts *Totentanz* hört man die Wirkung dieser Haltung auf einer fast programmatischen Ebene. Der pianistisch-moralische Ernst macht aus dem Trivialen das Erhaben-Ironische, aus dem Billigen das Brillante, aus dem Stilüblichen das Metaphysische. Und aus einem Klaviervirtuosen macht diese Moral einen *Musiker*, wie Michelangeli sich selbst gerne bezeichnete.

Beginnen wir mit dem berühmten Anfang, dem man nachsagt, er sei ein Vorbote der Moderne Bartók'scher Prägung: Das Klavier trägt Klänge in tiefer Lage auf der Basis eines verminderten Akkords vor, das Orchester spielt eine Bearbeitung des „Dies irae". Es gibt stechende, offen aggressive Interpretationen davon; Krystian Zimerman, Martha Argerich oder etwa Enrico Pace spielen es so, György Cziffra auch, um einiges schneller. Jeder Klang wie ein Stich mit der Speerspitze. Die Erde erbebt in Stößen. Michelangeli spielt diesen Anfang mit Gravitas, seine Erde bebt in Wellen, beständiger. Er phrasiert sogar, klar hörbar: Der höchste der Töne in der Linie – ja, er erkennt tatsächlich eine Linie, wo andere Pianisten gerne nur einen rhythmischen Effekt hören – ist leicht hervorgehoben. Jedoch malt Michelangeli den Tod nicht als einen italienischen Belcantisten. Er verleiht seinem Nähern Würde. Es ist Michelangelis Ernst, den man am Anfang des *Totentanzes* hört, der Ernst, der umso schauriger wirkt, als er gar nicht schaurig wirken will. Diesen Ernst behält er während der ganzen Interpretation. Er verfällt an lyrischen Stellen kaum einem überromantisierten Ton, spielt auch diese quasi-objektiv, wie von oben betrachtet. Bei den virtuosen Passagen hört man kein Austoben, keinen pianistischen Sadismus, kein Vorwärtseilen und kein Sostenuto, um den Höhepunkt vorzubereiten: Alles „tanzt" im Ernst, im Todesernst, möchte man sagen, wie es dem Stück gebührt, dem Ende zu. Dieses ernste, moralische Klavierspiel Michelangelis holt den Schrecken aus den Klängen heraus, es produziert ihn nicht durch Spezialeffekte.

Gerne wird Richard Strauss' Ausspruch zitiert: „Es ist schwer, Schlüsse zu schreiben. Beethoven und Wagner konnten es. Es können nur die Großen. Ich kann's auch." Arturo Benedetti Michelangeli konnte Schlüsse spielen – wie wir bereits seit seiner frühesten Aufnahme wissen. Vergleichbar gestaltet er auch den Schluss von Liszts *Totentanz*. Die sieben Glissandi kurz vor den abschließenden, chromatischen Oktaven sind einer der schaurigen Höhepunkte dieses Monumentalwerks: Sieben – die vielfältige Symbolik dieser Zahl braucht kaum gesondert hervorgehoben zu werden – elektrisierende, zerreißende, durchbohrende Schreie sind das, keine Zurschaustellung von Virtuosität. Michelangelis Liszt ist hier ein Tondichter, kein „Tastenlöwe". Seine Glissandi sind schneller, artikulierter (wie ist das möglich?), deutlicher im Crescendo gespielt als die Glissandi anderer Pianisten. Dadurch *bedeuten* sie etwas, sie zieren nicht nur. Es leuchten vor uns am Ende des *Totentanzes* sieben Blitze auf dem mittelalterlichen Himmel Norditaliens auf, die einzigen Blitze, die ich je schreien gehört habe. Man fragt sich, überrascht, erschrocken: „Was *ist* das? Was *war* das?". Und schon ist es vorbei.

Nach den schreienden, blitzenden Glissandi folgt ein letztes Zitat des Anfangs der „Dies irae"-Sequenz in seiner monumentalen Diatonik, begleitet von einer orchestralen „Turba", wonach eine Reihe von plagalen Schlüssen folgt, jenen Schlüssen, bei denen der Akkord der IV. harmonischen Stufe in den Schlussakkord der I. Stufe führt: eine Wendung, die traditionell mit der Welt der Kirchenmusik zusammengedacht wird. Das Kunstvolle an dieser Schlussbildung Liszts, der in der ganzen „Turba" so elementarisch klingt, ist nicht zuletzt, dass sowohl der Akkord der IV. als auch jener der I. Stufe ohne Terz ertönen: Man hört hier nur Einklänge, Oktaven, Quinten, die perfekten Konsonanzen, die einfachsten der einfachen Intervalle, Klänge aus der frühesten Vergangenheit, die Chiffre der Archaik. Dann aber, nur ein einziges Mal, bei der letzten Wendung, die endgültig in den Schlussklang führt, ertönt eine große Terz – und das in höchstem Register. Man hört, kurz aber sehr deutlich, einen schneidenden, vollstimmigen G-Dur-Akkord, bevor der abschließende, terzlose d-Klang bestätigt wird. Dies ist noch ein letzter, achter Blitz: Nach ihm beenden, wie im *Es-Dur-Konzert*, chromatische Oktaven des Pianisten diesen grandiosen Zyklus. Michelangeli spielt in den abschließenden Takten gradlinig, unaufgeregt, bestimmt, bestimmend: Er hat das letzte Wort, aber er muss das nicht zur Schau stellen. Sein Bild des *Totentanzes* ist schaurig, aber nie billig, zuweilen ironisch; vor allem ist es groß und ernst.

Cord Garben schrieb in seinem Michelangeli-Buch: „Sollte einst ein posthumer Chopin-Preis ausgelobt werden, der das Motto ‚Verdienter Retter des Komponisten' trägt, ABM stünde mit seinem Spiel der Mazurken gewiß auf der Liste der Anwärter an vorderster Stelle". Vergleichbares lässt sich auch in Bezug auf Liszt sagen: Durch sein Klavierspiel holt ihn Michelangeli zurück aus dem Klischee des romantischen Hypervirtuosen und erinnert mit seiner Interpretation daran, dass wir es mit einem der bedeutendsten Komponisten seiner Zeit zu tun haben.

### Ideen bleiben, Ideen wandeln sich: Schumanns Klavierkonzert

Wie das *Liszt-Konzert* im Jahr 1939, in schnellstem Tempo und mit großem Schwung, spielt der junge Michelangeli auch den ersten Satz aus Schumanns *Klavierkonzert a-Moll, op. 54*, begleitet vom New York Philharmonic Orchestra unter Dimitri Mitropoulos (New York 1948). Das berühmte Hauptthema, eines der inzwischen beinah hypertrophierten Klavierromantik-Symbole, spielt er hell, akzentuiert, schwungvoll. Dieses Hauptthema beinhaltet zwei melodische Höhepunkte: Der erste ist das *e* als Nonenvorhalt in einem d-Moll-Akkord, eine angesprungene Dissonanz, ein in älterer Musik seltener Vorgang, bei Schumann aber eine beliebte Technik, in seinen Liedern etwa bei musikalischen Darstellungen von Schmerz und Leiden oder Leidenschaft verwendet; der zweite Höhepunkt ist das *a*, eine Konsonanz im gegebenen Kontext zwar, aber durch einen Oktavsprung erreicht, dazu der Grundton eines „zwischendominantischen" Akkords A7, der die Tonart d-Moll andeutet. Michelangeli akzentuiert den angesprungenen Nonenvorhalt *e*, zieht sich aber bei seiner Auflösung ins akkordeigene *d* nur wenig zurück, bleibt fast unnachgiebig. Den nächsten Höhepunkt der Melodie, das *a*, und seine Fortführung behandelt er ähnlich: Nach dem durchaus hervorgehobenen Höhepunktton gibt es kein Resignieren, kein aufgebendes Verstummen. Erst bei dem Abkadenzieren merkt man ein leichtes Zurückziehen, mehr ein Zeichen der musikalischen Schlussbildung als emotionales Fallen.

In ihrer Energie erinnert die frühe Michelangeli-Aufnahme des Themas an jene Alfred Cortots von 1927 mit Landon Ronald und dem London Symphony Orchestra, jedoch entbehrt diese der Akzentuierung an den melodischen Höhepunkten, ja sie dämpft sie, anscheinend gezielt. Vergleicht man Michelangelis Interpretation mit einigen anderen, mehr oder weniger zeitgleich entstandenen Aufnahmen, merkt man auch den deutlichen Unterschied in der Gestaltung der Höhepunkte: Clara Haskil vermied in ihrer damaligen Aufnahme mit Willem van Otterloo und dem Philharmonischen Orchester Den Haag die Betonung der beiden Höhepunkte ebenso wie Artur Rubinstein bei diversen Aufnahmen jener Zeit. Im gleichen Jahr wie Michelangeli (1948) nahm Dinu Lipatti das *Schumann-Konzert* mit dem Philharmonia Orchestra und Herbert von Karajan auf, zwei Jahre später mit dem Orchestre de la Suisse Romande unter Ernest Ansermet. Seine Interpretation der beiden Höhepunkte der Melodik ist durch ein fast völliges Verzichten auf Hervorhebung gekennzeichnet. Weder den schmerzvollen Nonenvorhalt noch das dominante *a* betont er, die Aufnahmen sind lyrisch und zart, sie lassen in unseren

Gedanken die Erinnerung an das früh beendete Leben des Pianisten mit seiner unvergessenen Kunst zusammenschmelzen.

Kehren wir zu Michelangeli zurück, merken wir, dass er bei der Aufnahme mit Hermann Scherchen und dem RSI-Orchester (Lugano 1956) den Schwung seiner frühen Interpretation beibehält, wenn auch das Nuancieren intensiver ist. Die Art, wie Michelangeli im Jahr 1948 das Hauptthema spielte, bleibt erhalten. Auch hier ist das Thema kein resignatives, kein immer wieder ersterbendes; das Energische ertönt sogar noch mehr bei dem zweiten Höhepunkt des Themas. Dem Charakter des Hauptthemas bleibt der Pianist auch bei der späteren Aufnahme mit Sergiu Celibidache und dem Schwedischen Rundfunkorchester (Stockholm 1967) treu. Der gesamte Satz ist dennoch wesentlich stiller, nachdenklicher: Auch hier, wie bei den Aufnahmen des *Liszt-Konzerts*, erkennt man den „reifen" Michelangeli. Schließlich der „späte" Michelangeli bei der Aufnahme des Konzerts mit Daniel Barenboim und dem Orchestre de Paris von 1984: Auch hier hört man die genannten Grundideen der Interpretation, allein wird das Thema kantabler, fließender, die Höhepunkte erlebt man weniger als Ecken denn als Gipfel einer wellenartigen Linie. So verfolgt Michelangeli in der Interpretation des Hauptthemas in fast vierzig Jahren eine musikalische Idee, die er zwar etwas variiert, in ihren wesentlichen Zügen aber beibehält.

Ein Vergleich der Art, wie Michelangeli die Solokadenz des *Schumann-Konzerts* spielt, offenbart jedoch große Unterschiede zwischen seinen eigenen Interpretationen. Bei der Aufnahme von 1948 ist beim ersten Hören die Langsamkeit des Kadenz-Anfangs fast irritierend. Dessen ausgedehnte, hyperromantische Rubati und eine ausgearbeitete, sonst nur latente Polyphonie überraschen, können sogar befremden. „Wozu das?", fragt sich der vexierte Zuhörer bei diesem außergewöhnlichen Halt, den Michelangeli ins beinahe Unerträglich-Sehnsüchtige steigert. Die Antwort kommt bald: in dem zweiten Abschnitt der Solokadenz. Kompromisslose Akkorde explodieren hier, wieder in schnellstem Tempo und in hochpräzisem Rhythmus, für das menschliche Ohr rubatofrei. Artikuliert, akzentuiert, akzeleriert und trotzdem anmutig führt der Pianist hin zu den abschließenden Trillern, die in die Coda münden.

Die Tendenz, Schumanns Solokadenz des *Klavierkonzerts* auf diese Weise zu spielen, ändert sich bei späteren Michelangeli-Interpretationen. Bei der Aufnahme mit Hermann Scherchen (1956) hebt sich der lyrische, erste Teil der Solokadenz nicht so sehr von dem dramatischen, zweiten ab, sondern führt vielmehr in ihn hinein. Dieser wiederum leitet in die noch dramatischere Coda über: Das Ganze scheint nicht mehr von den Einzelheiten dominiert. Bei der späteren Aufnahme mit Celibidache (1967) klingen die extremen Details der Interpretation aus dem Jahr 1948 im lyrischen Teil der Kadenz wieder mit – die große Langsamkeit, die

Repräsentation einer latenten Polyphonie, die extremen Rubati –, die Dramatik des zweiten Teils wird aber in einem deutlich langsameren Tempo vorgestellt, was auch dem Stil der gesamten Interpretation dieses Satzes entspricht. Ganz anders bei der späten Aufnahme des *Schumann-Konzerts* mit Barenboim und Orchestre de Paris von 1984. Zwar ist die binäre Anlage der Solokadenz weiterhin erkennbar, die beiden Abschnitte fließen aber in extremem Maße ineinander über, sowohl im Tempo als auch im Charakter. Die ganze Kadenz hat diesmal etwas Erzählendes, die Linien des ersten bereiten die Akkorde des zweiten Abschnitts vor und die Erzählung wächst bis zur Trillerkette vor der Coda.

### Klassisches Drama zwischen dorischen Säulen: Beethovens *Drittes Klavierkonzert*

Der erste Einsatz des Solisten im *3. Klavierkonzert* Ludwig van Beethovens, *c-Moll, op. 37*, muss für die Hörkultur jener Zeit ein spektakuläres Ereignis gewesen sein. Nach einem donnernden Ende des Tutti donnert nun auch der Pianist in schnellen Skalen aufwärts und beginnt das Hauptthema mit Oktaven in beiden Händen. Dadurch wird das Thema selbst – im doppelten Sinne „virtuos“ – dramatisiert. Mehrere Male hatte Beethoven diese Stelle überarbeitet, bevor er sich für den Vortrag in Oktaven entschied: Die Spuren davon sind auch heute noch in seiner Handschrift zu erkennen. Es ist auch das erste Mal in Beethovens Klavierkonzerten (allerdings keineswegs in der konzertanten Literatur allgemein), dass der Pianist am Anfang des ersten Solos das gleiche Thema vorträgt wie das Orchester vor ihm. Auch diese kompositorische Entscheidung unterstreicht dessen hohen Stellenwert. Und was für ein Thema es ist! Innerhalb von Beethovens Klavierkonzerten bringt es ein denkbar neuartiges Material zum Vorschein. Der Anfang erinnert, bei aller Hommage an Mozarts *Konzert* in der gleichen Tonart, in seiner radikalen Reduktion auf essentielle Züge – eine Akkordbrechung aufwärts zur Quinte, dann zurück in Tonleitermelodik, anschließend ein prägnant-einfaches, rhythmisches Pendeln zwischen *g* und *c* – an die Melodien der französischen Revolution und hat im Wesentlichen die gleiche Struktur wie der spätere Beginn des 4. Satzes der *5. Symphonie.*

Michelangeli leitet ernst und zugleich graduell in das Thema ein. Das *c* als Endpunkt der ersten zum Thema führenden Tonleiter ist noch kurz, das nächste *c* etwas länger, das dritte lang, betont und feierlich: Mit ihm beginnt das eigentliche Thema. Diese Idee der verschiedenen Spielart des Tones *c* im Hauptthema wiederholt Michelangeli bei dem Pendel *c-g-c-g-c* einige Takte später: Das letzte *c* ist auch diesmal das längste, stabilste, stolzeste. Bei Michelangeli ist dies zwar ein dramatisches Thema, aber es ist vor allem ein klassisches Drama, das sich zwischen dorischen Säulen abspielt, woran er uns teilhaben lässt. Diese Vision der Klassizität hat natürlich nicht zwingend mit Grundsätzen der historischen Aufführungspraxis der Wiener Klassik zu tun. Wie ein Komponist, der bei der Darstellung einer Epoche nicht unbedingt die Musik dieser Zeit kopiert, sondern seine Vision dieser Epoche darlegt, so entfaltet sich vor uns eine Vision der Klassizität, die Michelangeli hat und die selbstbewusst die pianistischen Mittel seiner eigenen Zeit einschließt.

Die „Entwicklung", der zweite Abschnitt des Hauptthemas, beinhaltet noch ein Novum im Schaffen Beethovens. Zwar ist die Polyrhythmik selbstverständlich ein übliches Mittel auch jener Epoche gewesen, sie war aber für Hauptthemen eher uncharakteristisch, denn der ihr innewohnende Konflikt hätte ja die Stabilität der thematischen Aussage in Frage stellen können. Und es ist sogar so, dass Beethoven in seinem Konzertmanuskript diese Polyrhythmik noch nicht eingeführt hatte: Dort stehen vorerst einfache Achtel, keine Triolen in der linken unter den Sechzehnteln der rechten Hand. Auch dieses Novum war also das Produkt eines Prozesses. In Michelangelis Interpretation sind die Triolen in der linken Hand und dadurch die konfliktreiche Polyrhythmik der Stelle, ihre gedämpfte Dramatik, nicht nur, wie bei vielen anderen Pianisten, einfach nur deutlich zu hören. Sie besitzen bei ihm auch selbst eine melodische Qualität, erzeugen eine eigentümliche, unerwartete Polyphonie, die durchaus der Polyphonie der Parallelstelle in der Orchesterfassung des Themas entspricht.

Eine vergleichbare Interpretation finden wir in Michelangelis Vortrag des Themas im dritten Satz. Auch hier sah die ursprüngliche Begleitung in der linken Hand ganz anders als die heute gespielte Endversion aus: Sie bestand zuerst aus einfachen, simultan erklingenden Akkorden, die in Beethovens Manuskript noch zu sehen sind. Danach entschied sich Beethoven für die motorischen Sechzehntelnoten, mit einer inhärenten Gegenlinie zur Hauptmelodie. Diese wird von Michelangeli sehr hörbar, wenn auch behutsam, herausgearbeitet.

Kehren wir aber zum ersten Satz zurück. Das Seitenthema behandelt Michelangeli auf vergleichbare Weise wie das Hauptthema, bei allen Unterschieden im Themencharakter: Er bereitet den Ton des Themas schon in der dahin führenden Passage vor. So wie er durch die Länge der Endungstöne der einleitenden Tonleitern das Hauptthema vorbereitete, so kündigt er das Lyrische des Seitenthemas durch eine behutsame Pedalisierung am Ende der einführenden Achtelpassage an. Die etwas überraschenden, den Charakter des Themas ändernden Sforzati bei den As-Dur-Akkorden (F-Dur in der Reprise), spielt er offenbar bewusst hervorgehoben, aber nicht überbetont. So bleiben die neuen Spezifika dieses *Konzerts* bei Michelangeli durchaus hörbar, ohne aufdringlich zu sein. Er interpretiert, ohne zu belehren oder gar zu karikieren.

Die Coda des ersten Satzes – die wohl erste, bei welcher der Pianist vom ersten bis zum letzten Ton als Solist mitspielt – endet, in beethovenscher c-Moll-Tradition, dramatisch, wie auch das Solo begonnen hatte. Danach kann man bei der Filmaufnahme mit den Wiener Symphonikern unter Carlo Maria Giulini beobachten, wie sich Michelangelis Haltung in Vorbereitung des zweiten Satzes ändert, wie seine Mimik Anderes zu signalisieren beginnt. Jedoch verbindet Michelangeli, bei allen Unterschieden im Charakter, die beiden Sätze: Auch im zweiten Satz bleibt er seinem Klassizismus-Ton treu. Das erste Solo im zweiten Satz, in dem weit von der Grundtonart c-Moll entfernten E-Dur komponiert, spielt er mit ungestörter innerer Balance. Auch in jenem Moment, in dem der Satz nach einer Ausweichung nach H-Dur ins überraschende G-Dur wandert, bleibt der Ton des Satzes gleich: ernsthaft, reflektiert, über jede pianistische Grille und über jede Lust am Vorführen „interessanter Stellen“ erhaben. Erst bei den Terzparallelen des zweiten solistischen Einsatzes erlaubt sich Michelangeli einige großzügigere Rubati. In dem danach wieder in G-Dur beginnenden Mittelteil spielt der Solist zwar vermeintlich „begleitende“ Akkordbrechungen; Michelangeli tut das aber auf eine derart artikulierte und zugleich unaufdringliche Weise, dass das Material thematisch wird.

## Mystisch getanzte Folia: Beethovens *Fünftes Klavierkonzert*

Der Beginn des ersten Satzes im *4. Klavierkonzert* Beethovens ist bekannt als harmonisch kühn und überraschend. Das *5. Konzert* bildet in dieser Hinsicht einen denkbar großen Kontrast dazu. Das Hauptthema selbst ist keineswegs radikal in seiner Harmonik und die Introduktion, mit der das Konzert beginnt, wirkt demonstrativ-essentiell. Es ist harmonisch ein kadenzieller Dreischritt: Die Eingangstakte des *5. Klavierkonzerts* Ludwig van Beethovens, *op. 73*, spielt der Pianist zwischen drei säulenartigen Tutti-Akkorden der I., IV. und V. Stufe der Tonart Es-Dur. Und er hat von Akkord zu Akkord immer mehr und immer Aussagekräftigeres vorzutragen.

Nach dem Akkord der I. Stufe spielt er zunächst Akkordbrechungen aufwärts, sucht dann die Mitte der Tastatur, um von dort aus wieder in höhere Bereiche zu gelangen. Michelangelis Gedankenlegato, mit dem er sich am Ende dieser Passagen aus den Sphären der I. in jene der IV. Stufe begibt, eine einfache Linie von *c'''* nach unten zum *d''*, ist ein Mikro-Maestoso – kein Widerspruch bei Michelangeli – in stolzer Einstimmigkeit: Eine Legatolinie der Trompeten auf dem Konzertflügel. Einstimmiges Klavierspiel, physisch, wie auf dem Videomaterial ersichtlich, klar *non legato* gespielt, dafür aber so gestaltet, dass es fraglos *legato* klingt. Die nächste, von der IV. Stufe ausgehende Passagengruppe ist dichter und schließt ebenfalls in einer zeremoniellen Geste, die in den darauffolgenden Akkord führt. Diesmal besteht diese musikalische Geste aber nicht aus Einzeltönen, sondern aus einem Fauxbourdon-Satz: einer Reihe von Sextakkordparallelen. Auch diese fallen linear und führen zum dritten Tutti-Akkord: dem Septakkord der V. Stufe von Es-Dur. Diese Wendung spielt Michelangeli gesetzter, mit einem merklichen Ritardando und einer deutlich spürbaren, dem Charakter des Konzertes angemessenen Gravitas. Die dritte Passage, die von der V. Stufe aus in die I. und damit zum Hauptthema führt, verdichtet den musikalischen Satz zusätzlich. Auch sie schließt mit Passagen nach unten; danach folgt aber eine kompakte, vertikal-akkordische Kadenz, welche die Tonart Es-Dur in denkbarer harmonischer Einfachheit bestätigt – in solch einer Einfachheit wird sie auch von Michelangeli vorgetragen.

Wer das Solo-Hauptthema dieses Satzes kennt, der weiß: Hier schleicht sich der Solist ins Orchestergefüge mit einer chromatischen Tonleiter aufwärts ein, bevor er das Thema selbst zu spielen beginnt. Wie kann sich aber ein Michelangeli „einschleichen"? Die Vorstellung ist fast absurd. Dies wäre nun – im Klang wie im Bild – ein Einschleichen erhobenen Hauptes, wenn das nicht ein unlösbarer Widerspruch wäre. Die leise chromatische Tonleiter, mit der Beethoven hier das Hauptthema im Klaviersolo einführt, wirkt bei Michelangeli eher wie ein unprätentiöses und unzeremonielles, aber immer noch königliches Eintreten in das Hofgemach des Hauptthemas.

Das berühmte Seitenthema des ersten Satzes weist die Gliederung einer „Folia" auf. Vereinfacht beschrieben handelt es sich hierbei um ein kompositorisches Modell, das in der Renaissance zum ersten Mal auftauchte, im Barock sich großer Beliebtheit erfreute und bis ins 20. Jahrhundert hinein kompositorische Relevanz besaß. Es beginnt im Moll, schwingt sich kurz in die parallele Durtonart hoch, um wieder zurück in die ursprüngliche Molltonart zu gelangen. Bekanntlich griff Beethoven dieses Modell oder seine Teile in den Werken dieser Periode immer wieder auf: bei Seitenthemen seiner Hauptsätze (*5. Klavierkonzert, Violinkonzert*), in langsamen Sätzen (*5. und 7. Symphonie*), in der Einleitung der *Egmont*-Ouvertüre und auch bei Sonaten-Hauptthemen (*Kreutzersonate, Klaviersonate op. 90*). Das Erhabene – ja das schon fast optisch „Erhebende" – dieses satztechnischen Modells, das von einer Molltonart in die Sphären der Durparallele aufsteigt, wirkt bis heute in der Musik nach.

Arturo Benedetti Michelangeli ist vielleicht der einzige Pianist, der die mystisch anmutende Folia-Stelle im *5. Klavierkonzert* Beethovens wie einen Tanz spielt. Er mystifiziert nicht, flüstert nicht, er hält das Tempo, spielt gerade heraus. Auch in seiner Mimik – ob auf der Film-Aufnahme mit Jan Krenz oder jener mit Sergiu Celibidache – ist das Tänzerische eingeschrieben. Das Mystische kommt durch die Komposition, durch das Verhältnis von Klavier und Orchester zustande, nicht etwa durch ein „Zaubern“ des Pianisten. Der bewegte Klavierpart ist mystisch im Geiste, nicht auf der Oberfläche des Satzes. Deshalb reicht es, dieses Thema, wie es Michelangeli tut, handwerklich vollkommen zu spielen, die Mystik entsteht schon durch diese Vollkommenheit.

## Scarlatti, „kleine gelbe Mauerecke“, galante Verbeugungen

Die kompositorische Grundidee in Scarlattis *Sonate in h-Moll, K 27 / L 449*, ist von extremer Einfachheit. Sie besteht aus einer einzigen Schlussformel: der vorbereiteten und synkopierten Diskantklausel, einer Wendung, bei welcher der Schlusston stufenweise von unten erreicht wird. Unübertroffen scheint Michelangelis Filmaufnahme von 1962 aus dem RAI-Studio Turin, eine Perfektion im *stile galante* auf dem vermeintlich unzeitgemäßen Instrument, dem Konzertflügel. Nun ist es aber der Geist, nicht der Klang des 18. Jahrhunderts, den Michelangeli sucht, findet und vermittelt, auch wenn er die Musik fassbar verändert (er fügt sogar am Ende einen Schlussakkord hinzu!). Das polyphonisierende Gewebe des Sonatenanfangs spielt er ohne merkliche dynamische Bewegungen; in dem endlos scheinenden Auskosten des Pendels I-V in D-Dur, das auch im zweiten Abschnitt eine Entsprechung findet, führt der Pianist den Zuhörer durch ein Crescendo hindurch, das ebenso allmählich wie entschlossen wirkt: eine seltsame und seltene Verbindung von Eigenschaften, die von größter und, auch hier, von scheinbar müheloser Beherrschung des Instruments zeugt.

Nun wäre diese ganze Interpretation Michelangelis eine höchst beeindruckende Übung – auf einer Metaebene der Scarlatti-Bezeichnung seiner „Sonaten“ als „Essercizi“ treu – im zeitgenössischen Repräsentieren des 18. Jahrhunderts, wenn nicht nach der pendelnden Hauptsstufenauskostung, bei der Vorbereitung eines Vorhalts im Diskant, ein im Zusammenhang der ganzen Interpretation völlig unerwartetes, langes, fast überdimensioniertes Rubato vorkäme, ein Rubato aus den Tiefen des romantischen Klavierspiels. Es ist bei Michelangeli nur ein einziges Rubato dieser Art im ganzen Stück und eines in der Wiederholung des Formteiles zu finden, obwohl solche Vorhalte auch zuvor bereits vorgekommen waren. Nun finden aber die vorigen Parallelstellen ohne Rubato in D-Dur und fis-Moll statt, während der rubatierte Vorhalt die Rückkehr in die Stammtonart h-Moll markiert und dadurch das Ende des Stückes ankündigt. Ein Detail vielleicht, aber gewiss nicht „nur“ ein Detail: Es ist eine form- und bedeutungsgebend wirkende Geste, eine Geste, die dem Ganzen einen neuen Sinn verleiht. Michelangelis Rubato bei der Rückkehr nach h-Moll ist so rührend und so vollkommen wie jene unbekannte „kleine gelbe Mauerecke“ auf Vermeers „Ansicht von Delft“, von der Marcel

Proust einst schrieb. Es gibt dem galanten, motorischen, etwas gradlinig-zweidimensionalen Stück Licht, Farbe und Tiefe: ein Stück Malerei inmitten der Musik.

Schließlich: Bei einer Ausstellung sind nicht lediglich die einzelnen Kunstwerke, sondern auch die Gestaltung der gesamten Ausstellung bedeutsam; der Höhepunkt eines Gemäldes positioniert sich nicht nur zu anderen Elementen dieses Gemäldes, sondern auch zu den anderen Bildern der Ausstellung. Dies kann auch von den vier 1962 aufgenommenen Scarlatti-Sonaten als Ganzes gesagt werden. Die emotionale und zugleich galante Rubato-Geste in der *h-Moll-Sonate* ist die einzige solche Geste nicht nur in diesem Stück, sondern in allen vier der „Esserci-zi", die Michelangeli bei dieser Gelegenheit spielte und gewissermaßen zu einem Zyklus machte.

Solch eine Besonderheit ist in Michelangelis Interpretation der berühmten *C-Dur-Sonate* von Domenico Scarlatti, *K 159 / L 104*, nicht an einer einzigen Stelle zu hören. Die Größe dieser Interpretation finden wir in der allgemeinen Souveränität: der Souveränität im Anschlag, im Tempo, im Rubato, im Verzieren. Und vor allem im musikalischen Charakterisieren. Das Italienisch-Tänzerische ist erkennbar in den recht deutlich hörbaren, konsequenten aber maßvollen Akzentuierungen; es ist auch deutlich zu sehen in Michelangelis Kopfbewegungen, die an jene erinnern, von denen in Bezug auf seine Interpretation von Beethovens „Folia" im Seitenthema des *5. Klavierkonzerts* die Rede war. Michelangelis Tempo lässt diese charaktervolle Interpretation der *C-Dur-Sonate* vor dem Hintergrund eines geschwinden aber eleganten Tanzes zu, während etwa sein Zeitgenosse Emil Gilels (1950) die Sonate in einer Geschwindigkeit spielt, die fürwahr elektrisiert, dabei jedoch mehr musikalische Fragen stellt, als sie zu beantworten.

Der Triller am Ende der Anfangsfigur verleitet dazu, ausgekostet, ja verlängert zu werden, wie es etwa Ivo Pogorelić tut. Die Perfektion und die Dichte des Trillers bei Michelangeli hätte auch solch eine Verlängerung erlaubt. Jedoch verlängert er ihn nicht. Mit ein wenig Pedal und mit erschreckend konsequenter Artikulation gliedert Michelangeli seine Mikro-Phrasen und Verzierungen durch die ganze Sonate hindurch. Das Unerwartete ist hier die Präzision, mit welcher das Erwartete wiederholt stattfindet. Allein eine höfische Geste am Ende des ersten Abschnitts kommt unerwartet und wäre bei jedem Pianisten niedrigeren Ranges risikoträchtig: Nach der im leichten Ritardando vollzogenen Kadenz folgt eine bestätigende Achtelfigur nach unten. Diese spielt Michelangeli in der Tat schneller als die Kadenz zuvor, beziehungsweise *a tempo*, da die Kadenz ja leicht verzögert war: Eine galante, adelige Verbeugungsgeste eines Aristokraten, der auch in seiner Reverenz nicht zu Übertreibungen neigt.

„Nirgends wird an den Gesetzen der Musik gerüttelt, ohne dass auch die höchsten Gesetze des Staates ins Wanken geraten." An diesen vielzitierten Satz aus Platons *Politeia* kann man sich hier – gewissermaßen ex negativo – gerne erinnern. Diese Sonate Scarlattis ist eine, die an den Gesetzen der Musik ihrer Zeit eben nicht im Mindesten rüttelt. Sie ist die affirmative Musik des Ancien Régime auf ihrem ästhetischen Verwirklichungshöhepunkt. Gilels und viele andere Pianisten des 20. Jahrhunderts spielten die Sonate ein wenig als Abbild ihres eigenen Zeitalters: motorisch, hastig-atemlos. Michelangeli spielt sie als Abbild ihrer Epoche und wählt, obwohl er bekanntlich kein Vorkämpfer der historischen Aufführungspraxis war, ein Tempo, das auch heute noch in dieser Praxis beim Interpretieren der *C-Dur-Sonate* am Cembalo zu hören ist.

### Prae-Praeambulum in Schumanns *Carnaval*

Der fanfarenartige Anfang des „Préambule" im *Carnaval op. 9* Robert Schumanns, erhaben, diatonisch, schumannisch meta-marschhaft, klingt bei Michelangeli (Lugano 1973) symphonischer, als wenn er von einem wirklichen Symphonieorchester gespielt worden wäre. Man erlebt hier eine Klanglichkeit von fast bedrohlich wirkender Weite, keine Linien, etwas Mehrdimensionales. Und auch hier, wie in der *Scarlatti-Sonate* in *h-Moll*, hören wir wieder ein minimales Rubato, eine gezielte Überartikulierung, die diesen auftaktigen Anfang auszeichnet: ein Rubato, das uns erst im Nachhinein als solches klar wird, denn es umfasst nur die ersten beiden Akkorde. Der Anfang des „Préambule" wirkt dadurch umso breiter, offener und öffnender, als diese Wendung sich sofort wiederholt, allerdings in veränderter Rhythmik: Der erste Auftakt ist ein Achtel, der zweite ein Sechzehntel. Michelangelis leichte Ausdehnung der ersten Auftaktwendung unterstreicht ihren von Schumann eingeschriebenen Charakter zusätzlich: Diese zwei Akkorde sind das Prae-Praeambulum des großen Werkes. Die punktierten Rhythmen beginnen in ihrer Motorik erst bei der zweiten Wendung: Die erste ist ein Vorhang-auf-Kraftakt, ein Tor, das auch in einem nicht so langsamen Tempo langsam und feierlich aufgeht. Sie findet ihre Entsprechungen später, allerdings nicht bei der Wiederholung der exakt gleichen Wendung (As-Dur-Sextakkord / Des-Dur-Grundakkord), sondern am Ende des sechstaktigen Anfangsthemas, bei der Ausweichung nach Es-Dur und danach bei dem Gang nach Fes-Dur. Hier wirkt diese festliche, ja rituelle Verzögerung wie eine Öffnung in der Öffnung. Und beide Male markieren diese Verzögerungen sowohl eine tonartliche Ausweichung als auch die melodischen Höhepunkte der jeweiligen Abschnitte, wodurch der Pianist seinen Blick auf kompositorische Prozesse offenbart.

## Artikulierte Atemlosigkeit, ekstatische Erweiterungen: Chopins *b-Moll-Sonate*

Es wird gerne die Anekdote berichtet, dass Arturo Benedetti Michelangeli von Sergiu Celibidache als einer der beiden großen Dirigenten der Epoche bezeichnet wurde (der andere sei natürlich Celibidache selbst gewesen). Dass er aber auch ein Komponist war – und zwar nicht nur als der Tonsetzer der von ihm arrangierten *Chorlieder*, sondern auch der von ihm gespielten Klaviermusik –, spüre ich spätestens, seitdem ich seine Aufnahme der *b-Moll-Klaviersonate* von Chopin (London 1959) gehört habe. Es ist die denkbar spannungsreiche Gleichzeitigkeit von Artikuliertheit und Atemlosigkeit – zwei Eigenschaften, die sich eigentlich ausschließen müssten, in der Kunst aber nebeneinander möglich sind – die hier auch den Zuhörer atemlos macht. Das hohe Tempo, die aufgewühlten Bässe und trotzdem eine in extremem Maße klare Linie der rechten Hand: das Hauptthema des ersten Satzes ist hier als ein diamantenes Schiff in düsterstem Sturm komponiert; Michelangeli macht dies wie kein anderer Pianist hörbar. Die gesamte Hauptlinie des Themas entsteht bekanntlich aus einem Zwei-Ton-Achtelmotiv (*des-b*) und seiner Entwicklung; das Thema als Ganzes weist dabei eine sehr klassizistische Gestaltung auf, jedoch wird es, dank der Pausen, der großen Sprünge, der Aktivität der linken Hand und natürlich der Tonart b-Moll, zum Kern einer der affektintensivsten Klaviersonaten der Romantik. Michelangeli folgt dem auch von Chopin selbst penibel notierten Artikulationsweg und seinen Dynamikanweisungen. Die kurze Introduktion ist dabei von einer bedrohlichen Mikrodynamik geprägt, die das Drama dieser Sonate ankündigt. Großartig ist auch Michelangelis Nachsatz des Themas, in dem das Zaudern des Vordersatzes überwunden ist und die Atemlosigkeit des Anfangs in eine breite und vorwärtstreibende dramatische Geste einfließt.

Und dann kommt es: das Seitenthema. In erwartungsgemäßer Paralleltonart Des-Dur beginnt es, in heller, lyrischer, unaufdringlicher Schönheit. Schon in seinem Vordersatz kündigt aber Michelangeli durch Bewegungen der Innenstimmen und den immer hymnischeren Ton das Steigern des Nachsatzes an. Dieser beginnt zwar mit gleichem Material, aber in pianistischem Tutti, mit Nebenstimmen und in großer Geste, die sich von einem zum andern Takt steigert: Es ist immer die gleiche Geste, und doch wird sie immer umfassender, bis sie in einer Reihe ekstatischer Erweiterungen endet. Nie zuvor habe ich solches gehört: Chopin hat es so geschrieben, aber nun – auch Michelangeli. Wie etwa Richard Wagner durch seine „Ahnungsmotive“ den Zuschauer und Zuhörer seiner Musikdramen das dramatische Geschehen vorausahnen lässt, so gestaltet Michelangeli auch die scheinbar minimalen Gesten der Musik in Bezug zum Ganzen eines Werkes und kündigt durch sie dasjenige an, was folgen wird.

## Das moralische Klavierspiel

In einem Interview betonte Sergiu Celibidache das Bewusstsein Arturo Benedetti Michelangelis für die musikalischen Formen; er unterstrich dessen Fähigkeit, den Höhepunkt eines Werkes mit seinem Anfang und dem Ende zu verbinden. Man denkt an dieses Lob von Michelangelis Strukturbewusstsein beim dramatischen Höhepunkt der Durchführung und des ganzen ersten Satzes der *Chopin-Sonate in b-Moll*, dieser Stelle, die dramatisch und kosmisch zugleich anmutet und so stark wirkt, dass Chopin danach auf das Wiederholen des Hauptthemas in der Reprise verzichtet (dabei eigentlich auf einen alten Formtypus zurückgreifend). Dieser Höhepunkt ist von seinem pianistischen Ton her genauso mit dem Nachsatz des Hauptthemas in der Exposition verbunden, wie auch deren motivisches Material gemeinsam ist. Dieses Form- und Gestaltungsbewusstsein Michelangelis konnte auch anhand anderer Interpretationen festgestellt werden. Sein Detail ist nicht nur ein Detail, und es ist auch mehr als einfach „ein Teil des Ganzen": Die Details sind das Fundament dieses Ganzen und das Ganze ist das Fundament der Einzelheiten. Bei Michelangeli sind dies ebenbürtig miteinander verwobene Ebenen. Jene einsame Verzögerung in der *h-Moll-Scarlattisonate* ist beispielsweise der affektive Höhepunkt dieser Interpretation: Sie wird es aber erst dadurch, dass sie nur zweimal im gleichen Kontext vorkommt und dass der Rest der Sonate in seinem fast rubatofreien motorischen Duktus kaum zu überbieten ist. Eine vergleichbare Funktion hat auch die rhythmische Öffnung im *Carnaval* von Robert Schumann: Diese Geste verbindet hier den Anfang mit den Höhepunkten des Satzes.

Mir scheint dieses Strukturbewusstsein ein Ergebnis von ebenjener Haltung Michelangelis zu sein, wonach das Klavierspiel eine „Sache der Moral" sei. Es ist das Ergebnis eines Ernstes, mit dem er – in doppeltem Sinne – „ans Werk ging"; und zwar an jedes Werk, das er in sein Repertoire aufnahm. Dieser Ernst spiegelt sich ebenfalls in seiner damals wie heute legendären Präzision und Virtuosität wider, seinem extremen Gespür für den Sinn und nicht nur für die Effekte der Klaviertechnik, das man auch in Michelangelis profunder Kenntnis des Klavierbaus wiedererkennen kann. Wie er in einem Interview selbst sagte: „Die Bedeutung [der Technik] ist die, dass man mehr Musik machen kann, je mehr technisches Material zur Verfügung steht". Michelangelis Aufnahmen legen Zeugnis davon ab, dass er sich stets an diesen Grundsatz gehalten hat. Die zwei Aspekte seines „moralischen Klavierspiels" – das Strukturbewusstsein und die zielgerichtet-bedeutungsträchtige Herangehensweise an das „Technische" – sind, neben seinem pianistischen Ton von atemberaubender Weite, die vielleicht wichtigsten Faktoren, die uns Michelangeli-Interpretationen unverkennbar erscheinen lassen. Dieses „moralische Klavierspiel" ist das Produkt einer Haltung, die das Gute und das Schöne nicht voneinander trennt, ein Konzept, das man in der europäischen Kulturgeschichte seit der antiken Idee der Kalokagathia – der „Schön- und Gutheit" – kennt. Nicht selten war solch eine Verbindung gerade in der Kunst großer italienischer Perfektionisten zu sehen und zu hören: von Raffael und Palestrina bis hin zu Luchino Visconti und Arturo Benedetti Michelangeli. Darum lässt sich das Klavierspiel des Letzteren nicht auf einen „Code“ oder gar auf „Manieren“ und „Effekte“ reduzieren. Man muss es unter einem möglichst langen Gedankenbogen hören, um seinen Wert und seine Bedeutung zu verstehen.

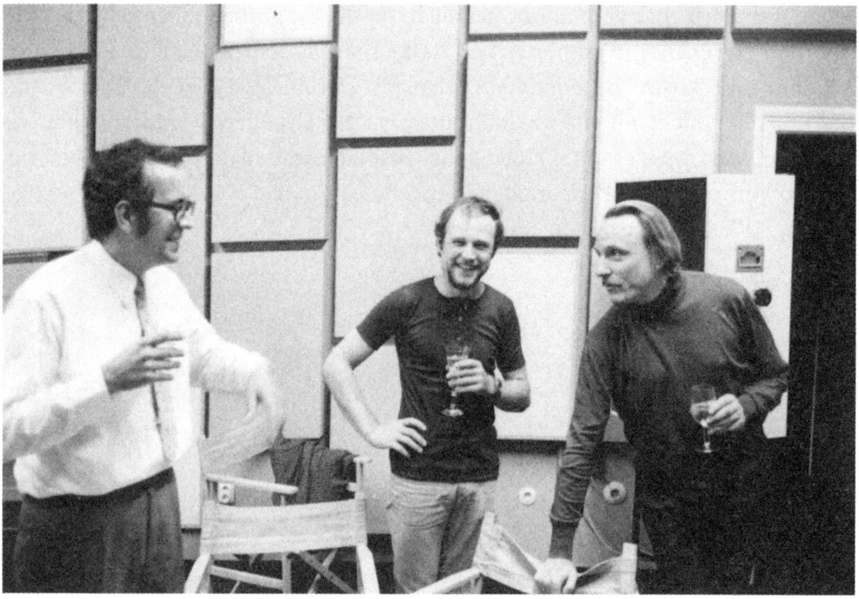

Michelangeli im Studio, links der Tontechniker Heinz Wildhagen, Anfang 1970er Jahre

# Vitae

**Jochen Köhler** ist Professor für Klavier und Methodik an der Martin-Luther-Universität Halle-Wittenberg. Er studierte Klavier bei Luciano Ortis, Aloys Kontarsky und Leonid Brumberg in Bremen, Köln und Wien und erwarb sowohl das deutsche Konzertexamen als auch das österreichische Konzertdiplom. Mehrere Meisterkurse, insbesondere bei Oleg Maisenberg, ergänzten seine Ausbildung. An der Universität für Musik und darstellende Kunst Wien wurde er für das Fach Klavier habilitiert. Außerdem absolvierte er ein Studium der Neueren deutschen Literaturwissenschaft, Philosophie und Erziehungswissenschaft an der FernUniversität in Hagen.
Köhler ist als Pianist solistisch, als Kammermusiker und als Liedbegleiter in zahlreichen Ländern Europas und Asiens hervorgetreten. Sein Repertoire umfasst Werke aller wichtigen Stilbereiche vom Barock bis zur Avantgarde. Im Wiener Musikverein debütierte er 1991 mit einer umjubelten Gesamtaufführung von Messiaens *Vingt regards sur l'Enfant-Jésus*. Für den Rundfunk spielte er zahlreiche Werke des 20. Jahrhunderts ein, darunter das Gesamtwerk für Klavier von Arnold Schönberg und Bernd Alois Zimmermann.
Bereits im Alter von 24 Jahren erhielt er seinen ersten Lehrauftrag an der Hochschule für Künste in Bremen. Anschließend unterrichtete er viele Jahre an der damaligen Hochschule (jetzt Universität) für Musik und darstellende Kunst in Wien, bevor er im Jahre 2000 an die Otto-von-Guericke-Universität Magdeburg berufen wurde. Seit 2010 lehrt er in Halle. In seiner pädagogischen Tätigkeit spielt die Projektarbeit eine wichtige Rolle, wovon Gesamtaufführungen des Wohltemperierten Klaviers, des Klavierwerks von Debussy und Ravel, der Sonaten Prokofjews sowie der Präludien und Fugen von Schostakowitsch und des *Ludus tonalis* von Hindemith durch seine Studierenden Zeugnis ablegen. Köhlers Schüler konzertieren regelmäßig – auch als Solisten mit Orchester – in den wichtigsten deutschen Konzertsälen; viele von ihnen lehren an Hochschulen und Universitäten im In- und Ausland.

**Tihomir Popović** ist Professor der Hochschule Luzern, an der er Musiktheorie und Musikgeschichte lehrt. Darüber hinaus unterrichtet er Musiktheorie an der Hochschule für Musik, Theater und Medien Hannover. Für das Studienjahr 2019/20 wurde Popović zum Mitglied des Senior Common Room am Wadham College der University of Oxford gewählt. Lehrtätigkeiten führten ihn an die Humboldt-Universität zu Berlin und die Hochschule Osnabrück.

Popović wurde an der Humboldt-Universität zu Berlin in Musikwissenschaft promoviert und habilitiert. Zuvor studierte er Klavier beim Michelangeli-Schüler Bernd Goetzke und Komposition/Tonsatz bei Ladislav Kupkovič an der Hochschule für Musik und Theater Hannover. Er verfasste Publikationen über die Musik und Musiktheorie im 16. Jahrhundert (u.a. die Monographie *Mäzene – Manuskripte – Modi. Untersuchungen zu My Ladye Nevells Booke*, Stuttgart 2013) sowie über Musik und Kolonialismus, darunter die Studie *Der Dschungel und der Tempel. Indien-Konstruktionen in der britischen Musik und dem Musikschrifttum* (Stuttgart 2017). Zudem legte er Veröffentlichungen über Fragen der musikalischen Interpretation, die Geschichte der Tonartenlehren, die Kompositionstechnik der Wiener Klassik etc. vor. Darüber hinaus ist Popović als Komponist/Arrangeur, Lyriker, Essayist, Journalist und Kinderbuchautor tätig.

# Literatur- und Quellenverzeichnis


Bach, Johann Sebastian

*Inventionen und Sinfonien*, nach den Quellen hg. von Rudolf Steglich, G. Henle Verlag München 1978

Benedetti Michelangeli, Giuliana

*Vita con Ciro. La moglie del pianista più grande racconta*, Bologna 1997

Brendel, Alfred

*Ausgerechnet ich. Gespräche mit Martin Meyer*, München und Wien 2001

Czerny, Carl

*Über den richtigen Vortrag der sämtlichen Beethoven'schen Klavierwerke, nebst Czernys „Erinnerungen an Beethoven"*, herausgegeben und kommentiert von Paul Badura-Skoda, Universal Edition A. G. 1963

Danuser, Hermann

1992 *Musikalische Interpretation*, Neues Handbuch der Musikwissenschaft, Bd. 11, Laaber 1992

1996 Artikel *Interpretation* in: Musik in Geschichte und Gegenwart, Sachteil, Bd. 4, Kassel und Stuttgart 1996, S. 1053–1069

di Lorenzo, Giovanni und Spahn, Claus

*„Auch Strenge kann eine Sünde sein." Ein Gespräch mit dem Pianisten Maurizio Pollini,* Die Zeit, Nr. 09/2009 (19. Februar 2009)

Eckermann, Johann Peter

*Gespräche mit Goethe*, hg. v. Fritz Bergemann, Bd. 1, Frankfurt am Main 1981

Friedrich, Otto

*Glenn Gould. Eine Biographie*, Reinbek 1991

Garben, Cord

2002 *Arturo Benedetti Michelangeli. Gratwanderungen mit einem Genie,* Hamburg 2002

2014 *Auf die Finger geschaut. Von der Werktreue großer Pianisten*, Düsseldorf 2014

Helm, Everett

*„Wichtig ist allein die Musik". Everett Helm unterhielt sich mit Arturo Benedetti Michelangeli*, fono forum 7/1966, 366f

Hunt, John

*pianists for the connaisseur. michelangeli cortot weissenberg curzon solomon ney, discographies compiled by john hunt,* Londen 2002, reprinted 2009

Kaiser, Joachim

*Große Pianisten in unserer Zeit*, 5. Auflage, München 2001

Köhler, Jochen

*Der Pianist Eduard Steuermann. Ein Gespräch mit Alfons Kontarsky*, unveröffentlichtes Manuskript

Kozubek, Lidia

*Arturo Benedetti Michelangeli*, italienische Ausgabe Palermo 2003 (Originalausgabe: Katowice 1999)

Kozubek, Lidia

*Arturo Benedetti Michelangeli as I knew him*, Frankfurt am Main 2011, Second Edition 2015

Leiser, Jaques und Orga, Ates

*Fifty Years of Music with my Husband Arturo Benedetti Michelangeli*, http://www.jacquesleiser.ch/page_art_fifty_1.htm

Lüdemann, Fritz

*Hinter Frack und Fliege. Intime Geschichten um die Wiener Symphoniker von 1977 bis 1988*, Books on Demand, Norderstedt 2016

Lympany, Moura und Strickland, Margot

*Moura. Her Autobiography*, London 1991

Mann, Carl-Heinz

*Das pianistische Ereignis dieser Saison*, Konzertkritik, Hamburger Abendblatt vom 10.05.1993, Nr. 107, 5

Martinengo Villagana, Clara und Monti, Stefania

*Arturo Benedetti Micheangeli. Genio e Compostezza*, Brescia 1998

Methuen-Campbell, James

*Chopin Playing. From the Composer to the Present Day*, London 1981

Monsaingeon, Bruno

*Swjatoslaw Richter. Mein Leben, meine Musik*, übersetzt und redaktionell bearbeitet von Dr. Anne Feichtner von Ian, Düsseldorf 2005

Neuhaus, Heinrich

*Die Kunst des Klavierspiels*, 3. verbesserte Auflage, Köln 1974

Piendl, Stefan und Otto, Thomas (Hg.)
*Stenographische Umarmung. Sergiu Celibidache beim Wort genommen*, Regensburg 2002

Fuhrmann, Peter
*Bach nicht den Experten überlassen. Ein Gespräch mit Maurizio Pollini*, Die Zeit, Nr. 05/1987 (23. Januar 1987)

Rattalino, Piero
*Arturo Benedetti Michelangeli. L'asceta*, Varese 2006

Reich, Willi (Hg.)
*Robert Schumann im eigenen Wort*, Zürich 1967

Roloff, Karl-Heinz
*Pianist von einsamer Größe*, Konzertkritik, Bremer Nachrichten vom 25.03.1975

Roselius, Ludwig
*Glanzvolles musikalisches Ereignis*, Konzertkritik, Weser-Kurier vom 25.03.1975

Schneeberger, Peter
*Warum müssen Klaviere wie Särge aussehen?*, Interview mit dem Pianisten András Schiff in der Zeitschrift profil, 27.01.2007

Schonberg, Harald C.
*Die grossen Pianisten*, München 1972

Schubart, Christian Friedrich Daniel
*Ideen zu einer Ästhetik der Tonkunst*, 2. Nachdruck der Ausgabe Wien 1806, herausgegeben von Fritz und Margit Kaiser, Hildesheim Zürich New York 1990

Stegemann, Michael
*Glenn Gould. Leben und Werk*, München 1992

Umbach, Klaus
*Celibidache – der andere Maestro. Biographische Reportagen*, 2. Auflage, München 1998

Werner, Alexander
*Carlos Kleiber. Eine Biographie*, Mainz 2008

*Ausstellungskatalog:*

Kat. *Arturo Benedetti Michelangeli: Il Grembo del Suono*, Ausstellungskatalog zur gleichnamigen Ausstellung, die im Palazzo Martinengo in Brescia vom 5. Mai bis 5. September 1996 gezeigt wurde. Skria, Milano 1996

*Rundfunksendung:*

Wichtige Hinweise verdankt der Verfasser der 4-teiligen NDR-Produktion *Die großen Stars der Musik: Arturo Benedetti Michelangeli* von Sabine Lange, einer Porträt-Sendung des Norddeutschen Rundfunks zum 90. Geburtstag des Pianisten. Teil 1: gesendet am 03.01.2010; Teil 2: gesendet am 10.01.2010; Teil 3: Gesendet am 24.01.2010; Teil 4: gesendet am 31.01.2010 auf: NDR Kultur. Wo aus diesen Sendungen zitiert wird, ist dies mit dem Hinweis „NDR-Porträt" und der Angabe des Sendeteils gekennzeichnet.

*DVD*

Monsaingeon, Bruno: *Pollini. De main de maitre.* A Film by Bruno Monsaigneon, Deutsche Grammophon 00440 073 5212

## Abbildungsnachweise

| | |
|---|---|
| Cover | Privatarchiv Giulio Passadori |
| S. 2 | Wikipedia, public domain |
| S. 10 | Privatarchiv Bernd Goetzke |
| S. 24 | Privatarchiv Bernd Goetzke |
| S. 58 | Privatarchiv Bernd Goetzke |
| S. 62 | Privatarchiv Bernd Goetzke |
| S. 67 | Privatarchiv Bernd Goetzke |
| S. 69 | Privatarchiv Bernd Goetzke |
| S. 72 | Bach, BWV 903, Edition Peters (Privatarchiv Bernd Goetzke) |
| S. 82 | Privatarchiv Bernd Goetzke |
| S. 85 | Beethoven, op. 111, G. Henle Verlag (Privatarchiv Bernd Goetzke) |
| S. 86 | Beethoven, op. 109, Variation VI (Arrau-Ausgabe), Edition Peters |
| S. 90f | Beethoven, op. 31,2 (Lamond), Breitkopf & Härtel (Privatarchiv Bernd Goetzke) |
| S. 104 | Bartók, Sz 119, Boosey & Hawkes (Privatarchiv Bernd Goetzke) |
| S. 108 | Schubert, Klaviersonaten, Bd. 1, G. Henle Verlag |
| S. 111 | Beethoven, op. 31,2, Rezitativ (Arrau-Ausgabe), Edition Peters |
| S. 111 | Beethoven, op. 37, G. Henle Verlag |
| S. 117 | Beethoven, op. 31,2 (Lamond), Breitkopf & Härtel (Privatarchiv Bernd Goetzke) |
| S. 125 | Beethoven, op. 31,2 (Lamond), Breitkopf & Härtel; Beethoven, op. 90 und op. 111 G. Henle Verlag (Privatarchiv Bernd Goetzke) |
| S. 133–135 | Schumann, op. 17, Edition Peters (Privatarchiv Bernd Goetzke) |
| S. 136 | Privatarchiv Cord Garben |
| S. 163 | Privatarchiv Cord Garben |
| S. 166 | Privatarchiv Edmund W. Böckenholt |
| S. 167 | Privatarchiv Gerrit Glaner |
| S. 173 | Archiv Steinway & Sons, Hamburg |
| S. 178 | Archiv Steinway & Sons, Hamburg |
| S. 185 | Archiv Steinway & Sons, Hamburg |
| S. 186 | Privatarchiv Bernd Goetzke |
| S. 204 | Privatarchiv Bernd Goetzke |

# Register

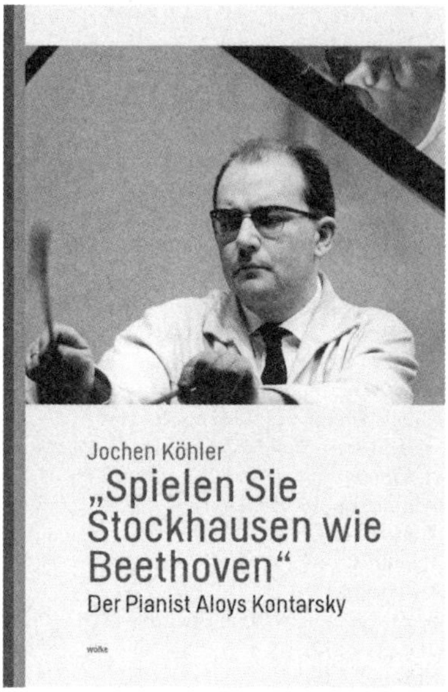


Jochen Köhler
**„Spielen Sie Stockhausen wie Beethoven“**
**Der Pianist Aloys Kontarsky**

Unter den großen Pianisten des 20. Jahrhunderts zählte Aloys Kontarsky zu den vielseitigsten. Er war ein herausragender Interpret der Neuen Musik – die Bezeichnung „Anwalt der Avantgarde“ betrachtete er als Ehrentitel, und das Schaffen Stockhausens, Zimmermanns, Kagels und zahlreicher anderer zeitgenössischer Komponisten ist untrennbar mit seinem Namen verbunden; viele Werke wurden eigens für ihn geschrieben und ihm gewidmet.

Mit seinem Bruder Alfons bildete er fast drei Jahrzehnte hindurch das international führende Klavierduo. „Die Brüder sind genial“, hatte schon Eduard Erdmann euphorisch festgestellt, als sie noch bei ihm studierten. Die Präzision und klangliche Homogenität ihres Zusammenspiels waren singulär: „one pianist in two bodies“ schrieb ein begeisterter amerikanischer Rezensent. Die Verdienste der Brüder Kontarsky um das Repertoire für zwei Klaviere und für Klavier zu vier Händen sind kaum zu überschätzen; durch sie erlangte es gleichsam die Bühnenreife, und ihnen ist es zu verdanken, dass diese Besetzung um die Mitte des 20. Jahrhunderts eine neue Blütezeit erlebte.

Der Pianist Jochen Köhler, einer der letzten Meisterschüler Kontarskys, zeichnet ein höchst lebendiges, facettenreichs Bild seines Lehrers. Biographische Ausführungen werden ergänzt durch ausführliche Erläuterungen zu Kontarskys pädagogischem Wirken und seiner Stellung in der Neuen Musik und sowie durch eine umfassende Würdigung des künstlerischen Vermächtnisses. In eigenen Texten und einer Reihe von Interviews kommt Aloys Kontarsky selbst zu Wort und gibt aufschlussreiche Einblicke in seine Arbeit und sein Denken.

2023. 424 Seiten, zahlr. Abb., ISBN 978-3-95593-143-8